U0900663

图说延安

TUSHUO YAN'AN

朱鸿召◎著

陕西新华出版传媒集团
陕西人民美術出版社

图书在版编目（CIP）数据

图说延安 / 朱鸿召著. — 西安：陕西人民美术出版社，2016. 1（2021.11重印）

ISBN 978 - 7 - 5368 - 3243 - 5

Ⅰ. ①图… Ⅱ. ①朱… Ⅲ. ①中国共产党—党史 - 史料 - 1937~1947 - 图集 Ⅳ. ①D231 - 64

中国版本图书馆 CIP 数据核字（2016）第 054377 号

TUSHUO YAN'AN

图说延安

朱鸿召 著

出版发行 陕西新华出版传媒集团
陕西人民美術出版社

地　　址 陕西省西安市雁塔区曲江街道登高路1388号 邮编 710061

经　　销 新华书店

印　　刷 陕西龙山海天艺术印务有限公司

规　　格 700mm × 1000mm 1/16 开本

印　　张 21.5

字　　数 429千字

版　　次 2016年1月第1版 2021年11月第3次印刷

印　　数 6001–8000

书　　号 ISBN 978-7-5368-3243-5

定　　价 38.00元

版权所有 · 请勿擅用本书制作各类出版物 · 违者必究

目　录

1937 年

1938 年

1939 年

1940 年

1941 年

1942 年

1943 年

1944 年

1945 年

1946 年

1947 年

序言:影像延安更精彩

20世纪三四十年代,延安成为中国革命圣地,那是一段激动人心、令人无限神往的燃情岁月。

中央红军长征到达陕北后,随着抗日战争的全面爆发,全国抗日民族统一战线的形成,延安成了全国抗日救国的一个中心,许许多多的有志青年,为投身民族抗日革命,抛弃家产,离开家庭,络绎不绝地奔向延安。在延安革命队伍里,他们过着集体供给制生活,银行里没有一分存款,个人没有一寸土地,谋求的是挽救民族危亡,拯救生民水火。他们用自己的无私奉献,成就了一个时代崇高伟大的精神品质。

在革命圣地延安,闪光的人物,闪光的理想;闪光的面孔,闪光的行动;闪光的生活,闪光的瞬间……把每个普通的日子都装扮得丰富多彩、鲜活生动。每个人都怀有崇高的理想,每个人都在努力奋斗、无私奉献。那是一个美好的时代,那是一个令人向往的地方。然而,不知从什么时候起,真实的延安被虚化了。现代汉语文字里的延安,受教条化的意识形态影响严重,虽高大神圣,却难免空疏僵硬;而互联网世界里的延安,被市民意识裹挟太甚,往低处挖掘、往私处窥探、往俗处阐释,虽丰富生动了,却难免混淆视听,甚至戏说盛行,以讹传讹。那么,一个真实的革命圣地延安,到底是什么样子呢?

历史影像中的延安更精彩、更生动,最接近真实的历史存在。

相对于文字而言,影像作品被篡改的概率明显要小得多。受技术条件制约,能够对历史照片动手动脚的,一般只有涉及重要人物、重大事件,才会组织技术攻关,从底片上擦去某个要素。大多数情况下,以摄影照片为传播介质的影像文本,是比较真实的历史生活写照。当然,摄影镜头本身也是按照摄影者的主观意志来工作的。摄影作品对生活已经进行选择,做出判断和取舍。所以,我们需要把历史图片与文字文献相对照,图文并举,看图说事,或许可以得到一个更真实、更生动的革命圣地延安。

延安曾经是开放的,是时尚的,是与外部世界保持频繁交往的。红军主力部队长征途中,就有诸多将领携带照相机、胶卷和冲洗设备,留下了一些历史影像资料。长征到达陕北后，首先是中外记者深入延安和陕甘宁边区采访，他们拍摄了大量照片，内容包括政治、经济、军事、文化、社会、民生等几乎各个方面。其次，部队和政府部门成立的影像摄制专业机构，跟随八路军部队行动和党政主要领导人的重大活动，留下很多珍贵的历史照片。再次，延安城里曾有私人开设的照相馆，为很多革命队伍里的同志留下了个人或集体合影照片。此外，还有私人携带照相机，出于业余爱好而拍摄的延安生活照片。所有这些照片，数量庞大，目前大部分尚处在一种分散零乱状态，尤其是个人照片。而记者采访的生活照片，可以与党、政、军重大历史题材照片相呼应或补充，具有更真实丰富的历史内涵。

本书是一本写给普通读者阅读的延安图文书，以时间为线索，选择抗日战争时期延安革命生活中带有更多个人印记的历史图片，配以文字解读资料。图片中的生命状态是最真实的历史表情，可以丰富我们对历史的研究与想象，帮助我们触摸历史的心跳与体温，其精彩与感动，都是单纯文字读本所难以企及的。

朱鸿召

2015年6月22日于上海双樟园

1937 年

红军进驻延安城

抗日战争时期，延安是中共中央所在地。

1936 年 12 月 12 日，西安事变发生后，驻守在延安的东北军南撤至西安附近集结。根据共产党与东北军达成的秘密协议，延安由红军接管。东北军撤离后，延安城里还有国民党绥德专员、延安县长及宪兵百余人把守。获悉红军部队已经进驻城郊军事要地后，这些留守官员趁夜色悄悄地逃走了。12 月 18 日，黄春圃（江华）率领红一团进驻延安，和平接管了这座陕北名城。

延安，又名肤施，是陕北重要的军事、经济重镇。国民党政权称其为肤施，红军进驻接管后，共产党政权称之为延安。

1937 年 1 月，红军开进延安城，共产党领导中国革命的历史翻开新的篇章

红军进城后，根据军委命令，随即成立延安城防司令部，维持城市治安。残留下来的民团宪兵大多数都愿意接受改编，加入抗日人民保安队，小部分希望回家者，则发给川资遣散回其原籍。城里工商各界组织维持会主动为红

军筹粮筹款。和平接管，当事各方都堪称客气礼让，古城面貌得以完整保存。鉴于延安古城各方面条件较之保安都更优越，中共中央又派出以王观澜为首的接管工作团到延安，具体落实各项接管工作。经过一段时间的准备，以及西安事变的和平解决，中共中央决定进驻延安。1937 年元旦过后，时任中央警卫团团长的黄霖带领警卫部队到延安，为党中央进驻延安做进一步准备。

1937 年 1 月 13 日，洛甫（张闻天）、毛泽东、朱德、张国焘等中央领导同志离开保安，来到延安。先期到达延安的红军指战员、延安市民，还有从甘泉、富县等地赶来的群众代表，在接管工作团、中央警卫团和延安抗日救国会的组织下，组成欢迎队伍自城北门一直排到大砭沟口。次日，延安抗日救国会在城东门内大操场召开群众大会，欢迎中共中央进驻延安。会后，还在“三仙园饭馆”设宴，为中央领导同志接风洗尘。

中共中央进驻延安之初，古城完好，城墙雄伟，但是物资匮乏，生活清贫（1937 年 摄影 海伦·斯诺）

1 月 15 日，中共中央政治局会议，讨论延安工作问题。张闻天主持会议，王观澜汇报接管工作情况，李见珍汇报群众工作团进城工作情况，林伯渠、黄春圃、凯丰、朱德等先后发言。其中，张闻天谈到应大大加强群众工作，发动群众斗争，注意改善群众生活，使延安成为抗日根据地中心。毛泽东发言指出：现在不打土豪，土豪喜欢；保护商人，商人喜欢；取消苛捐杂税，使贫民喜欢。以后，应进一步使群众更加喜欢，使土豪的喜欢减少。应该使在延安工作的同志明了，延安工作对全国有影响，延安的各种具体工作都应把握这一原则。

延安古城新雪初霁，宝塔巍峨，延河冰封，蜿蜒绕城而过。城里街道清晰可见，屋舍俨然，宁静中孕育着一种勃发的生机（1939 年 摄影 吴印咸）

受谣言和恐慌影响，中共中央入驻延安最初的一个多月里，延安城很是冷清。为了团结抗日，红军没有像以往那样打土豪分田地，斗劣绅分财产。但是，许多豪绅心里还是心存疑虑，担心先甜后辣。对于普通居民来说，最担忧的是自己家里的女人被“共产”“共妻”了，街头上一时之间几乎见不到本地女子。与此同时，“办喜事”的人家特别多，有闺女的人家赶紧将闺女嫁出去，认为结了婚，就可以保险了。

经过一段时间的观察和相处，老乡们逐渐发现这是一支守纪律、讲信用、有道德、为民众谋福利的革命队伍，是一个值得信赖、可以合作、可以托付的社会群体。

从此，共产党在延安找到了一个革命的落脚点。经过十年厉兵秣马，改革创新，终于从危难中获得转机，并最终走出延安，赢得天下。

红军长征途中及到达陕北之初的历史照片，主要由红军将领中个人携带照相机拍摄，如耿飚、童小鹏、邓发等。中共中央进驻延安时，这些将领都在前线，留存的历史图片极少。本文中的首张照片是从印刷品中翻拍出来的，它真实记录了红军列队进入延安城的历史情景。

参考资料

[1] 江华：《红军接收延安城防的回忆》，见中共陕西省委党史研究室编《西北革命

根据地》，第 587－589 页。北京：中共党史出版社，1998 年 10 月版。

［2］角麟：《速写陕北九十九》（又名：《从上海到肤施》），第 90－110 页。上海：少年知识出版社，1937 年 5 月初版。

［3］黄霖：《延安轶事》，第 26－37 页。北京：解放军文艺出版社，1982 年 10 月版。

［4］《延安城秩序已恢复》，《红色中华》（保安），1936 年 12 月 28 日。

教堂改为大礼堂

中共中央进驻延安之初，至1938年11月日本飞机轰炸前，中共中央办公厅和中央军委驻延安城内北大街，中华苏维埃共和国临时中央政府西北办事处（稍后更名为“陕甘宁苏区政府”“陕甘宁特区政府”“陕甘宁边区政府”）驻南街沿山处，中央组织部驻凤凰山麓南山下，红军大学（稍后更名为“中国人民抗日军政大学”）位于东门城内府衙门，中央党校驻城外桥儿沟天主教堂。

位于延安城里二道街的基督教浸信会礼拜堂

当时延安有两座教堂，其一是位于城里二道街的基督教堂，其二是位于城外桥儿沟的天主教堂。对于这些宏大坚固的宗教建筑，革命队伍保护其基本形态，在功能上进行开发利用。

坐落在延安城里二道街的基督教堂，是英国浸信会（Baptist Missionary Society）传教士史密斯（Ernest F. Borst-Smith）主持兴建的，1914年11月1日落成，作为陕北延安府基督教中心。该教堂可容纳450人左右，其钟楼是延安城里的最高建筑。红军接管延安前夕，牧师逃亡，教堂遗弃，革命队伍将其改制为中央大礼堂。中共中央入驻延安初期的大型会议、文艺晚会等人数较多的集体活动，都在这里举行。

1937 年 4 月 12 日至 18 日，西北青年救国会第一次代表大会，在中央大礼堂召开，会议代表 300 余人。会上成立了中华青年救国联合会，作为战时中国青年抗日救国组织，执行抗日青年统一战线政策。

由基督教礼拜堂改制的中央大礼堂，是中共中央入驻初期延安城里的标志性建筑

中共中央及边区政府的一些重大接待活动，也都安排在这座由基督教堂改制的中央大礼堂里

同年5月2日至15日，苏区党代表会议，又称中国共产党全国代表会议，在中央大礼堂召开。出席会议的有来自苏区、白区和红军中的党代表218人，列席代表64人。会议批准了遵义会议以来党的政治路线，确定了新形势下党的路线方针和任务。紧接着，5月17日至6月10日，又在这里召开了党的白区工作会议。

七七事变爆发后，丁玲、吴奚如发起成立国民革命军第八路军西北战地服务团（简称“西北战地服务团”），经过近两个月的准备，出发前在中央大礼堂举办汇报演出。丁玲创作的剧本《重逢》和《河内一郎》都被搬上舞台。丁玲亲自登台演出，客串女宣传队员。

1938年4月10日，鲁迅艺术学院成立大会在中央大礼堂举行。该校选址在延安北门外文庙半山腰的两排窑洞，平时教学活动在学校，文艺演出活动基本上都在中央大礼堂举办。1939年8月3日，鲁艺从延安城北门外搬迁到城东郊桥儿沟天主教堂。

在中央大礼堂举行规模较大的正式会议期间，晚间通常都安排有文艺演出，作为一种庆祝或慰问。当时延安城里只有这里一个室内文艺演出场地，使用频率颇高。各种形式的文艺晚会、公演活动，以及诗歌朗诵会，丰富活跃了革命队伍的精神文化生活。1937年春节期间，中国文艺协会戏剧组在中央大礼堂首次公演话剧《矿工》，廖承志、朱光、王汝梅（黄华）等都登台献艺。毛泽东作为热心观众，对廖承志的演出大加褒奖。随后，工农剧社更名为人民抗日剧社，此外还有中央剧团、儿童剧团、抗战剧社、抗大演剧队等相继成立。中央大礼堂文艺演出逐渐增多，精彩不断。

1937年5月，中共苏区全国代表大会在延安大礼堂召开

1937年3月1日，中国文艺协会和新中华报社联合集会，在中央大礼堂

欢迎美国作家史沫特莱到访延安。史沫特莱应邀发表演讲，但是，当她被热情的红军战士们鼓掌要求唱歌时，她推脱说自己五音不全，主动邀请朱德陪自己跳起了交际舞，孰料却引起延安革命队伍里的交际舞潮流。中央大礼堂，是当时延安最为有名的几个高档舞场之一。

1938 年 11 月 20 日，日本侵略者的飞机开始连续轰炸延安，这座由基督教堂改制的中央大礼堂被炸毁，桥儿沟天主教堂幸免于难。

参考资料

[1]［英］欧内斯特·波尔斯特·史密斯：《辛亥革命前后的延安》，刘蓉译，第 243－254 页。西安：陕西人民出版社，2011 年版。

[2]《西北青年第一次救国代表大会文献》，西北青年救国联合会，1937 年 10 月编印。

[3]《陈伯钧日记·文选》上卷，第 339 页。北京：中国财政经济出版社，2002 年 1 月版。

斯诺让延安不再遥远

中国共产党人的抗日救国主张以及中共革命武装队伍的理想追求和精神品质，能够在国内外广泛传播，源自中共中央的对外宣传政策，得益于众多新闻记者和国际友人的公正报道和理解支持。特别是红军长征到达陕北不久，美国记者埃德加·斯诺（Edgar Snow）的采访报道。

斯诺两次到陕北，第一次是1936年7月至10月，途经延安，到达中共中央所在地保安采访，第二次是1939年9月到延安采访。产生重大历史影响的是保安之行，此行斯诺发表了关于中国红军和中共中央的一系列新闻报道，冲破了国民党的新闻封锁，首次披露了这支共产党领导的革命队伍的所作所为。后来结集出版的英文图书《红星照耀中国》（*Red Star Over China*），中文译本《西行漫记》，成为千百万爱国青年奔赴延安的精神灯塔。

1936年7月，埃德加·斯诺在陕北采访途中

红军长征到达陕北后，经过东征西讨，参与解决西安事变，结成抗日民族统一战线。虽然取得了立足存身之地，并获得一定的军事装备和政治合法化，但处于在野地位，迫切需要道义的支持和舆论的伸张，以拓展生存空间，赢得力量的增长。为此，中共中央主动要求上海地下党组织物色一位外国记者，秘密进入陕北采访报道。经宋庆龄引荐，在中共北方局的周密安排下，斯诺与乔治·海德姆（Gorge Hatem）一起穿越东北军防地，进入当时红军总部和中共中央所在地保安。

1936年8月，保安，斯诺（右一）采访徐特立（左一），黄华（左二）任翻译

中共对斯诺到访非常重视。主持中央工作的洛甫（张闻天）早在5月15日就专门召集会议讨论并布置有关事宜。毛泽东先用几个晚上向斯诺介绍中共中央的政策，说明在中国产生共产党的力量是如何聚集在一起的，以后又打破了共产党领导人不谈个人私事和家庭生活的习惯。毛泽东对自己的家庭和经历做了仅此一次，以后再也没有过的详细叙述。中共和红军的其他领导人，以及普通士兵都袒露情怀地接受了客人的采访。为了深入了解红军将士们的生活实际，斯诺还追随红军到西征前线采访，所到之处都留下深刻印象。他称赞："这是一支神奇的队伍，上帝也征服不了。"

斯诺携带照相机和摄影机，拍摄了大量照片，生动记录了中国工农红军的行军、工作、生活、娱乐等真实细节。

海德姆是医学博士，到保安后，改名马海德，志愿留在革命队伍里。此后十年一直在延安当医生，并与漂亮的鲁艺学员周苏菲喜结良缘。新中国成立后，加入中国籍。

埃德加·斯诺深入陕北采访时发现，经历过长征的红军战士们，热衷于集体歌唱，充满革命乐观主义精神

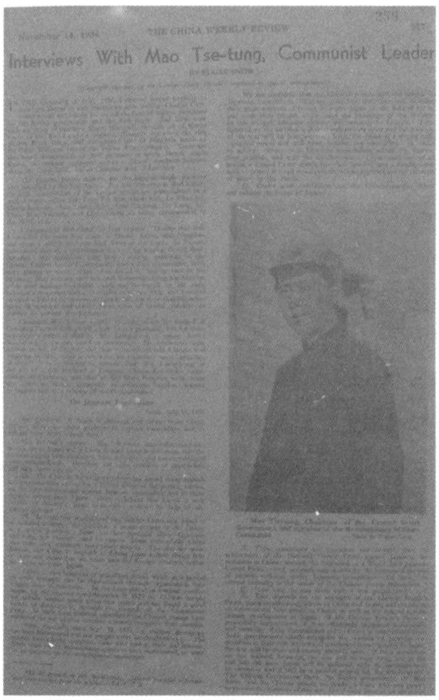

THE CHINA WEEKLY REVIEW

Interviews With Mao Tse-tung, Communist Leader

1937年8月，英文媒体《密勒氏评论报》(*China Weekly Review*)刊登了埃德加·斯诺撰写的文章《中共领导人毛泽东访问记》，首次公开报道中共中央和红军部队情况

陪同斯诺到访的翻译王汝梅，更名为黄华，放弃燕京大学学业，也自愿

留在革命队伍里。

现代中国革命引起全世界的普遍关注，始于延安。在国民党军事“围剿”、新闻封锁的形势下，偏居一隅的陕北延安，能打开通向全中国、通向世界的信息通道，是远道而来的国际友人的功劳。延安时期，先后有美、英、苏、德、加、波、印、朝、日、新西兰等 10 多个国家的 100 余位国际友人到延安及陕甘宁边区访问或工作。他们中有记者、学者、作家、医生、技术人员、军事顾问和社会活动家等。就对中国抗战的贡献和国际文化交流，以及其个人命运的浮沉来说，最富传奇的是来自西方国家的新闻记者和作家，他们及时的新闻报道和温暖的文学创作，让陕北延安和中国革命变得可亲可近起来。

斯诺在保安拍摄的毛泽东半身头像，面容清瘦，神情刚毅，首次公开发表后，成为经典。拍照时，斯诺建议毛泽东应该戴个帽子，显得正规一点。可是毛泽东没有戴帽子的习惯，就从旁边战士那里借用一个，又嫌小了，斯诺顺手把自己头上这顶崭新的红军八角军帽借给毛泽东戴上，效果很好

1939 年 9 月，埃德加·斯诺访问延安，毛泽东视其为值得信任的老朋友

参考资料

[1]［美］约翰·马克斯韦尔·汉密尔顿：《埃德加·斯诺传》，沈蓁等译，第62－93页。北京：学苑出版社，1991年10月版。

[2]［美］埃德加·斯诺：《西行漫记》，董乐山译。北京：生活·读书·新知三联书店，1979年12月版。

[3]黄华：《亲历与见闻——黄华回忆录》，第21－36页。北京：世界知识出版社，2007年8月版。

燕大学子访延安

埃德加·斯诺从陕北回到北平，在他任教的燕京大学新闻系介绍了陕北之行的采访经历，这在爱国学生中激起热烈的反响。赵荣声是燕大社会学系学生，旁听斯诺的新闻系课程，化名任天马。他邀集10名同学，于1937年4月，“按照斯诺画给我看的简单地图上的路线，前往延安参观访问”。他们在延安受到热烈欢迎和坦诚相待，并找到当初陪同斯诺到陕北，然后留在革命队伍里，改名为黄华的同学王汝梅；遍访中共领导人和延安名流，写成《活跃的肤施》一书，第一次用中文把延安革命队伍里的生活状况公之于世。

他们一行10人，从北平前门西站乘火车，经郑州到西安。人生地疏，盘桓两天，没有打听到红军办事处地址，只有自己雇用骡车，北行到三原。投宿在三原中学，经校长指点，拿着旅行团的名片，跑到往西10里的云阳镇，找到红军司令部。经办事处主任彭家伦的允许，搭乘从西安到延安的军用卡车，经过三天的颠簸，终于来到向往已久的古城肤施（延安）。

随车护送的两位红军战士，将他们送到苏维埃政府西北办事处“外交部招待所”。稍事休息后，招待所安排他们在一大一小的两个房间住宿，并专门派来王友平全程陪同参观访问。

初到延安，他们对革命队伍里的一切都充满着惊奇。同样的灰色衣装，同样的同志称呼，人与人之间热情友善。在街头转了一大圈，这群洋气的青年学子，西装革履，夹克短衫，旗袍大衣，反而时常引起延安人的驻足围观。在延安城里基督教堂改制的大礼堂，正在召开“西北青年救国会代表大会”。他们饶有兴趣地旁听会议，然后被邀请选派代表登台介绍北平学生运动情形。

三天访问中，他们在延安街头邂逅“全国无数青年人在热烈仰慕着的丁玲女士”，并跟随到丁玲住处。大家有说有笑，丁玲坦诚介绍自己最近所从事的工作，主要是编辑整理集体创作的书稿《二万五千里长征》，另外还在延安师范学校教书，参与一些妇女界的工作。临别时，丁玲应两位访客的请求，给他们送了“人民抗日剧社”徽章和“五角星章”，为其他访客分别题字或签名留念。

根据访客的愿望，外交部为他们安排了每天的访问内容。他们先后访问了毛泽东、博古（秦邦宪）、朱德、林伯渠，参观了抗日军政大学、中华苏维埃共和国临时中央政府驻西北办事处财政部、内务部，参加了郊游射击骑马和文艺晚会。在财政部，林伯渠介绍了红军队伍的经济状况。在内务部，工作人员告诉他们，“陕北是一个十分贫苦的地方，我们没有来之前，兵灾连年，人民都逃亡光了。从南到北可以走十二天还走不完，可是这地域里面的人口，则不到一百万。从前军阀在这里，种烟害人，无所不为；而且常常和回民冲突，引起无数次纠纷。加以天时不好，旱灾多次，更使这地方民不聊生”。本地居民生活贫苦之状，恐怕别处从来没见过。“粮食特别少，又特别贵。如果要不饿死，除掉借高利贷和押印子钱，唯一的办法是做强盗。兵灾之后，疾病随之，军阀带兵在这一带住久了，梅毒也传播得厉害。我们初到这里，一切事情都不容易做”。共产党人接管延安和陕甘宁边区后，是如何治理民生的呢？

1937年4月20日，燕京大学学生参观团在延安留影。左起，前排为欧阳方、陈龙、赵荣声、王向立、柯华，二排为朱劭天、郑怀芝、李植清、靳明、张非垢，后排为黄华、某某、郑文

首先，是免除一切税收。“本来我们是要重分土地的，现在我们执行‘联合战线’，已经改除了往日的土地政策。只有用别的方法，帮助贫苦的农民。我们开银行贷款给他们，春天借种子给他们，帮助他们耕种，耕牛、粮食，我们都可以无条件的借给贫农。”其次，是组织起来。“我们发动民众参加政治生活，让每人都有发表自己意见的机会。现在的苏维埃，不久要改成普通

的民主，每人的权利一样，并不限制工农以外的人。”经过几个月的治理，延安的社会面貌已经发生变化。“现在这里与外面之不同处：一无叫花子；二无大富；三无闲人；四是文化水平在飞快的增高，到今年九月，我们可以消灭三万个文盲；五是个个都被发动来参加政治活动，公益事情，大家热心，将来对日抗战开始，我们连老弱都组织为赤卫队、少年先锋队、抗日青年队，大家随时都可以上前线。”

在集体访问毛泽东时，他们感觉共产党的这位领袖人物并不像国民党宣传机构所渲染的那样，是一个头发数尺、指甲有数寸的魔怪，而是“和蔼谦恭的一个‘学究’”。他能诗，善文，满腹所藏的是现在世界上最先进的理论，可是他的生活习惯，并不脱离老农夫的气味，口语中时常说着乡间通俗的字眼。“毛先生对于做事的努力从来没有比别人落后过，但是他的物质生活，则永远不能与别人抗衡。银行中没有一分钱的存款，自己没有一寸私有的土地，坐卧在一个土窑洞中，甚至于将亲生的儿子送给别人抚养”。这样的共产党人，“不仅是一个政治的领导者和组织者，毛先生又是一个理论家”。毛先生的演说和文章，正成为无数人的指南针。

短短三天访问，路途上花费的竟然是 12 天，这共计 15 天的行程深深地影响着这群青年学生们。抗战爆发后，他们大都奔赴国难。任天马从北平到山西，参加了丁玲领导的西北战地服务团，在山西抗日前线被第二战区司令部聘为秘书，受命从事对卫立煌将军的统战工作。

参考资料

[1] 任天马：《活跃的肤施》，第 34 – 43 页。汉口：上海杂志公司，1938 年 1 月初版。

[2] 赵荣声：《回忆卫立煌先生》，第 58 页。北京：文史资料出版社，1985 年 1 月版。

听毛泽东演讲

延安时期，听毛泽东演讲是一道风景。

中共中央进驻延安之初，毛泽东在党内主要分管军事和外交工作，但其锐利的思想、通脱的风格、幽默的话语，使其具有崇高的威信和独特的魅力。听毛泽东演讲，是抗大学员们的福分。毛泽东以抗大教育委员会主席的身份，为抗大学员讲授《实践论》《矛盾论》。他讲课的内容，不是从抽象的哲学概念出发，而是从长征和抗战初期的现实实际开始。信手拈来的话题，深入浅出的阐释，高屋建瓴的结论。或嬉笑怒骂，当头棒喝；或循循善诱，通俗易懂。他大量使用生活俚语，旁征古典小说戏剧里的故事情节，以古释今，以中说外，夹杂对权威的挑战、对时髦的调侃、对弊端的嘲讽、对丑恶的怒斥。从生活提炼出智慧，用智慧启迪革命斗争意志和信心。学员们印象深刻，终生难忘，有的学员直到晚年回忆时还认为他把唯物辩证法讲活了，让学员们大开思路，豁然开朗。

毛泽东演讲有比较浓厚的湖南腔，尤其是湘潭话中的舌面音，柔软，绵长，抑扬顿挫，韵味十足，加之毛泽东演讲情感丰富，诙谐幽默，挥洒自如，形成独特的风格特色。抗大早期学员中很多是湖南、江西籍的红军将领，他们没有方言障碍。抗战爆发后奔赴延安的青年学生们，很多都有语言隔阂，不能全部听懂，但置身其中，会情不自禁地被感染、被感动。

抗大第五期学员何方，是陕西临潼人，在西安接受中学教育，1938 年秋冬之际来到朝思暮想的延安。1939 年 8 月，在延安追悼平江惨案烈士大会上，何方听毛泽东演讲时，多次提到“黄东帕”，并且义愤填膺地怒斥谩骂这家伙是“狗日的黄东帕”，说他们搞什么统一战线，“统他妈个卵子”。由于语言障碍，何方虽然听不懂全部意思，但是从演讲者的声情容貌上可以感知到是动感情、发脾气了。他一直不知道这个“黄东帕”是什么人，想问别人又怕被耻笑，过了一段时间才明白这个“黄东帕”其实就是“反动派”。

1942 年 2 月 1 日，毛泽东在中央党校开学典礼大会上做《整顿学风党风文风》的演讲，对于教条主义者冷嘲热讽。“那些将马列主义当宗教教条看待的人，就是这种蒙昧无知的人。对于这种人，应该老实地对他说，你的教条没有什么用处，说句不客气的话，实在比屎还没有用。我们看，狗屎可以肥田，人屎可以喂狗。教条吗？既不能肥田，又不能喂狗，有什么用处呢？”台下哄堂大笑，台上哈哈大笑。在一片笑声中，人们对教条主义的认识一下子就定格了——狗屎不如，对于革命队伍里的教条主义者痛恨至极。

1937 年 2 月，毛泽东在抗大演讲，听众云集。讲台是用两张课桌并在一起，演讲者站在一张桌子上，另一张桌子上再架上一张桌子做讲台。没有扩音设备，每次演讲听者有限，反而更拉近了演讲者与听众之间的心理距离。远处城墙上的标语隐约可见

毛泽东先后给抗大学员系统讲授《实践论》《矛盾论》和《论持久战》，大部分课程都是在抗大课堂上、学校庭院里进行的。有时候，毛泽东夜间工作时间太晚，第二天有课不能准时到学校，学员们就列队来到凤凰山下毛泽东住处的小院子里，席地而坐，聆听演讲，认真记录。随着奔赴延安的爱国青年越来越多，大家都想亲自听听毛泽东演讲或报告，于是就开设露天大课堂。延安城里抗大的庭院里，清凉山下陕北公学门前的广场，以及桥儿沟鲁艺的院子，摆上一张小方桌，放一个装满热水的搪瓷缸子，毛泽东站在桌子旁边就开始演讲。说到激动之处，他往往双手叉腰，身体前后移动，甚至在台上来回走动。举手投足，一言一行，都牵动着听众们的心。整风运动之后，这种台上与台下的互动，逐渐演变成台上一个停顿，话音刚落，台下一人振臂高呼，千万人齐声响应的场面，群情激奋，斗志昂扬。

在延安，听毛泽东演讲就成了一种精神洗礼，一种政治待遇。曾经有一

届抗大学员学习期间没有现场听到毛泽东演讲，毕业之际联名向学校提出要求，一定要请毛泽东给大家讲课。毛泽东获悉后，满足了他们的愿望。

参考资料

[1] 解放社编：《整风文献》，第6－21页。苏北新华书店，1949年8月版。

[2] 何方：《从延安一路走来的反思——何方自述》上卷，第77－79页。香港：明报出版社有限公司，2007年9月版。

[3] 王仲方：《永远的延安——我们的青春岁月》，第11～15页。北京：中国文史出版社，2011年8月版。

国共两党公祭黄帝陵

1937年4月5日，农历清明，中共代表首次应邀参加国民政府举办的民族扫墓节，国共两党首次共派代表前往陕西省中部县（今黄陵县），共同祭祀中华民族人文始祖——轩辕黄帝。这是西安事变和平解决后，抗日民族统一战线初步形成，国共两党求同存异、团结御侮的象征。

1937年清明节，国民党邀约共产党等不同党派和社会团体代表，共同祭祀黄帝陵，以表达团结御侮、反抗日本侵略的决心

早晨7时整，祭奠典礼开始。国民党元老、中央监察委员会委员张继和国民政府主席林森特派代表陕西省政府主席孙蔚如共同担任主祭。国民政府军事委员会委员长西安行营主任顾祝同因致祭茂陵，特派代表刘震东参加。共产党方面派出的代表是同盟会老人、陕甘宁特区政府主席林伯渠。此外，还有李宗仁、白崇禧等特派代表参加陪祭。祭台最前列为主祭官，次为陪祭和与祭各机关团体代表，台下分列地方团体学校及部队代表，参加祭奠人员共千余人。

祭扫典礼仪式开始，全体肃立，击鼓鸣钟；主祭官上香，献爵敬花，然后恭诵祭文，鞠躬敬礼，默念三分钟；随之乐舞告祭，瞻仰轩辕殿，祭扫黄帝陵。

同日，国民党中央党部还派员分别祭扫了咸阳周陵、兴平茂陵、南京明孝陵等陵墓。黄帝陵祭扫典礼后，张继接受记者采访时说："设置清明民族扫墓节，每年是日特派大员恭祭各陵，其用意即在唤起国人民族意识，发扬民族团结精神。此次扫墓，各方代表参加，表明国家民族已臻统一。我们希望借此机会，忏悔以往之错误，重新立定脚跟做人，服膺三民主义，一致奋斗，挽救国家民族之危急。"

历尽沧桑、豪迈遒劲的古柏，数千年来厮守在黄帝祠堂前的黄土地上

古柏顶天立地，担当风雨，巍然屹立，是中华民族自强不息精神的生动写照

国民党中央党部祭文：

维中华民国二十六年民族扫墓之期，中国国民党中央执行委员会追怀先民功烈，欲使来者知所绍述，以焕发我民族之精神，特派张继、顾祝同，驰抵陵寝，代表致祭于我开国始祖轩辕黄帝之陵前曰：

粤稽遐古，世属洪荒；天造草昧，民乏典章。维我黄帝，受命于天；开国建极，临治黎元。始作制度，规距百工；诸侯仰化，咸与宾从。置历纪时，造字纪事；宫室衣裳，文物大备。丑虏蚩尤，梗化作乱；受诛不庭，华夷永判。仰维功业，广庇万方；佑启后昆，恢廓发扬。追承绩猷，群情罔懈；保我族类，先灵攸赖。怀思春露，祀典告成；陈斯俎豆，来格来歆！尚飨！

国民政府祭文：

中华民国二十六年，国民政府主席林森特派陕西省政府主席孙蔚如，谨以香醴庶羞代表敬祭于桥陵，其辞曰：

惟帝智周万物，泽被瀛寰。拯群生于涂炭，固国本于金汤。涿鹿征诸侯之兵，辔野成一统之业。干戈以定祸乱，制作以开太平。盛德鸿规，于今攸赖。今值清明之良辰，援修祀之旧典。园寝葱郁，如瞻弓剑之威仪；庭燎通明，恍接云门之雅奏。所冀在天灵爽，鉴此精诚；默启邦人，同心一德。化灾沴为祥和，跻一世于仁寿。庶凭鸿贶，以集丕功。备礼洁诚，伏维歆格！

黄帝陵是中华儿女永远敬仰的民族精神圣地

中国共产党祭文：

维中华民国二十六年四月五日，苏维埃政府主席毛泽东、人民抗日红军总司令朱德，恭遣代表林祖涵，以鲜花时果之仪致祭于我中华民族始祖轩辕黄帝之陵。而致辞曰：

赫赫始祖，吾华肇造；胄衍祀绵，岳峨河浩。聪明睿智，光被遐荒；建此伟业，雄立东方。世变沧桑，中更蹉跌；越数千年，强邻蔑德。琉台不守，三韩为墟；辽海燕冀，汉奸何多！以地事敌，敌欲岂足？人执笞绳，我为奴辱。懿维我祖，命世之英；涿鹿奋战，区宇以宁。岂其苗裔，不武如斯；泱泱大国，让其沦胥？东等不才，剑屦俱奋；万里崎岖，为国效命。频年苦斗，备历险夷；匈奴未灭，何以家为！各党各界，团结坚固；不论军民，不分贫富。民族阵线，救国良方；四万万众，坚决抵抗。民主共和，改革内政；亿兆一心，战则必胜。还我河山，卫我国权；此物此志，永矢勿谖。经武整军，昭告列祖；实鉴临之，皇天后土。尚飨！

西安事变的和平解决，促进了国共两党第二次合作。1937 年 2 月，中共致电国民党五届三中全会，正式提出停止内战，一致抗日要求。国共谈判期间的同年 3 月，蒋介石在杭州突然提出，邀请共产党派人参加祭扫黄帝陵。周恩来连夜电告延安，毛泽东接到电报后，认为事情紧急，马上召开会议，决定由林伯渠作为共产党方面的主祭人，并亲笔赶写祭文。

与其他祭文相比，毛泽东亲笔书写的共产党祭文，字里行间，雄韬武略，直面现实，畅叙团结御侮、精忠报国之宏图大志。陕西省政府也有祭文，与国民党和国民政府祭文类似，多空泛华美之辞藻，缺少慷慨壮烈的情怀。

黄帝陵全景，虎踞龙盘，气象万千

抗日战争时期，共产党参加国民党祭扫黄帝陵有三次。第三次是1939年清明节，国民党中央党部特派张继担任主祭，国民政府特派陕西省政府主席蒋鼎文，中共中央特派陕甘宁边区政府主席林伯渠陪祭。其间，1938年清明节祭扫规格降低，国民政府特派西安行营主任蒋鼎文担任主祭，陕甘宁边区政府副主席张国焘陪祭。不料却出现意想不到的事件——张国焘参加祭扫活动后，搭乘蒋鼎文小汽车，叛逃不归。

参考资料

[1]《苏维埃代表林伯渠参加民族扫墓典礼》，《新中华报》（延安），1937年4月6日。

[2]《民族扫墓大典告成》，《中央日报》（南京），1937年4月6日。

[3]《历代民族英雄不朽，扫墓典礼隆重举行》，《大公报》（天津），1937年4月6日。

[4] 王沧洲、李丰编著：《中国黄帝陵文史资料汇编》，第70－71页。黄帝陵风景名胜区管理处编印，1999年。

迎接国民政府中央考察团

1937年5月29日，延安古城装扮一新，迎接国民政府军事委员会委员长西安行营考察团（简称“国民政府中央考察团”）的到来。

考察团一行18人，分乘4辆军用卡车，傍晚到达延安。延安城墙上贴满了大幅标语，欢迎的队伍从城里延伸到南门城外。考察团成员下车步行进入城门，林伯渠、贺龙、林彪等中共代表都站在仪仗队前脱帽、举手致敬。号兵队吹奏三番军号，仪仗队行军礼，高唱军歌，并高呼口号，“国共合作，打倒日本”，场面热烈隆重。当晚，陕甘宁特区政府在考察团下榻招待处设宴洗尘，宾主双方频频举杯，谈笑风生，气氛融洽。然后在中央大礼堂举行欢迎晚会，林伯渠主持，毛泽东致欢迎词，考察团团长涂思宗、副团长邵华讲话。最后，人民抗日剧社表演新剧，以示欢迎。节目是抗日歌舞、活报剧及话剧《放下你的鞭子》。考察团成员觉得演出极为卖力，激励性颇大。

1937年5月，国民政府中央考察团到延安考察，与中共领导合影。
左起为：萧致平、毛泽东、涂思宗、朱德、邵华、叶剑英

5月30日下午，延安各机关、群众团体和武装部队五六千人，在城南门外大操场集会，纪念五卅运动十二周年并欢迎国民政府中央考察团。大会开始，首先由国民政府留在延安的肤施县长马豫章宣布开会意义，继之推选当天大会主席团，由主席团主持会议议程。毛泽东首先致辞：过去十年国共两党没有团结，现在民族危机严重，如果国共两党再不团结，国家就要灭亡。考察团此来，使国共两党团结进入新的阶段，其意义是很大的。毛泽东在致辞中还批评了两种错误观点：一是怀疑国共两党合作是否有诚意；一是怀疑国共两党合作只是临时的策略。他说："考察团的到来，中国共产党召开欢迎会，就是国共合作的表现。我们希望两党长期合作下去，并且努力朝着这个目标做。"接着，朱德、林伯渠分别致辞，再由考察团团长涂思宗致答谢词，说明此行对全民团结抗战及对国家前途所具有的重要意义。会议邀请考察团成员依次上台发表讲话。毛泽东和其他领导一起陪坐台下聆听，神闲气定，直到散会。

林伯渠、博古等中共要员陪同国民政府中央考察团在延安考察，走过南北大街，引起市民观望，每个人的脸上都洋溢着一种春天的喜悦和阳光

在延安期间，考察团团长涂思宗偕侍从参谋杨蔚到凤凰山下拜访毛泽东。他们发现毛邸是连着窑洞的一幢草房，会客室也是寝室和办公室。木床上铺着毛毡，帐内薄被五六张。毛泽东穿灰布棉军服，与士兵穿着相同，唯有领口纽扣未系。待人接物，礼貌颇周。宾主寒暄后，毛泽东郑重质问："国共既然合作抗日，国民党何以又公然宣布根绝赤匪的决议案呢?"涂思宗回答："共产党在与国民党执政的中央政府为敌的时候，依国法不得不称为赤匪。今后共产党成为合法政党，红军成为正式国防军，赤匪不就已经根绝了吗?过

去事已成过去，请勿介意，希望今后在国家民族利益大前提下，真诚合作。”毛泽东笑了笑说：“目前国民党的措施，对我党内部还存在很多误会。”对方又给予解释和劝说。宾主双方是大革命时期就认识的故人，会谈气氛很自由。杨蔚举起笔记本示意做记录，毛泽东毫不介意。

考察团在延安原计划集体行动，后来发现太耗时间，所以重新分为党、政、军三组，重点考察了抗日军政大学、中共中央党校和各武装部队，所到之处都受到热情接待。

在抗大，校长林彪陪同考察团到校园各处巡视一周，并集合起师生上千人，请考察团检阅。涂思宗晚年回忆说：“该校名为抗日军政大学，不成学制，学生年龄不限，老幼性别不限，男女科系不分，可以说乱七八糟，但不可忽视的是学生的情绪似乎还不错，可以从全体歌唱时看出来，声音高昂而整齐，校舍由十余窑洞组成，分布面积极广。”考察团见到在这里学习的女学员康克清，打着绑腿，面貌黝黑，身体健壮活泼，态度大方，年龄不过二十。当得知她是五十多岁的红军总司令朱德的妻子时，涂思宗一行便请康克清讲讲恋爱经过。她笑答：“朱德同志是革命的，我们是因革命而发生感情，不过我还年轻，学识不足，所以到抗大来学习。”

国民政府中央考察团到延安考察成员的集体名片

到达贺龙司令部时，考察团发现贺龙正在吃早饭。桌上摆着一盘辣椒萝卜干和一盘黄豆，还有一桶稀饭。士兵伙食相同，官兵表现共甘苦。军中考察后，他们发现贺龙的军队“名号有几团，而人数每连三四十人不等，且年轻幼童为多，老兵极其有限”。

考察团乘车三个多小时，来到设在延安西南甘泉方向一个小山谷里的红军前线总指挥部。守候在这里的红军副总司令员彭德怀，“短小精干，望之如乡下农夫，打灰布绑腿，与士兵无异”。彭德怀操持湘西口音，说话紧切有力，极言联合抗日之必要。考察团发现，这个总指挥部虽隐藏于山沟中，但所备军中书籍不少，包括苏俄、德国和国民党陆军大学各兵种兵科学校书籍。彭德怀讲话时还手拿一本战斗纲要，明显地反映出他们对军事学术的不断研究，毫不疏忽。

这次中央考察团的延安之行，是经蒋介石授意，实地察看共产党及其领导的红军队伍和陕甘宁特区抗日意愿与力量情况。顾祝同与周恩来等在具体协调安排过程中，双方就名称、人选数次反复。国民党方面坚持表述为“中央视察团”，共产党方面坚持表述为“中央考察团”，而延安城墙上的欢迎标语则表述为“中央调查团”。对于考察团成员，延安拒绝康泽等特务分子和其他中共叛徒，以及非叛徒而蓄意破坏者。最后，安排的21位人选中，由国民党中央党政军各单位遴派及陕西省党政人员组成，很多都是与共产党将领有过同窗、同事交往者。团长涂思宗，副团长萧致平、邵华，顾问李华英。代表团成员有王卓凡、王盛英、胡其卓、蔡贤俊、李静谟、龚梦涛、张秉球、萧树经、刘垄潮、潘松文、胡公冕、张廷镛、杨蔚、徐康爵、杨寿培、刘震亚、李宗山。共产党方面则安排叶剑英、陈赓全程陪同。

考察团5月23日从西安出发，历时半个月时间。这次考察是自1927年国共两党分裂十年来，国民党人第一次在受到热情欢迎的情况下进入共产党红色区域的实地考察。涂思宗提供的考察报告最后结论是：“延安几乎没有一样东西算得上是正规的，不过它呈现的精神状态却不能轻估”，“共党合作具诚意，红军抗日情绪高涨，一切红色人员均有艰苦卓绝精神”。

参考资料

[1]《中央考察团抵延安》，《新中华报·新华号外》（延安），1937年5月31日。

[2] 涂思宗遗著，涂思白校注：《延安行脚——西安事变后延安视察记》，《中外杂志》（台北），1988年6月号（总第256期）。

[3] 徐宗懋：《1937，希望的延安》，见《老照片》，第三十辑。济南：山东画报出版社，2009年11月版。

[4] 何立波：《1937：国民党中央考察团访问延安》，《钟山风雨》（南京），2010年第2期。

给人民大众看的党刊

1937年4月24日，中共中央政治理论刊物《解放》周刊正式创刊。其新颖的封面，开阔的视野，鲜明的观点，丰富的内容，给人耳目一新、生机勃勃的感觉。

中共中央机关刊物《解放》周刊创刊号，封面设计朱光

没有发刊词，没有发行仪式，一切都由杂志本身来说话。"时事短评"栏目，围绕热点，回应关切。上海爱国领袖被起诉了，介绍爱国"七君子"被捕事件最新动态；日本当前政潮，谈日本政坛走向；关于西班牙战局。"论著"栏目，发表中共权威声音，表明意见观点。"翻译"栏目，及时转达世界革命动态信息。"通讯"栏目，聚焦国内政治、军事大事与大势。"来件专

载”栏目，刊载党政重要文件信函。“文艺”栏目，发表精彩的小说、散文等文学作品。后来，又逐渐增设了“社论”“党的教育”“书报评论”“学习指导”“捷报”“木刻”等栏目。每个栏目都设计专用栏头，与封面设计风格相呼应。

封面设计新颖，两个硕大的宋体美术字“解放”，配拼音，并将第一字母大写放大，嵌入素描图片——两个愤怒的劳动者正在挣脱手铐的束缚。汉字、字母、图片三者有机统一，红黑两色印刷，简洁、朴素、大方。该封面设计兼美术编辑，是时任中宣部秘书、有“红军才子”之称的朱光。创刊之初，每两三期就更换一次封面，风格一致，图案、字体有变化，透露出设计者不断创新的蓬勃朝气。从第 17 期起，改用毛泽东题写的《解放》刊名，不再单设封面页，将目录安排在刊头下或左右侧，留下更多的空间刊载文字。

《解放》周刊第一卷第四期(1937 年 5 月)封面

作为中国共产党中央委员会主办的机关刊物，《解放》周刊归属于中央党报委员会主管，时任中共中央总书记兼中宣部部长张闻天担任主编，吴亮平为编辑部主任，编辑有廖承志、徐冰、吴亮平、杨松等，后来又增加博古、陈伯达、赵毅敏（一民）、胡乔木、蒋南翔等人为编辑。创刊号上，张闻天撰文《迎接对日直接抗战伟大时期的到来》，阐述了中国共产党的一切主张与行动，证明：中国共产党确是把争取中华民族的彻底解放，当作了他目前的唯一任务。“中华民族的解放，是每一个黄帝子孙、每一个中华儿女的责任，也是中国无产阶级政党的责任。彻底解放中华民族，就是中国无产阶级当前的最高利益。”这就清楚地说明了新时期的党刊取名《解放》的缘由。

《解放》周刊第一卷第九期(1937 年 7 月)封面

该刊前两期的封底都刊登了杂志社的告白：“径启者，本刊出版伊始，一切准备未周，印刷及内容方面，简陋之处在所难免。

敢希读者诸君见谅！再者，本刊为人民大众之刊物，欢迎批判，如读者诸君阅读之后，对内容及技术方面有何高见，请遥寄陕西延安府本刊，当无任欢迎也。”这种开门办刊、广开言路、勇于纳谏的坦诚态度，让读者心生崇敬。特别是党刊身份，定位人民大众之刊物，就把官腔官调拒之门外，实现了党性与人民性的统一。

《解放》周刊由解放周刊社编辑、出版，新华书局发行。从1937年10月30日出版第21期开始，发行者“新华书局”改为“新华书店”。1941年8月31日，《解放》终刊，共出版134期。初为周刊，后来改为半月刊，风格有所改变。

从《斗争》到《解放》，党刊的内容和形式发生了根本变化。内容丰富了，形式活泼了，面孔青春了，形象靓丽了……

朱光，富有才情，中学时代就精于书法，绘制列宁画像，能两手同时写字。参加革命后，在中央苏区主持设计苏维埃中央银行发行的货币

从《解放》到《红旗》，到《求是》，党刊的内容和形式有变化有坚持，其中所坚持的风格特色，很多源自延安时期的《解放》周刊。

参考资料

[1]《解放》周刊（影印本），第1－7集，收入《红色档案——延安时期文献档案汇编》。西安：陕西人民出版社，2011年版。

[2]《新华书店五十春秋》，第1－13页。新华书店总店编印，1987年3月。

确立中共抗战军事路线

面对凶恶的日本侵略者，共产党将坚决抗日的信念付诸实际行动，不是简单地去送死，而是要机智灵活地克敌制胜，发愤图强。1937 年 8 月 22 日至 25 日，中共中央在洛川召开政治局扩大会议，史称洛川会议。会议主要研究抗战新形势下党的政治、军事和国共两党关系问题，集中讨论抗日战争的军事问题，研究中共抗战的策略问题，并在组织上进一步健全中央军事委员会。

此前，为应对西安事变发生后的紧张军事形势，红军主力部队向南集结，红军前方指挥部驻扎在离西安不远的泾阳县云阳镇。位于洛川县城北约 10 公里的冯家村，地势隐蔽而安全，处在延安与云阳中间，便于中央领导和红军将领集中到会。

会议由张闻天主持，毛泽东做军事和国共关系报告，张闻天做政治报告。毛泽东在报告中指出，红军在国内革命战争中已经发展为能够进行运动战的正规军，但在新的形势下，必须把过去的正规军和运动战变为分散使用的游击军和游击战。红军的基本任务是：创建根据地，钳制和相机消灭敌人，配合友军作战（主要是战略配合），保存与扩大红军队伍，争取民族革命战争领导权。红军的战略方针是：独立自主的山地游击战，包括在有利条件下集中兵力消灭敌人兵团，以及向平原发展游击战争。游击战争的作战原则是：分散以发动群众，集中以消灭敌人。打得赢就打，打不赢就走。山地战要达到建立根据地，发展游击战争的目的，小游击队可到平原区发展。中国人民的抗日战争，将是一场持久的战争。关于国共关系问题，报告强调在抗日民族统一战线中，我们要坚持独立自主，保持高度的警惕性。红军的行动，只能由我们自己决定。

张闻天详细分析了当时的政治形势，说明全国性的抗战已经开始，从此进入抗战新阶段。我们的任务是动员一切力量来争取抗日战争的胜利。我们的总方针是要将已经开始的全国性抗战发展为全面的、全民族的抗战，动员一切力量争取抗战胜利，并从中来完成民主革命的任务——统一中国，建立民主共和国。

洛川会议旧址（左）和毛泽东旧居（右）

会议对毛泽东的报告进行了热烈讨论。大多数人同意毛泽东的报告精神，但在一些具体问题上，有人认为，现在战局很严重，应该早出兵，对我们政治影响好；有人主张，把军队全部开到前线，陕甘宁边区不留兵；有人主张，红军要配合国民党军队多打大仗，对独立自主的山地游击战方针认识不统一。

张闻天在补充报告和发言中，对毛泽东的持久战的战略方针做了阐述和发挥。周恩来报告了南京谈判、上海抗战、国民党统治区的政治经济形势以及南京政府的国防外交等情况。

会议通过了由张闻天起草的《中央关于目前形势与党的任务的决定》和毛泽东拟订的《为动员一切力量争取抗战胜利而斗争》的宣传鼓动提纲，公开发表了《中国共产党抗日救国十大纲领》。

会议在组织上健全了中共中央军事委员会。成员由毛泽东、朱德、周恩来、彭德怀、任弼时、叶剑英、张浩、贺龙、刘伯承、徐向前、林彪 11 人组成。选举毛泽东担任军委主席，朱德、周恩来为军委副主席。

中央军委最初是 1931 年中共苏区中央局在江西瑞金设立的，项英、毛泽东、朱德先后任主席。中华苏维埃共和国临时中央政府成立后，朱德任中华苏维埃共和国中央革命军事委员会（简称“中革军委”）主席，彭德怀、王稼祥任副主席，毛泽东、周恩来等 15 人为委员。1934 年在中华苏维埃共和国第二次全国代表大会上，朱德再次当选为中革军委主席，周恩来、王稼祥当选为副主席。长征途中，1935 年 1 月在遵义召开的中央政治局扩大会议，增选毛泽东为中央政治局常委，取消博古、李德的最高军事指挥权，仍由中央军委主要负责人朱德、周恩来指挥军事，周恩来为党内委托的对于指挥军事下最后决心的负责者。3 月，成立由毛泽东、周恩来、王稼祥组成的三人军事小组（亦称“三人军事领导小组”“三人军事指挥小组”），行使最高军事领导权。同年10月，红军三大主力胜利会师，中革军委委员增加到23人，毛泽东任主席，周恩来、张国焘为副主席。红军长征到达陕北，1935年11月，中央政治局会议决定成立西北革命军事委员会。随着中华苏维埃共和国西北办事处改为陕甘宁边区政府，原属政府组织系统的中央革命军事委员会，又改称为中共中央革命军事委员会（简称“中央军委”），成为中共中央最高军事指挥机构，毛泽东担任军委主席。从此，中央军委由政权系统恢复到党的系统。洛川会议后，中央军委总部设在延安王家坪，对外称八路军延安总部，下设总参谋部、总政治部、供给部、卫生部等工作机构，后又增设军委后方勤务部。

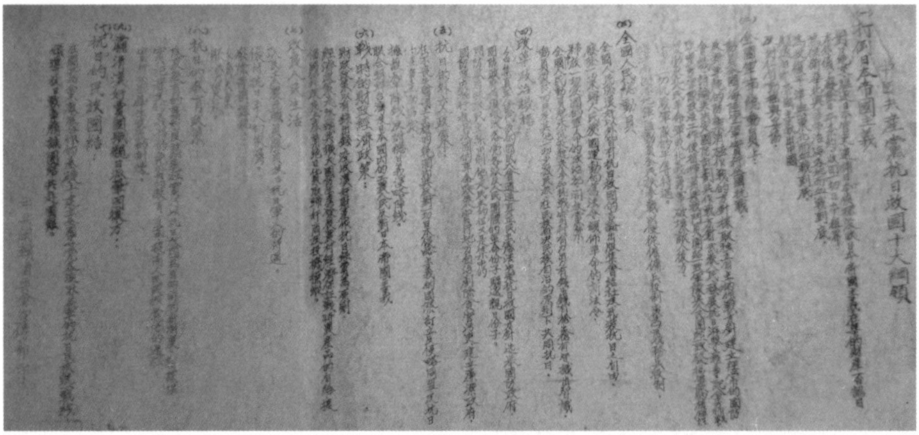
中国共产党抗日救国十大纲领

洛川会议通过的《中国共产党抗日救国十大纲领》

参考资料

［1］中央档案馆编：《中共中央文件选集》，第10册，第321－322页。北京：中共中央党校出版社，1985年10月版。

［2］中共中央文献研究室编：《毛泽东年谱（1893－1949）》中卷，第14－16页。北京：人民出版社、中央文献出版社，1993年12月版。

［3］延安市文物志编纂委员会编：《延安市文物志》，第230－232页。西安：陕西旅游出版社，2004年6月版。

红军改编为八路军

在抗日民族统一战线的旗帜下，中国共产党领导的工农红军主动放弃红军名义和番号，接受国民政府军事委员会的领导，改编为国民革命军第八路军，开赴抗日救亡前线。

西安事变和平解决后，1937 年 2 月中旬，中共中央派周恩来、博古、叶剑英为代表，同国民党代表顾祝同、张冲等在西安谈判。中共方面提出关于举国联合抗日的五项要求和四点保证，其中包括“工农政府改名为中华民国特区政府，红军改名为国民革命军，直接接受南京中央政府与军事委员会指导”。但是，双方在关于红军改编方案上意见分歧。中共方面最初提出红军改编为 4 个军、12 个师、36 个旅、100 多个团，4 个军的军长分别为林彪、贺龙、刘伯承、徐向前。而国民党只同意给予 2 个师、8 个团的编制，师上面不设军，更不设总指挥部，8 个团共编 15000 人。两个师直属军委会领导或归西安行营领导。双方意见分歧太大，无法谈拢，只有搁置起来。

中共谈判代表经请示延安，认为客观形势的发展不允许再回到西安事变前的态度。只要他们同意改编，我们就胜利了。具体编制及兵力问题，今后我们再相机行事，老是纠缠在编制及兵力数量等具体细节问题上，会贻误战机。

1937 年 3 月 8 日，经过中共方面一再让步，谈判终于达成一致意见：红军改编为 3 个师，史称“三八协议”，并决定由周恩来把近一个月的谈判情况与结果写成总结性条文，报送蒋介石审批。协议共五条，其中第三条内容为：红军改编为国民革命军，取消红军名义，服从国民政府军事委员会及蒋介石统一指挥。其编制人员的给养及补充，按国军同等待遇。红军中最精壮者改编为 3 个国防师，计 6 个旅 12 个团及其直属工、炮、通信、辎重等 45000 人。在 3 个国防师上设总指挥部。各级人员由自己推选，报南京批准，政训工作人员可由中央派人联络。

就在“三八协议”草签之际，蒋介石节外生枝，派贺衷寒传达蒋的最新指示，仍坚持只给红军 2 个师的编制，而且师上面不设总指挥部，2 个师的军官全部由南京方面重新安排。为打破谈判再次陷入的僵局，周恩来等中共代表团先后在杭州、庐山等地与蒋介石谈判沟通，最后，蒋介石同意红军改编为3个师，共45000人，师以上设总部，各级指挥军官由延安委派，但总司令由蒋委派。3个师的番号，即一一五师、一二〇师、一二九师。这三个师的番号原是东北军的，西安事变后被蒋介石撤销。

准备签字在即，蒋介石又提出3个师上边不设总指挥部，各师副职由国民政府委派，可以在团以上部队设政训处，负责政治工作。师上面的政训处，由康泽任主任，朱德、毛泽东必须离开部队。该意见遭到中共代表的坚决反对，谈判再次搁浅。

6月25日，中共中央书记处决定，单方面发表抗日宣言，如果蒋介石同意设立总的指挥部，红军即待其名义发表后改编，否则就在8月1日自行宣布改编，采用国民革命军暂编军、师名义，编3个正规师，共45000人。卢沟桥事变和“八一三”事变爆发后，促使国共双方就红军改编一事求同存异，又达成协议。7月8日，毛泽东、朱德、彭德怀等红军将领致电蒋介石，要求实行全国总动员，保卫平津，保卫华北，收复失地，并表示“红军将士，咸愿在委员长领导下，为国效命，与敌周旋，以达保土卫国之目的”。7月9日，彭德怀、贺龙、刘伯承等红军高级将领率全体指战员致电国民政府主席林森等，表示“以抗日救国为职志，枕戈待旦，请缨杀敌”，“愿即改名为国民革命军，并请授命为抗日前锋，与日寇决一死战”。7月14日，中共中央革命军事委员会主席团命令红军以军为单位改组为国民革命军编制，限十天准备完毕，待命抗日。红军将领集结陕西省泾阳县云阳镇，研究讨论红军改编问题，并对红军参战、部队编制等重大问题做了严密细致的部署。同日，周恩来率领中共代表团去庐山与国民党继续谈判，未果。7月21日，中共中央书记处发出《关于目前形势的指示》，提出红军立即改编为国民革命军，准备向华北出动，执行对日直接作战的神圣任务。7月22日，在陕西省泾阳县云阳镇工农红军前敌总指挥部召开的红军高级干部会议上，红军前敌总指挥彭德怀做了《红军改编的意义和今后的工作》的报告，说明红军改编的意义是为了推动国民党进行全面抗战，结成抗日民族统一战线。明确指出改编的中心问题，是保障共产党对红军的单一领导，并保留红军固有的特色。8月1日，中共中央组织部和红军总政治部分别做出决定，强调红军改编后必须坚持共产党在部队中的绝对领导，为改编工作指明了方向。8月6日，红军前敌总指挥部命令红军集中于陕西省三原、富平、泾阳地区，进行改编和开赴华北抗日前线的准备工作。

1937 年 8 月，陕西省泾阳县云阳镇，红军主力部队改编为八路军誓师大会

在平津沦陷和淞沪方面形势日趋紧张之际，8 月 9 日，中共中央应国民党邀请，派周恩来、朱德、叶剑英等飞赴南京，参加国民政府军事委员会召开的国防会议，并就红军改编等问题继续同国民党谈判。8 月 15 日，国民政府发表《自卫抗战声明书》，表示了“中国决不放弃领土之任何部分”的决心。

8 月 22 日，中共中央政治局洛川会议召开当日，国民政府军事委员会正式宣布红军主力改编为国民革命军第八路军，简称“八路军”，委任了正副总指挥，下辖三个师，每师辖两个旅，每旅辖两个团。每师定员为 15000 人。当时，国民革命军陆军师有甲乙丙三种编制，甲种师辖三旅九团，乙种师辖三旅六团，丙种师辖二旅四团。蒋介石的嫡系部队一般都是甲种师，而其他派系的部队则都是乙种师或丙种师。国民党只给红军三个师的编制，而且是最小的丙种师，千方百计限制红军数量。

8 月 25 日，洛川会议的最后一天，中央革命军事委员会发布红军改编为国民革命军第八路军的命令，将红军前敌总指挥部改为八路军总指挥部，任命朱德为总指挥、彭德怀为副总指挥，叶剑英为参谋长、左权为副参谋长。中央军委总政治部改为八路军政治部，任弼时为主任、邓小平为副主任，同时任命了各师领导干部。当日，朱德、彭德怀等高级将领发表通电，宣布就职，并宣告部队已整编完毕，即将东进杀敌。

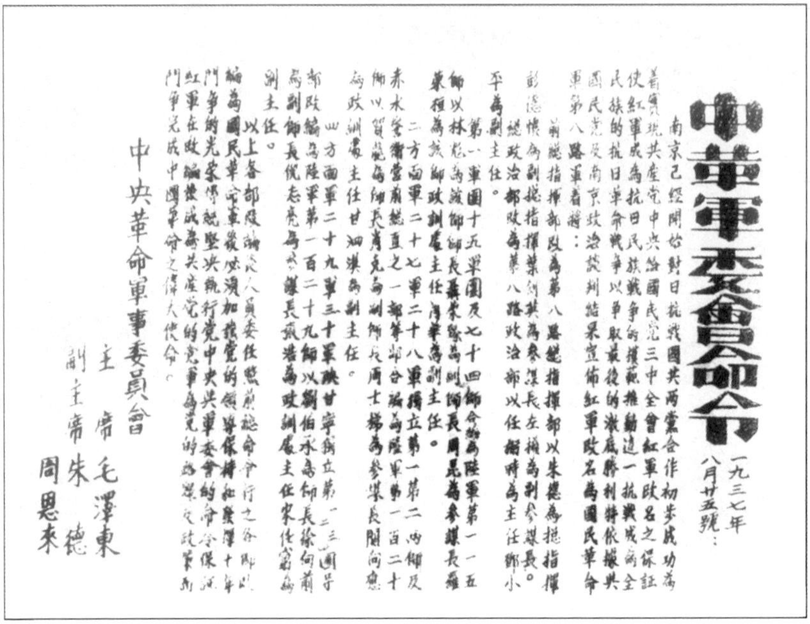

中華軍委會命令

一九三七年八月廿五號：

南京已經開始對日抗戰國共兩黨合作初步成功為著實現共產黨中央給國民黨三中全會紅軍改名之保証使紅軍成為抗日民族戰爭的模範推動這一抗戰成為全民族的抗日革命戰爭以爭取最後的澈底勝利特依據共國民黨及南京政治談判結果宣佈紅軍改名為國民革命軍第八路軍着將：

前總指揮部改為第八路總指揮部以朱德為總指揮彭德懷為副總指揮葉劍英為參謀長左權為副參謀長。總政治部改為第八路政治部以任弼時為主任鄧小平為副主任。

第一軍團十五軍團及七十四師合編為陸軍第一一五師以林彪為師長聶榮臻為副師長周昆為參謀長羅榮桓為該師政訓處主任肖華為副主任。

二方面軍二十七軍二十八軍獨立第一第二兩師及赤水警衛營前總直屬之一部等部合編為陸軍第一百二十師以賀龍為師長肖克為副師長周士第為參謀長關向應為政訓處主任甘泗淇為副主任。

四方面軍二十九軍三十軍陝甘寧獨立第一二三團等部改編為陸軍第一百二十九師以劉伯承為師長徐向前為副師長倪志亮為參謀長張浩為政訓處主任宋任窮為副主任。

以上各部改編之八員委任照前總命令行之各師以編為國民革命軍後須加強黨的領導保持和發揚十年鬥爭的光榮傳統堅決執行黨中央與軍委會的命令保證紅軍在改編後成為共產黨的黨軍為黨的路線及政策而鬥爭完成中國革命之偉大使命。

中央革命軍事委員會

主席 毛澤東

副主席 朱德 周恩來

1937 年 8 月 25 日，中央革命军事委员会发布红军改编为国民革命军第八路军的命令

红军改编后，编制级别大大降低，由原来的三个方面军改为三个师，大多数红军干部不得不降级使用，许多高级将领“官降三级”，方面军总指挥当师长，军团长当旅长，军长当团长。许多干部、战士想不通，对改编不理解，尤其是对“红军改名”和“穿国民党军服”“戴国民党帽徽”意见最大。他们说，过去我们戴着红帽徽为穷人闹翻身，国民党军队打了我们多少年，如今却要摘下红五星，换上他们的帽徽，想不通！有人甚至留下字条“干地方”去了。对此，朱德、贺龙、刘伯承、罗荣桓、左权等高级将领带头做干部、战士的思想工作。9 月 2 日，贺龙在一二〇师誓师大会上说：“现在国难当头，为了国家与民族的生存，共同对付日本帝国主义，我愿带头穿国民政府发的衣服，戴青天白日帽徽，和国民党部队统一番号。这样，看起来我们的外表是白的，但是我们的心却是红的，永远是红的！”

八路军副参谋长左权到八路军随营学校的各个部队，给官兵们讲换红星的道理：我们取下红星，不是要丢掉它，这里有烈士的鲜血和我们的理想；要往远处看，为了抗日救国，可以把红星保存起来，把它放在心坎里；红星在我们心里，就不会迷失方向。

9 月 11 日，国民政府军事委员会按全国陆海空军战斗序列，将八路军改

称第十八集团军，八路军总部改称第十八集团军总司令部。朱德改任总司令，彭德怀改任副总司令。9 月 14 日，朱德、彭德怀发布八路军改为第十八集团军的通令。但此后仍沿用八路军的番号。

红军主力部队改编为八路军后，东渡黄河，开赴山西抗日前线

红军改编后，八路军一一五师、一二〇师、一二九师分别在陕西省泾阳县云阳镇、富平县庄里镇、泾阳县石桥镇举行抗日誓师大会，随即开赴山西抗日前线。

参考资料

［1］中共中央文献研究室编：《周恩来年谱（1898－1949）》（修订本），第 361－395 页。北京：中央文献出版社，1998 年 2 月版。

［2］中央档案馆编：《中共中央文件选集》，第 10 册，第 282、287、323－325 页。北京：中共中央党校出版社，1985 年 10 月版。

西北战地服务团

七七事变爆发后，延安抗大学员群情激奋，纷纷要求提前毕业奔赴前线。知名作家丁玲、吴奚如等提议组织一个战地记者团，开赴抗日前线进行战地采访报道。消息传出后，得到抗大学员们的热情响应，并获得中央军委的支持。经研究决定，将原拟组成抗大宣传队的部分学员与准备成立的战地记者团合并，组成一个综合性的文艺宣传团体——西北战地服务团。

1937 年 8 月 12 日，西北战地服务团召开成立大会。朱光代表中共中央宣传部宣布丁玲为主任，吴奚如为副主任兼党支部书记。下设通讯股、宣传股、总务股，当时到会 23 人。会议确定西北战地服务团（简称“西战团”）是一个半军事化、以宣传为主要任务的战地服务机构，大家共同讨论通过了其行动纲领、纪律规约及成立宣言。8 月 15 日晚，延安各界在中央大礼堂举行晚会，欢送西战团即将奔赴抗日前线。毛泽东出席晚会，并做热情洋溢的致辞，鼓励大家用自己的笔、自己的口与日本帝国主义者作战，努力扩大共产党的影响，宣传共产党的抗日救国主张，争取抗战胜利的前途。丁玲致答谢词：“我们战地服务团的组织虽小，但是他好像小河流一样慢慢流入大河，聚汇着若干河的水，变成了一个洪流，我们誓死要打退日寇，如不达到此目的，决不回来与诸位见面。”

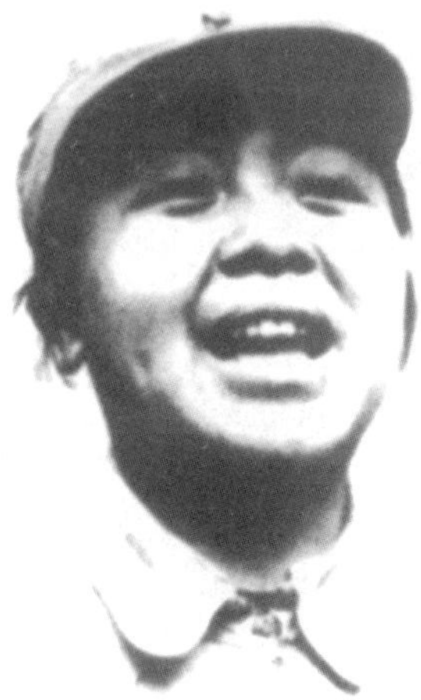

丁玲是第一个奔赴陕北革命队伍的新知识分子，抗日战争全面爆发后，她是西北战地服务团的一面旗帜（1938 年）

欢送会之后，西战团根据毛泽东的建议，在延安做为期 40 天的行前准备工作。一是加强政治学习，讨论时事和理论，邀请毛泽东等中央领导做专题报告，以提高团员们的理论政策水平；二是组织演讲竞赛和辩论会，以提高语言表达能力和宣传水平；三是组织创作编排文艺节目，共计十几个独幕剧，以及秧歌舞、大鼓书、歌曲、相声、绘画等。为了提炼宣传内容，他们还在延安街头演出，以征求各界的意见，再根据群众反映，不断改进提高。

9月22日，西北战地服务团40多人，举着红旗，唱着抗日歌曲，用7头小毛驴驮着行李和演出用品，浩浩荡荡、意气风发地开赴山西抗日前线。他们徒步从延安出发，经延长县，东渡黄河，进入山西境内。沿途经过平渡关、曲峨镇，到达临汾，改乘火车到太原。依托十八集团军驻太原办事处，举办多种宣传、联谊、演讲、报告活动，并拜会阎锡山等国民党军政要员。他们用群众喜闻乐见的形式去发动群众、宣传抗日，受到广泛的欢迎，队伍不断扩大。

同年11月9日，太原失守，西战团奉命南撤至榆次。1938年3月，丁玲率领西战团离开山西，到达西安，开展抗日宣传活动，借易俗社剧场演出抗战剧目，轰动西安。丁玲主编《西北战地服务团丛书》9本，由西安生活书店出版。7月，西战团返回延安。8月1日，在延安庆祝建军节晚会上，西战团做汇报演出，得到一致好评和高度赞誉。

丁玲（左一）与西战团到山西太原，开展抗日宣传活动

1938年11月20日，日本侵略军的飞机轰炸延安，局势趋于紧张。西战团奉命疏散，前往晋察冀抗日根据地。丁玲当时已在延安马列学院学习，副主任周巍峙带队，西战团离开延安，第二次奔赴抗日前线。1939年1月，抵达晋察冀边区的平山县。

太原失守后，西战团受命从山西撤退至西安，继续开展抗日宣传活动。前排坐者林伯渠，右一宣侠父，右二丁玲（1938 年）

处在长期的战争环境中，西战团的宣传文化工作更贴近人民群众的愿望和要求，真正做到了与老百姓生活水乳交融。几年来，他们深入农村，帮助组织和辅导村剧团，创办“乡村艺术干部训练班”，为地方培养了数百名文艺宣传骨干。他们先后创作演出了60 多部剧本，如话剧《程贵之家》《模范公民》《慰劳》，歌剧《团结就是力量》《八路军和孩子》等，都很受群众的欢迎。他们还编辑出版油印刊物《歌创造》，共印发近40 期，发表创作歌曲和搜集的民歌400 余首。1940 年，他们还组织演唱冼星海的《黄河大合唱》，在晋察冀边区产生很大影响。

1944 年4 月，西战团奉命调回延安。5 月初，他们向延安各机关汇报演出《把眼光放远点》《慰劳》《哈那寇》等独幕剧。同年8 月，西战团创作组将晋察冀边区收集的“白毛仙姑”的故事编成歌剧，后来由鲁艺参与修改并最终完成了新歌剧《白毛女》的创作。

1944 年8 月，中宣部决定撤销西战团建制，大部分成员被分配到鲁艺各系。

参考资料

[1] 丁玲著：《一年》（西北战地服务团丛书之九）。生活书店，1939 年3 月初版。

[2] 朱星南编：《西北战地服务团大事记》，油印件，1987 年9 月。

[3] 朱星南编：《西北战地服务团名录》，下一代杂志社编印，1995 年12 月。

公审黄克功逼婚案

1937年10月11日，延安城北门外陕北公学大操场，举行公开审判黄克功逼婚枪杀青年学生刘茜案件群众大会。

抗大政治部副主任胡耀邦、边区保安处黄佐超、边区高等法院检察官徐时奎出任公诉人。边区法院审判长雷经天和抗大、陕公代表等4位陪审员，以及书记员，共同组成审判庭。

审判长雷经天从座位上站起来，当着黄克功的面公开宣读毛泽东为此案写来的复信："黄克功过去斗争历史是光荣的，今天处以极刑，我及党中央的同志都是为之惋惜的。但他犯了不容赦免的大罪，以一个共产党员、红军干部而有如此卑鄙的，残忍的，失掉党的立场的，失掉革命立场的，失掉人的立场的行为，如为赦免，便无以教育党，无以教育红军，无以教育革命者，并无以教育做一个普通的人。……请你在公审会上，当着黄克功及到会群众，除宣布法庭判决外，并宣布我这封信。对刘茜同志之家属，应给以安慰与抚恤。"

此案被告人黄克功

此案受害人刘茜

全场顿然肃静下来，雷经天继之宣读边区最高法院刑事判决：“本庭判决凶犯黄克功，因恋爱问题而枪杀革命同志刘茜，经公审，处以死刑，立即执行。”

黄克功听完宣读毛泽东的信和公审宣判，表示诚恳认罪，甘心伏法，毫无怨言，并高呼口号：“共产党万岁！毛主席万岁！”

群众中有许多人发言，要求免除他死刑，让他戴罪立功，将功赎过。不少老红军干部甚至痛哭流涕，场面极其悲壮。

童年的刘茜（左一）与家人合影。一桩惨案不仅伤害了被害人，而且对两个家庭都造成了严重损伤

黄克功，江西南康县人，时年 26 岁，少年时就加入红军，参加过井冈山斗争和二万五千里长征，在二渡赤水和娄山关战斗中表现突出，先后任红军某团团支部书记、宣传科长、政治委员，中共党员。他随红军长征到达陕北后，先在抗大学习，毕业后留校担任第十五队队长，与该队学员刘茜恋爱。在他的观念中，恋爱就是订婚。感情遇挫后，他觉得对方戏弄了一个革命军人的情感。10 月 5 日傍晚，黄克功一身戎装，来到清凉山下的陕北公学门口，邀请刘茜到延河边散步，打算最终解决他们之间的恋爱关系问题。双方洽谈未果，黄克功拔出随身携带的勃朗宁手枪，将刘茜杀害。

刘茜，山西定襄县人，时年 16 岁，曾经在太原市友仁中学读书。卢沟桥事变后，出于一腔抗日救亡热情，她放弃良好的家庭环境，奔赴延安，1937 年 8 月被录取为抗大第三期第十五队学员。同年 9 月，原抗大第三期第十五队学员全部转入新创办的陕北公学，刘茜也到了清凉山下的新学校。但黄克功仍然留在了抗大，被重新调任第六队队长。

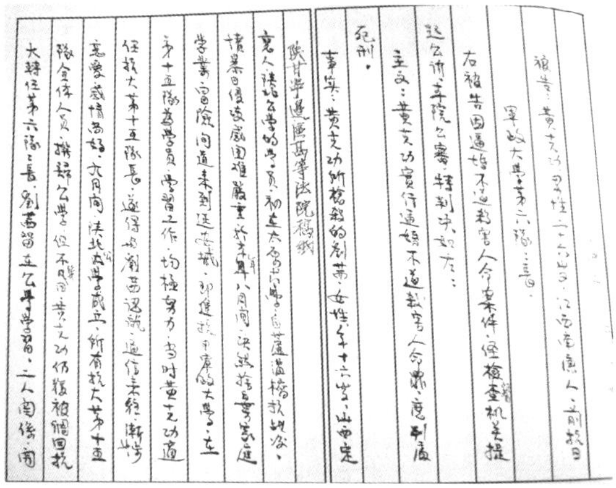
被告：黄克功，男性，二十六岁，江西南康人，前抗日军政大学第六队队长。
右被告因逼婚不遂杀害人命案件，经检察机关提起公诉，本院公审，特判决如左：
主文：黄克功实行逼婚不遂杀害人命罪，处死刑。
事实：黄克功所枪杀的刘茜，女性，年十六岁，山西定襄人，陕北公学的学员，初在太原[illegible]
情景日侵，故[illegible]严重，于本年八月间，决然脱离家庭，来到延安城，即进抗日军政大学，在第十五队为学员，学习工作，均极努力。当时黄克功适任抗大第十五队队长，遂得与刘茜认识，进行来往，渐生恋爱感情。九月间，陕北公学成立，所有抗大第十五队全体人员，拨归公学，但不久黄克功仍被调回抗大，转任第六队队长，刘茜留在公学学习。二人间[illegible]

保存在档案馆里的黄克功案判决书

10月5日晚，刘茜一夜未归，第二天被发现时已经僵卧在延河岸边。陕北公学的学生们顿时惊呆了，往日激昂的学习生活被焦躁激愤的情绪所代替，人们在等待着事件的结果。迫于舆论压力，杀人偿命，黄克功初审被判处死刑。他不满意对自己的审判，陈书毛泽东，一定要求毛泽东处理这件事。毛泽东致信陕甘宁边区高等法院院长兼黄克功案审判长雷经天，表明壮士断臂、严明法纪的坚决态度。

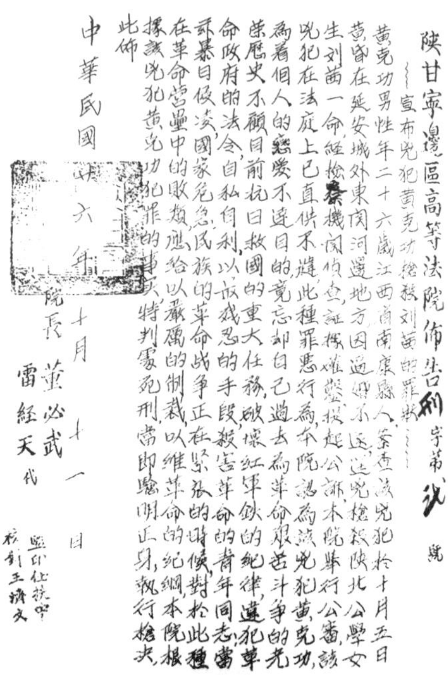
陕甘宁边区高等法院布告 刑字第二号

——宣布凶犯黄克功枪杀刘茜的罪状——

黄克功男性年二十六岁江西省南康县人，案查该凶犯于十月五日黄昏在延安城外东关河边地方，因逼婚不遂，竟将陕北公学女生刘茜一命，经检察机关侦查证据确凿，提起公诉，本院举行公审，该凶犯在法庭上已直供不讳，此种罪恶行为，本院认为该凶犯黄克功为着个人的恋爱不遂目的，竟忘却自己过去为革命艰苦斗争的光荣历史，不顾目前抗日救国的重大任务，破坏红军铁的纪律，违犯革命政府的法令，自私自利，以最残忍的手段，杀害革命的青年同志，当敌寇日侵，国家危急，民族的革命战争正在紧张的时候，对于此种在革命营垒中的败类，应给以严厉的制裁，以维革命的纪纲，本院根据该凶犯黄克功犯罪的事实，特判处死刑，当即验明正身，执行枪决，此布

中华民国二十六年十月十一日

院长 雷经天
董必武 代

监印 任扶中
校对 王鸿文

陕甘宁边区高等法院关于黄克功案布告

当时延安和陕甘宁边区沿用原《中华苏维埃共和国婚姻条例》。这份条例最初由王明从苏联引入并加以改进，1931 年 11 月 28 日经中华苏维埃共和国中央执行委员会第一次会议决议通过，1934 年加以修订。其中规定结婚年龄，男子须满 20 岁，女子须满 18 岁。由于战争环境影响，这个婚姻条例在具体执行过程中，的确不是非常严格。当时的婚姻现实是，中央主力红军由长征出发时的 9 万余人，到四川只剩下将近 2 万人，再经张国焘分裂后，真正到达陕北的只有数千人，其中女红军 50 人。到 1937 年底至 1938 年初，男女比例为 30：1。到 1941 年，为 18：1。到 1944 年 5 月，为 8：1。在这种情况下，往往以组织的形式处理婚姻的问题。

时任中共中央总书记的洛甫（张闻天）参加了公审大会，并在审判结束后发表讲话，强调法律面前人人平等，阐释怎样正确对待和处理恋爱婚姻与革命关系时说："革命队伍里的终身伴侣，首先应该在政治上、思想上有共同的信仰，愿意为共产主义事业奋斗。志同道合、情投意合才是夫妻间最大的幸福和快乐。找对象也不能要求对方十全十美，无论在恋爱过程中和结婚后，男女双方都应该互相尊重，互敬互爱，互相帮助，互相学习，取长补短，共同前进。黄克功与刘茜，都缺乏正确的恋爱观，以致酿成悲剧，这是革命队伍里的一大不幸，要引以为戒，吸取教训。"

参考资料

[1] 舒湮著：《战斗中的陕北》附录《延安行》，第 37－41 页。上海：文缘出版社，1939 年 3 月版。

[2] 朱鸿召著：《延安日常生活中的历史：1937－1947》，第 277－297 页。桂林：广西师范大学出版社，2007 年 7 月版。

中共中央政治局十二月会议

中国共产党成立之初，作为共产国际的一个支部；中共领导的无产阶级革命斗争，作为国际共产主义运动的一部分，都决定着中国共产党必须执行共产国际的指示精神。于是，来自远方莫斯科的领导人、信使或电文，都具有一言九鼎的权威性。1937 年 12 月，在延安举行中央政治局会议后，与会者的这张合影照，堪称这种政治权威性的生动记录。

刚从苏联回到延安的王明，端坐前排中间位置，身材不高，气势颇高，一派真理在握、重任在肩的书生意气。有共产国际学习或工作背景的陈云、凯丰分坐在王明两边，毛泽东站在后排最边侧的位置。

1937 年 11 月，王明等人从莫斯科回到延安，给原有的中央领导格局带来巨大冲击。12 月召开的中共中央政治局会议合影时，王明端坐在前排中间位置，器宇轩昂，当仁不让，其左右两边位置上都是从苏联回来者。前排左起为项英、凯丰、王明、陈云、刘少奇；后排左起为康生、彭德怀、张闻天、张国焘、林伯渠、博古、周恩来、毛泽东

1937 年 11 月 29 日，长期在莫斯科共产国际工作的王明一行，乘苏军飞机抵达延安机场。张闻天、毛泽东、朱德等在延安的中共主要领导全部到机场迎接。同机抵达的还有康生和陈云。王明作为中共驻莫斯科的共产国际代表，曾在 1935 年召开的共产国际第七次代表大会上当选为共产国际执行委员会主席团委员和政治书记处候补书记，是中共代表担任共产国际组织的最高职位。王明此次回国，是为了在中共贯彻落实共产国际执委会书记处所制定的关于中国抗日形势和中共任务的新政策。

12 月 9 日至 14 日，中共中央政治局会议在延安召开，出席会议的有张闻天、毛泽东、王明、康生、陈云、周恩来、博古、林伯渠、彭德怀、凯丰、刘少奇、项英、张国焘共 13 人。张闻天主持会议，并做《目前的政治形势与党的任务》的报告，王明做《如何继续全国抗战和争取抗战胜利呢?》的长篇发言，项英、刘少奇分别做关于南方游击区的工作报告。

王明以共产国际代表的名义，批评洛川会议过分强调“独立自主原则”，没有坚持“抗战高于一切”的原则。强调“今天的中心问题是一切为了抗日，一切经过抗日民族统一战线，一切服从抗日，现在我们要用这样的原则去组织群众……”“我们要拥护统一指挥，八路军也要统一受蒋指挥。我们不怕统一纪律、统一作战计划、统一给养，不过注意不要受到无谓的牺牲”“要使人家一到特区，便感觉特区是中华民国的组成部分。”在听取张闻天的报告和王明的发言后，会议进行讨论，许多领导同志都表示同意和拥护王明的主张，唯有毛泽东在发言中表达了不同的观点。毛泽东发言中，对于王明批评的关于中共对国民党的转变估计不足等问题，做了检讨。但他坚持认为，自西安事变以来，中共执行的抗日民族统一战线政策，基本上是正确的，并获得了很多成绩。洛川会议决定独立自主的山地游击战，也是基本上正确的，今后八路军游击战还是主要的，在有利条件下进行运动战。张闻天在主持会议和发言讨论中，支持毛泽东的观点。所以，这次会议没有对抗战以来中共执行的抗日民族统一战线政策重作新的决议。散会时，毛泽东让担任会议记录的王首道把与会代表们的笔记本全部收下，包括王明的笔记本，不准带出会场。

会议经过讨论，决定增补王明、陈云、康生为中央书记处书记，确定中央常委 9 人：张闻天、毛泽东、王明、康生、陈云、周恩来、张国焘、博古、项英。会议决定中央实行集体领导，分工负责，日常往来电报，“党的交洛，军交毛，统战交王，王外出时交洛”，即张闻天分管党务，毛泽东分管军事，王明分管统一战线。如果王明外出，则由张闻天代管。会议决定，由周恩来、王明、博古、叶剑英组成中共代表团，负责与国民党谈判；由项英、周恩来、博古、董必武组成中共中央长江局，领导中国南方各省党的工作。会议还通过了准备召开党的第七次代表大会的决定草案。

早期延安，中共领导之间，关系随和，张闻天担任总书记，但处事开明，为人低调。这是1937年春夏之际，博古（右一）、张闻天（右二）、毛泽东（右三）、周恩来（右四）在一起

十二月会议后，王明赶赴武汉，以中共代表团团长身份，与国民党谈判。不久，国共谈判中共代表团与中共中央长江局合并，王明兼任长江局书记。他擅自在报纸杂志上发表未经中央同意的《中共中央对时局的宣言》，在武汉大学等公开场合发表演讲，宣传抗日民族统一战线中的右倾思想主张。

参考资料

［1］张培森主编：《张闻天年谱》，上卷，第527－530页。北京：中共党史出版社，2000年8月版。

［2］周国全，郭德宏著：《王明传》，第157－158页。合肥：安徽人民出版社，1998年3月第2版。

［3］郭德宏编：《王明年谱》，第350－361页。北京：社会科学文献出版社，2014年3月版。

1938 年

延安流行交际舞

延安曾经流行跳交际舞，共产党领导的革命队伍从来不保守。交际舞最初是由外宾传授，从上层领导开始，并作为向封建势力挑战的一个突破口，而逐渐时兴起来的。

1937 年 1 月底，美国作家艾格妮丝·史沫特莱（Agnes Smedley）以德国《法兰克福日报》记者身份，到延安做为期七个多月的采访。这位自称“大地的女儿”的史沫特莱，不仅在延安采访写作，联系促成白求恩大夫援华，而且还倡导组织了灭鼠运动、节育运动，以及声噪一时的交际舞潮流。

周日黄昏暮色里，山坡平地上，革命队伍里的青年男女学习交际舞

史沫特莱不擅长唱歌，却能跳舞。“在延安召开的一次高级军事干部会议期间，我试着教他们一些人如何跳舞，他们勤奋好学，每事必问，不怕丢面

子。朱德同我破除迷信，揭开了交际舞的场面。周恩来接着也跳了起来，不过他跳舞像一个人在演算一道数学习题似的。彭德怀喜欢作壁上观，但不肯下来跳一次舞。贺龙在青砖铺的地上随音乐旋律一起欢跳，他是身上唯一有节奏感的舞师。”刚开始跳舞，受到红军女干部们的反对，以致有一回朱德邀史沫特莱再教他跳一次舞时居然被谢绝。朱德幽默地说：“我同封建主义斗了半生，现在还不想罢休！”她只好站起来以民主的名义和他跳了一次。

延安早期的交际舞，主要是在高级干部聚会的娱乐性晚会上做表演性节目。范围不大，半掩蔽半公开。但这种带有异域色彩、具有强烈心理刺激作用的表演节目却非常具有示范性，很快，在凤凰山下史沫特莱的住处，就有了私人性质的娱乐晚会，当然少不了要跳交际舞。慢慢地，交际舞逐渐出现在公开举行的晚会上。位于延安城里二道街由基督教堂改成的中央大礼堂，除了举行重大会议外，几乎每个周末的晚上都举行晚会或舞会。史沫特莱和她的“学生们”成了舞会上的“明星”。

王家坪有一片桃树林，地势平坦，被称为桃林公园，经常举办夜场交际舞会

交际舞时兴不久，就引起革命队伍里女将们的强烈反对。从江西苏区开始，革命队伍里文艺活动的主要形式是革命歌咏和红色舞蹈，所表达的都是集体情绪的相互协调与感染，其艺术指向是对美好社会生活的集体向往。而交际舞通常却是男女成对相伴而舞，其效果指向是个人生命空间的情绪调适。因此，交际舞引发的矛盾在延安引起不大不小的风波。但是，延安交际舞热潮并没有因此而消歇。相反，因为有了大量青年学生的到来，延安周末晚会或交际舞会更加热火起来。

每到周末和节假日的晚上，延安城里由原基督教堂改制的中央大礼堂、城东门外桥儿沟由原天主教堂改制的鲁艺大礼堂、城南门外的自然科学院礼堂、城西门外延河两岸的王家坪八路军总部大礼堂、女子大学礼堂或操场、蓝家坪的马列学院大礼堂、中华全国文艺界抗敌协会延安分会所属的作家俱乐部、大砭沟的文化俱乐部等，几乎都有文艺晚会或交际舞会。

音乐伴奏虽然很简单，但大都是现场乐器演奏，有口琴、风琴、手风琴、小提琴、竹笛、二胡，其中很多乐器大多是临时手工制作的。最能渲染舞场气氛的定音鼓、爵士鼓，都是用废弃的美孚油桶改制而成的。只有两处教堂里的舞场是青砖地面，其他舞场都是平整的黄土地。有的露天舞场由于天气干燥、跳舞人多而难免尘土飞扬。

在当时延安所有的舞场里，王家坪和中央大礼堂舞场是政治级别最高的，经常有军政首长光顾。蓝家坪“文抗”所属的作家俱乐部舞场条件最好，有被张仃设计成沙发式的折叠椅，这是延安绝无仅有的，还有萧军夫人王德芬当垆的窑洞酒吧供应饮料。但是，最客满为患的舞场却是女大礼堂或操场，最热闹的舞场是桥儿沟鲁艺那座中世纪城堡式样的大礼堂，每到新年之际这里都举办稀奇迷人的化装舞会。

当时延安的留声机很稀罕，经常被借来借去，用作举办交际舞会的音乐伴奏

这种交际舞会潮流，大约持续到1942年延安整风运动前夕。此后，就没有当初那么新潮和普遍，取而代之的是新秧歌运动。

参考资料

［1］［美］简·麦金农，斯·麦金农著：《史沫特莱传》，江枫等译，第 246－260 页。沈阳：辽宁人民出版社，1991 年 5 月版。

［2］Helen Foster Snow：The Chinese Communists：Sketches and Autobiographies of the Old Guard，pp250－261. Connecticut：Greenwood Publishing Company，1972.

［3］朱鸿召著：《延安日常生活中的历史：1937－1947》，第 259－276 页。桂林：广西师范大学出版社，2007 年 7 月版。

白求恩坚决要求上前线

1938 年 1 月 8 日，白求恩（Norman Bethune）组建的三人医疗队，受加拿大和美国共产党委派，乘“日本皇后”号海轮从温哥华港起程远道来中国。

在延安，白求恩发现了一场理想中的革命，以及革命中的人们。“在这里，无论地位高低，人人都是平等相待，人们都有一种勤奋向上的精神，相处非常友好。每人分到一套灰色的棉布军服，军官们可以有一件棉大衣。偶尔也能见到棕色的羊毛制服，那是从日军那里缴获来的战利品。每人每天的伙食费 4 分钱，可以买小米和蔬菜。蔬菜主要是萝卜和卷心菜，这些都是本地种的，非常新鲜。学生和前线的战士每人每天的补贴是 8 分钱。这样他们就可以偶尔吃一顿羊肉或猪肉，肉是 0.4 元一斤。而伙食最好的是日本俘虏，他们每天都能吃到肉，对此人们有些抱怨。”物质生活的清贫，与社会生活的公平和精神生活的丰富，构成一幅革命理想主义的美好景象。

白求恩大学毕业照片（1922 年）

白求恩在志愿服务中感动了别人，也升华了自己

在拜访毛泽东等中共领导人的时候，白求恩为中共关于抗日持久战的观点所折服，更加坚定了自己对中国抗日战争和世界反法西斯战争的胜利信心。经过执着的申请和不妥协的坚持，白求恩获准来到晋察冀边区八路军抗日前线。在山西，在河北，他的所见所闻所感，特别深刻。“这是一个伟大的国

度，这儿生活着一些非常好的同志！”特别是在救治伤病员的过程中，他为这些战士的刚毅勇气和顽强精神所震惊。“八路军战士的平均年龄是22岁，而游击队员大多是30多岁，有的甚至有39到40岁。他们大多是大个子，有的有6英尺高，长着刚毅的古铜色的脸，他们行动神秘而果敢，富有决心和勇气。同他们一起工作是一种乐趣”。每当他为战士包扎好伤口，这些可爱的人们都会向他深深地鞠躬。

白求恩坚持到战争前线，从事战地医疗服务。这是从延安出发，到太行山八路军抗战前线途中

因为有了这种敬意和爱意，白求恩重新思考并界定了医生的职责，以及医生与患者之间的关系。大夫、护士和护理员的责任只有一个，那就是“使我们的病人快乐，帮助他们恢复健康和体力。你必须将每一名病人看作你的父兄，因为实际上他比父兄还要重要，他是你的同志，在所有的事情中他最为重要。如果你不将他看得重于你自己，那么八路军卫生机构中将无你容身之所”。这不是一般的医患关系，也不是普通的医治行为，而是为了中国的抗日战争胜利，为了人类的自由解放。他在救治八路军伤病员工作中，找到了自己的人生理想。

按原来计划，白求恩所率领的医疗队受美加共产党委派，来中国进行战地医疗服务，其全部医疗器械、药品和医护人员生活、车旅等费用都由美加共产党募集并不断转付。但是，白求恩来到延安，进入晋察冀边区后，美加经济援助却迟迟不到。他多次写信、拍发电报，催促设在美国纽约第四大街268号的“援华委员会”赶快汇款或邮寄医药物资。可是，援助钱款和物资总是杳无音信。医疗救治需要药品和器械，白求恩在捉襟见肘之际，不得不致信在加拿大和美国的私人朋友请求帮忙。最后在万般无奈之际，他才向并不富裕的八路军申请经费；同时，他希望通过勤奋写作向北美报刊投稿以获得稿酬，缓解燃眉之急。在这种情况下，聂荣臻请示毛泽东，得到回复电报：“请每月发给白求恩同志100元津贴……同意任白求恩同志为军区卫生顾问。”白求恩回复延安八路军军事委员会，坚决拒绝给予他个人生活津贴，说明所需经费完全用于医疗救治用品，以及建立一个模范医院和医护人员培训中心。

白求恩在河北涞源孙家庄一座小庙里抢救伤病员，门外是排队等待手术的伤员（1939 年 10 月 摄影　罗光达）

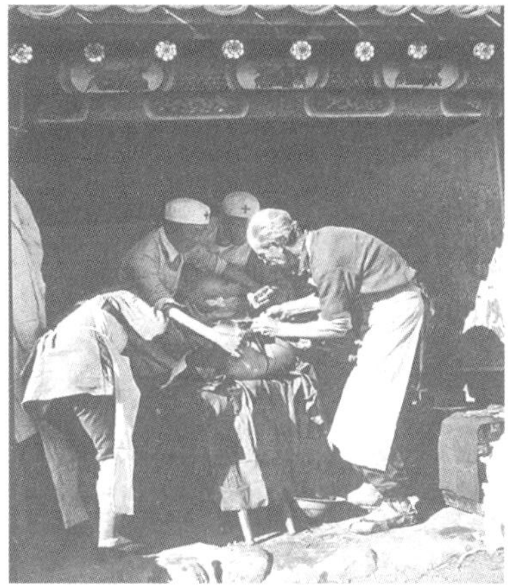

在五台山寺庙临时搭建的手术室里，白求恩正在为八路军伤员做手术（摄影　吴印咸）

由于艰苦的生活条件，极度营养不良，加上过度劳累，白求恩当时的健康状况已很差。他的背有点驼，视力大大减退，牙齿松动，一只耳朵变聋，还有点慢性咳嗽。他也曾计划回加拿大去治疗，因实在不忍离开那些急待抢救的八路军伤员而一再推迟行程，以至于牺牲在自己的工作岗位上。

白求恩本来不会汉语，到中国后只学会几句简单的客套话。担任翻译和护理工作的琼·尤恩，由于不堪忍受白求恩对工作的苛刻要求，以及他粗暴、自满、过分自信的脾气性格，早在到延安途中就心生退意。她觉得白求恩可敬不可爱，“等到了西安以后，我会很高兴离开你这个鬼医疗队”。他们勉强一起到达延安后，尤恩就独自从事自己的志愿服务工作去了。白求恩独自在八路军队伍里工作，无法直接用汉语进行思想交流，时日不久他便感到精神上的孤独，物质上的艰苦是可以克服的，这种精神上的孤独、文化生活上的荒凉，是对志愿者最大的磨难。

由于“反扫荡”战争环境的残酷，由于救治伤病员的迫切需要，在晋察冀这片有 1300 万人口、15 万武装部队的广大地区，白求恩是唯一一名受过专业训练的外科专家大夫。在前线救治伤员时，往往是有伤员来了，白求恩利落地把手一洗，手套一戴，马上就趴在担架上做手术。当时根本就没有什么手术台，就是在伤员被抬来的担架上做手术。在一年时间里，他行程 5064 公里，其中 640 公里是步行穿越山西、陕西和河北省，完成 762 例手术，检查 1200 名伤员，重新组建了卫生部门，筹建了一所卫生学校，撰写 3 本医学教科书并被译成中文。工作时平均每天近 10 例外科手术，是常人难以想象的工作量。

工作之余，白求恩就在这样的掩体里乘凉休息

1939 年 3 月 3 日是白求恩 49 岁生日。从头天下午 7 点至次日凌晨 6 点，整整一个夜晚，他为从河津战场上抬下来的 40 名重伤员做了 19 例手术，其中 3 例颅骨开裂的开颅手术，2 例大腿截肢，2 例小肠穿孔缝合，6 例胳臂和腿严重骨折。白求恩在繁忙的工作中达到了忘我的精神境界。他在自己的志愿服务工作中，在延安革命队伍里，发现了一个运动、一个群体、一批同志，他们温和、镇定、智慧、坚韧，具有不可动摇的乐观主义精神。和他们在一起，白求恩的性格逐渐变得温和、宽厚起来。

白求恩殉职后，延安以他的名字命名白求恩国际和平医院，作为永久的纪念

1939 年 10 月，涞源摩天岭战斗正激烈地进行着。白求恩在一座庙里为八路军伤员做手术。突然手术台附近枪声四起，为了加快手术速度，白求恩将

左手伸进伤口掏取碎骨，尖利的碎骨将他中指刺破。11 月初他为一名蜂窝组织炎的伤员进行手术时再度感染，导致败血症。白求恩高烧不退，呕吐不止。大家赶紧把他往晋察冀军区总部医院转送，抬到离医院还有一两天路程时白求恩就去世了。当时八路军战地医疗条件非常艰苦，没有麻醉药，有条件会给伤员喝一口老白干，硬撑着，实在忍不住就吼两声。医生做手术没有现在这样的消毒设施，只能用硼酸水或老白干洗洗手，根本没有橡皮手套。如果有手套，白求恩就不会被感染了。

在加拿大，白求恩故乡也竖立了白求恩塑像，
修建了白求恩纪念馆，越来越多的人去瞻仰

白求恩关于建立覆盖全社会的卫生健康保障系统的思想主张，在战争环境下的延安革命队伍里得到局部实现。他的国际主义精神，中国人民永远不会忘怀。

参考资料

[1]［加拿大］拉瑞·汉纳特编著，李巍，等译：《一位富有激情的政治活动家——国际主义战士白求恩作品集》，第 254－469 页。济南：齐鲁书社，2005 年 1 月版。

[2]［加拿大］琼·尤恩著：《在中国当护士的年月（1933－1939）》。北京：时事出版社，1984 年 6 月版。

[3]《灿烂的血花洒在边区，万人追悼诺曼·白求恩》，《抗敌报》（晋察冀），1940 年 1 月 13 日。

欧洲人眼中的延安

抗日战争时期，到延安采访的美国记者很活跃，其实还有来自欧洲的记者。瑞士新苏黎世新闻社记者瓦尔特·博斯哈德（Walter Bosshard）先后于1938年和1947年两次来到延安和解放区采访，拍摄了大量珍贵的影像资料。

埃德加·斯诺到陕北的采访报道发表后，在华境外媒体记者对于共产党领导的抗日根据地产生了极大的兴趣。他们想方设法疏通渠道，希望能够获准进入那个神秘的红色革命圣地延安去实地采访。1938年初，博斯哈德从北平到武汉，在史沫特莱的帮助下，见到周恩来，明确表达了希望到延安采访的意愿。周恩来答应介绍他先去八路军西安办事处。在西安，博斯哈德拿着周恩来的手信，比较顺利地拜会了八路军西安办事处主任林伯渠。“他戴着一副眼镜，穿着不合身的蓝布制服，乍一眼看去好像是一个中国乡村的小学校长。但这个人就是共产党的金融才子，负责管理八路军的后勤供给以及账务管理。”在林伯渠的安排下，博斯哈德与美国《芝加哥每日新闻报》记者阿·斯蒂尔一起，随八路军运输物资的车队前往延安。

毛泽东（中）在凤凰山麓住处窑洞接受博斯哈德（左）、斯蒂尔（右）采访后，与来访者一起合影

冰雪消融，满载货物的军用卡车颠簸在泥泞的山路上，旅途的艰辛险阻超乎想象。博斯哈德用照相机和电影摄影机拍摄下了沿途风光和车队行程，尤其是汽车陷入泥泞之中，不得不动用人力畜力帮助拉动汽车，一边是汽车鼓足马力行驶着，一边是随行人员赶紧在轮胎后边放置木块，以防止车轮倒溜，其情其景，惊心动魄。关键路段，几乎是一寸一寸往前挪步前行。“路况之差，使得我们只好缓慢前行。即使轮子上缠着铁链，也无法阻止汽车顺着陡峭的山坡向后滑。好几次，车队还得从万丈深渊上晃晃悠悠地经过，让人直捏一把冷汗”。沿途经过三原、宜君、洛川、鄜县（今富县）、甘泉等集镇，往往都是车队住宿休息之地，博斯哈德真实记录了那个时代这些小镇沿街的建筑风貌和人情事态。押车的八路军战士们，都很年轻干练，遇事不惊，处事果断。经过整整六天的行程，终于抵达令人神往的目的地延安。

行程中，越是接近延安，博斯哈德看到越来越多的青年学生徒步奔赴延安。每当车队经过他们身旁，都会彼此招手致意。此情此景，让这些外国记者感触良深。博斯哈德说自己此行，仿佛看到了另一种麦加朝觐的情景。

在延安，博斯哈德拍摄了抗大、陕公和鲁艺学员们的学习和生活情景。他们在延河边洗漱，在院子里集体用餐，晨光中上早操，晚霞里游戏、散步、唱歌、打球……丰富多彩的生活，深深地吸引着这位来自欧洲的访客。

访问延安期间，给博斯哈德印象最深的是拜会毛泽东。在延安城里凤凰山下的一排窑洞里，毛泽东坐在一张大写字桌旁，桌子后面是一张睡炕。此外就是一个中式橱柜和三把不稳当的椅子，这就是屋里的全部家当了。桌子上到处堆着书籍、文件、报纸、信件、图纸，还有一个烟斗。窑洞白墙上，张贴着一张巨大的陕西地图和几张反对意大利入侵埃塞俄比亚的苏联宣传画。

八路军女战士腼腆中的自信大方，让博斯哈德惊叹敬佩

此间，毛泽东正在写作《论持久战》，话题也就围绕中日战争的形势和趋势展开。毛泽东首先谈到日本问题。在他看来，日本有三大弱点：兵力不足、军士残暴、指挥笨拙。正是这三点使他坚信中国终将胜利。“日本人始终以为能用钱收买国人，而中国民众对于外国侵略者也只会像以前一样袖手旁观。但现在农民站在我们一边，而且战争拖得越长，他们就组织得越好。我们的对手高估了手中的重型现代武器，在游击战中这些丝毫没用”。

博斯哈德关心地询问关于国共合作的前景。毛泽东认为最重要的是中国人要团结一致。做不到这一点，中国就没有未来。“如果国民党真正愿意执行他们三月份制订的抗日建国计划的话，我们是他们最好的盟友。中国共产党有十万多党员，背后还有广大人民的支持。民众普遍要求国内和平团结，要求一致抗日，这样广泛的民众意见没有一个叛国者敢于轻视”。谈到中国共产党的未来，毛泽东回答道：“中国共产党的未来，当前还不是最重要的。现在我们只一心抵抗日本侵略者，目前我们只是民主主义者，还不是社会主义者，更何谈共产主义者。以后我们当然希望继续前行，通过社会主义达到最终的共产主义。但那当然是符合中国国情的共产主义。我们首先要提高农民的收入水平，因为只有提高这四亿人的购买力，本土工业才有可能茁壮成长。”

軍用証明書

國民革命軍第十八集團軍總司令部 為
發給証明書事茲有 瑞士新蘇黎世新
聞社記者博思哈德先生到
解放區
待外并加以保護 為要
須至証明者
右給 博思哈德 收執
總司令 朱德
中華民國卅六年 月 日
限 日繳銷

1947 年博斯哈德再次访问延安，由八路军总司令部开具的上前线军用证明书

对毛泽东的访谈持续了近三个小时。留在博斯哈德记忆里的毛泽东，说话简洁有力，看问题深刻透彻，不拿腔拿调，不拖泥带水。“他说话时头上乌

黑的长发常要飘落在高高的额头前，随后他就伸出优雅的手慢慢地将头发撸回去。最蹩脚的香烟也能让他陶醉不已，抽起来没个停，闻上去却是一股混合着马粪和酸菜的味道”。谈话中，毛泽东还从桌子下拿出一瓶酒，往博斯哈德的茶杯里倒满了“白干”，“味道和他的香烟一样糟糕”。

但是，毛泽东的智慧与自信让博斯哈德终生难忘。他在采访记录稿中评价毛泽东更像一位古典时期沉思的哲人。对于延安，他称之为“下一代心目中的麦加圣城”，这一代人在战火中背井离乡，在延安找到新的信仰归宿。

参考资料

[1] [瑞士] 瓦尔特·博斯哈德：《延安之行》（1938 年 8 月），打印稿，苏黎世联邦理工学院现代历史档案馆存。

[2] 胡劼：《瓦尔特·博斯哈德的延安之旅》，《中国档案报》（京），2013 年 8 月 15 日。

鲁艺校长期待何人

1938年年初，为纪念上海“一·二八”淞沪抗战六周年，延安文艺界调集六七十人，突击两周时间，集体创作四幕大型话剧《血祭上海》，连续公演20天，观众达万人，满城轰动。2月21日，陕甘宁边区文化界救亡协会（“文协”）主持召开座谈会，总结讨论《血祭上海》演出得失。随后，由中共中央宣传部在机关合作社专门设宴，招待参加此次创作和演出的全体演职人员。席间有人提议，这个演出团体来自五湖四海，聚集起来不容易，最好以此为基础，在延安创办一个艺术学校。一阵热烈的掌声，代表全场一致拥护这个提议。于是，以鲁迅命名的艺术学院筹建委员会当场宣布成立。

1938年4月，鲁艺成立之初，全体师生在延安北门外校址合影

一周后，由沙可夫主持起草的《鲁迅艺术学院创立缘起》正式公布，发起人为毛泽东、周恩来、林伯渠、徐特立、成仿吾、艾思奇、周扬七人。作为中华民国政府所属的一个特别行政区，共产党在陕甘宁边区创办的高等学校当然希望得到国家承认和经济支持。为了更好地募集社会资金，走社会化

办学道路，筹建中的鲁艺组织架构设计有“董事会”作为学校最高权力机构。董事会负责筹集办学资金，决定学校主要行政领导——正、副院长人选，确定办学宗旨，审定重大项目决策。正、副院长作为学校最高行政领导，负责召集教材编审委员会、院务委员会、晚会委员会工作，下设秘书处、总务处、教务处、训育处和实验剧团等职能部门，领导戏剧系、音乐系、美术系、文学系和研究班等二级机构正常运转。鲁艺校董事会成员除七位发起人之外，还有蔡元培、宋庆龄、何香凝、许广平等社会知名人士。

鲁艺早期主要领导和部分教员合影

1938 年 3 月 14 日，鲁艺首届学员开始上课，4 月 10 日举行鲁艺成立典礼，任命沙可夫为副院长，主持工作，院长人选暂时空缺。1939 年 3 月，国共合作出现紧张形势，中共中央书记处会议讨论鲁艺工作时，罗迈（李维汉）提议洛甫（张闻天）兼任院长，会议曾决定康生担任鲁艺院长。实际上，此项决定没有对外公开宣布，康生也没有到任。1939 年 5 月 15 日，重新任命赵毅敏、沙可夫为副院长，院长人选仍然空缺。直到 1939 年 11 月 28 日，中共中央任命吴玉章为院长，周扬为副院长，宋侃夫为党总支书记兼政治处处长。此后，鲁艺日常工作一直由周扬主持。沙可夫于 1939 年 6 月率领部分师生员工转赴晋察冀，参与创办华北联合大学而离开鲁艺。赵毅敏于 1939 年 11 月调任中宣部工作。

对于鲁艺在一年多时间里没有落实院长人选，至今还是一个谜。据部分鲁艺老人回忆，校董会希望聘请蒋介石出任鲁艺院长，或者名誉院长，以解决学校合法性问题，以及办学经费难题。这也清楚地表明，鲁艺筹建和成立之初，试图走社会化办学道路。

周扬长期担任鲁艺副院长，主持鲁艺日常工作

毛泽东题写的鲁迅艺术学院校名

毛泽东题写的鲁迅艺术文学院校名

在延安时期众多的高等学校中，只有陕北公学和鲁艺曾经一度设有校董会。陕公与鲁艺筹建背景都是抗日民族统一战线初期，大批青年学生流亡来到延安。1937 年 7 月底，中共中央决定筹建实施抗战教育、培养抗战军政干部的高等学校，拟称陕北大学，就经费问题向国民政府报告，申请批准。得到的回复是：陕北一块小小的地方，已经批准成立了一个抗日军政大学，不能再成立什么大学了。为了不被国民政府捆住手脚，于是仿照过去上海中国公学的办法，改为陕北公学（简称“陕公”）。陕公的实际筹办经费由边区政府财政承担，开办费为 1800 元。所以，1938 年 3 月，陕北公学于校董会之外，又专门设立“校费维持委员会”，负责筹集办学经费。边区政府处在这样一个财政困难时期，再创办一所新的鲁艺，边区财政显然是无力承担的。

1938 年 2 月底，筹建中的鲁艺先是临时借用原鲁迅师范学校几间校舍作为办公、招生考试和学生住宿地点。师生都睡地铺，吃饭都在院子里，分组围着一盆黑豆芽，或蹲、或站。每到上课前，值日队长集合同学，“凳上肩！”“齐步走！”经过一条小路，到附近耶稣教堂去上课。晚上，按小组围着小油灯，整理笔记或讨论。稍后，由中宣部协调安排，鲁艺搬到延安城北门外原延安保育院的十几孔窑洞。出北门，经过文庙废墟和四处荒坟，再往山坳里走，山脚下新建的四合院格局的简易房是院部办公室，山上的窑洞作为师生宿舍，上课就在窑洞前的空地上或山坡上。从抗大、陕公和机关单位，以及刚到延安的青年中招收的首届学员 66 人，开学上课在前，学校成立典礼在后。

鲁艺美术系教师王式廓（左一）把学员们带到野外露天授课，学员们听课方式也比较轻松自如

在经济条件非常困难的情况下，鲁艺主要依靠边区各党政机关的支持，解决了基本校舍和物资给养；同时，在边区各界人士的援助与指导下，因陋就简地完成各项筹备工作，包括接受各界人士的经济捐助。鲁艺需要社会捐助，鲁艺期待着社会捐助。负责筹集办学经费的校董事会至少持续到1939年底，即正式任命吴玉章为院长之前。这段由期望到绝望的过程，大约持续了十个月。1939年1月国民党在重庆召开第五届五中全会，秘密通过《关于限制异党活动办法》，确定“溶共”“防共”“限共”“反共”方针，并设立“防共委员会”，但表面上仍然维持国共合作的大局。

鲁艺音乐系第三届部分师生合影

1939 年 11 月，中共中央正式任命曾经是同盟会会员、第一次国共合作期间担任过国民党中央常委的吴玉章为鲁艺院长，以显示其中性立场。吴玉章出任鲁艺院长，其实相当于名誉院长，基本不过问教学事务，偶尔到校发表演讲，学校具体事务都由副院长周扬负责。

1942 年前，鲁艺合唱团代表了当时延安合唱艺术的最高水平

鲁艺始终没有得到蒋介石的首肯，也没有得到国民政府的任何经济援助，那么当初为此而努力的校董会也就不再提起，何况两党纷争，此后演为水火，势不两立。说或不说，关涉脸面，更关涉政治立场。但鲁迅艺术学院却坚持办了下来，并影响深远。

参考资料

[1] 徐一新：《艺术园地是怎样开辟的》，《新中华报》（延安），1939 年 5 月 10 日。

[2] 成仿吾：《战火中的大学——从陕北公学到人民大学的回顾》，第 18 页。北京：人民教育出版社，1982 年 2 月版。

[3] 齐礼总编：《陕甘宁边区实录》，第 139－152 页。延安：解放社，1939 年 12 月版。

延安最高学府

1938 年 5 月 5 日是马克思 120 周年诞辰纪念日，延安马克思列宁学院（简称“马列学院”）成立。校址设在延安城北门外延河西岸的蓝家坪，山上几排错落的窑洞是学员宿舍兼自修室，山下几间简易平房是礼堂、教室、俱乐部和食堂，后来房屋数量逐渐增加起来，也做部分宿舍，用干打垒方法筑的土墙围成一个院落。马列学院背山面水，延河自北向南在此拐弯向东，与西川河汇流，形成一个开阔的坪地，农民们在这里耕种，学员们在这里生活。

该校被称为延安最高学府，主要培养党的理论干部，从事马列主义基本理论学习、研究和编译工作。中共中央总书记、中央宣传部部长张闻天，兼任马列学院院长。教员有王学文、陈昌浩、吴亮平、杨松、艾思奇等延安思想理论界知名人士。毛泽东、周恩来、朱德、刘少奇、陈云等中央领导经常来学院授课或做专题报告。学员都是参加革命战争多年的领导干部和抗战后奔赴延安并加入共产党的知识青年，他们在入学之前，大多数都经过抗大、陕北公学、中组部训练班以及中央党校的短期学习，具有较高的文化理论基础。

延安马列学院，位于延河及其支流西川河交汇处，隔延河与杨家岭相望，隔西川河与文化沟相对，枯水季节，大面积的河滩是一片庄稼地，也是学员们散步的好去处

办学之初，教室里没有课桌和凳子，膝盖就是每个人的桌子，两边放几块砖头，上面搭块木板就是凳子。条件简陋，但学员们都为能够进入这所最高学府而感到光荣与自豪。

开学典礼，简洁朴实，没有隆重的仪式，师生们集中起来，听院长张闻天讲话。他一身灰布军装，扎着绑腿，戴一副深度的近视眼镜，令学员们感到十分亲切。他说：党中央早就想办这样一所学校，培养和教育干部，提高干部的马列主义理论水平。现在抗日战争开始了，全党更应学习理论，以适应形势的需要。如今，马列学院开学了，这个愿望终于实现。讲话中，他特别强调，马列学院的教学方针是理论联系实际，务必彻底地清除教条主义。随后，他逐一介绍授课的教员，每介绍一位，学员们都报以热烈的掌声。张闻天还说，学院重要的课程还要请毛泽东、周恩来、朱德、陈云等领导同志亲自讲授。学员们更是报以热烈的掌声，感到无比的兴奋。

马列学院开设的课程分两类：一类是马列主义基础理论课，有马列主义基础问题、哲学、政治经济学；另一类是实用性课程，有党的建设、中国现代革命史、西洋革命史。除了以上六门课之外，学院十分重视党的方针政策以及当前重大现实问题和理论问题的学习与研究。

每门课程讲完后，都由张闻天主持半天的课堂问答。这时，全班同学都在山下的教室集合。张闻天就一周所学的功课综合提问，用以考查学员理解与掌握的情况。他根据学员不同的程度，提出不同的问题，请不同的学员回答。他特别注意工农出身的老干部在理解上有何困难，青年学生出身的新干部能否联系实际。这种课堂问答带有自由讨论的性质，是理论联系实际的好形式。学员们私下把这种教学形式称为“照相”。张闻天也觉得这个称呼很好，有时也加以使用，他风趣地说：“现在我们开始‘照相’吧！”

张闻天提问的范围非常广泛，马列理论问题固然有，抗战实际问题也有，国际形势问题也有，领导方法问题也有。被点名的学员站起来回答，如果回答不充分，再找第二个人、第三个人来补充，其他的同学则非常专注地听。最后，不管回答得怎样，张闻天总要点评一番，指出哪里答得对，有哪些不足；哪里答错了，错在哪里。张闻天的讲解与点评，语言朴实无华，思路条理清晰，道理深入浅出。听了点评以后，学员能够把从书本上读到的，从课堂里听到的，以及脑子里想到的有关问题，融会贯通地进行思考，从而加深了对马列主义的理解，增强了对社会现实问题的分析能力。

在教学方式上，马列学院提倡一种自由辩论的教学方式。每次课程由教师主讲后，都安排学员讨论，鼓励大家联系实际，开拓思路。谁也不怕说错了话，彼此之间不扣帽子，更不记账。各班组各年级之间还经常举办辩论会，在平房门前，摆上一张桌子就讲演开了。有讲正面意见的，有讲反面话当“反派”的。几年时间里，他们先后辩论的话题有：抗日战争是持久论还是速胜论；帝国主义是真老虎还是假老虎；统一战线能否长久不变；希特勒是真才能还是假才能等。据当时经历者回忆，“争论得十分激烈，时而引起哄笑，问题愈辩愈明，把模糊的思想认识都摆出来解决。那种畅所欲言，敢于暴露思想、虚心探讨、相互学习、理论联系实际的学风，给了我难忘的印象”。

蓝家坪半山腰的几排窑洞，是马列学院学员们的宿舍。这里曾有最活跃的思想，最温暖的人情

辩论会的升级版，是校际间的辩论赛。1940 年 4 月 19 日，马列学院与中国女子大学之间，围绕着宪政问题，联合举办大规模的模拟辩论会。会场设在女子大学，两个学校师生共有 1000 多人参加。王明、吴玉章到场旁听并做点评。辩论会从晚上七点开始，持续到次日凌晨一点才结束，其热烈程度可见一斑。

1941 年 5 月，马列学院改组为马列研究院。7 月，又改组为中央研究院。1943 年 5 月，中央研究院并入中共中央党校，为该校第三部。马列学院共招收 5 个班，即 5 期学员，加上为准备参加党的七大代表专门开设的 2 个班，前后共招收学员八九百人。

创设在马列学院的马列编译室（部），正式开启了中国共产党人对马克思主义经典著作的编译、研究、传播事业，被视为中央编译局的前身。

参考资料

［1］吴介民主编：《延安马列学院回忆录》。北京：中国社会科学出版社，1991 年 4 月版。

［2］温济泽等编：《延安中央研究院回忆录》。北京：中国社会科学出版社，湖南人民出版社，1984 年 7 月版。

抗大授予名誉博士学位

1938年7月3日，世界学生联合会（简称“世界学联”）代表团一行四人，访问中国人民抗日军事政治大学（简称“抗大”）。抗大举行隆重的欢迎仪式，林彪校长致欢迎词，抗大教育委员会授予世界学联代表法国学生柯乐满、美国女学生雅德、加拿大学生雷克难、英国学生傅路德四人“抗大名誉博士学位”，颁发证书，赠送抗大军服、领章、讲义和草鞋等纪念品。他们把抗大的信息，通过世界学联带到世界各地。

由红军大学改制的中国抗日军政大学，其总部就坐落在延安老城，是无数爱国青年向往的地方。校训由毛泽东拟订，校名和校训皆由舒同书写

抗大，是抗日战争时期中共培养军政干部的教育机构，总部设在延安老城二道街。抗大前身是1931年创建于江西瑞金的中国红军学校，1933年扩建为红军大学，1934年随中央红军长征，改称“干部团”。长征到达陕北后，红军干部团和陕北红军学校合并，在瓦窑堡组成中国工农红军学校，不久改称西北抗日红军大学。1936年5月，中央决定以此为基础，在保安创办中国人民抗日红军大学。1937年1月，红大随中央机关迁至延安，改称为中国人

民抗日军事政治大学，简称“抗大”。林彪任校长，刘伯承任副校长，毛泽东任教育委员会主席，罗瑞卿为教育长，刘亚楼为训练部长，杨至成为校务部长。校名和校训都是由毛泽东推荐的红军书法家舒同题写。

抗大初期学员主要是红军中高级干部，随着大批爱国青年奔赴延安，抗大招生规模不断扩大。第一期学员 1065 人，其中红军师、团级以上干部 38 人，罗荣桓、罗瑞卿等既是学员又是干部。第二期开学时学员 1362 人，编为 14 个大队，并且不断接收插班学员。1938 年 4 月，第四期学员增加到 5562 人，其中八路军、新四军和白区地下党派来的干部 907 人，知识青年占学生总数的 83%。从 1937 年 7 月至 1939 年 6 月，延安接纳了大约 3 万名青年学生，其中一半以上进入抗大学习。当时在延安的印度援华医生柯棣华看到此情此景，不由得赞叹：“奇迹，奇迹，这是 20 世纪中国的耶路撒冷！”

中共中央初到延安，条件简陋，多数情况下，革命机构都设置在延安城内原有建筑中，抗大校名就用横幅悬挂在门檐上

抗大实行军事化管理，毛泽东为抗大拟定的校训是：团结，紧张，严肃，活泼。专业分为军事队、政治队。军事队学习内容，军事技术战术训练和军事操课时间占全部学习时间的三分之二，政治课占三分之一。政治队学习内容，政治课占三分之二，军事课占三分之一。每期学制为 4－8 个月。但在整风运动期间，学制延长为 1－3 年。学员在校期间，参加各种军事训练、政治学习、生产劳动。学员毕业后，大部分都成为八路军和新四军的主要骨干。

1938 年 5 月，世界学联代表詹姆斯·柯乐满（后排左一）、莫莉·雅德（前排中）、伯纳德·傅路德（后排右一）等一行来到中国，作为期两个月的访问。这是他们在汉口的欢迎仪式上

抗大授予到访的世界学联四名代表名誉博士学位，是抗大历史上绝无仅有的一次

为了适应战争需要，抗大总校曾迁往晋东南抗日根据地和太行山根据地，辗转于陕北、山西、河北等地坚持办学，在陕北留下抗大三分校。1943 年 1 月，抗大总校返回陕甘宁边区。与此同时，共产党领导的各大抗日根据地都组建了抗大分校，一般由根据地负责人兼任校长。自 1937 年至 1945 年的八年抗战时期，抗大培养各类抗日人才逾 10 万，规模从延安 1 所总校发展到 14 所分校，5 所陆军中学，1 所附属中学，影响遍及大江南北，创造了战时中国教育史上的奇迹。

世界学联代表在延安受到热烈欢迎

抗大学员自己还在露天上课，却授予国外来宾名誉博士学位，其自信、眼界与胆识，至今令人称奇

世界学联代表团是进步的国际学生组织，支持中国革命和抗战。他们远涉重洋，来到中国，作为期两个月的参观访问，先后在杭州、汉口、南昌、重庆等地与中国青年学生交流。1938 年 6 月 29 日，他们冲破重重阻拦，来到延安，在南门外广场受到热烈欢迎。次日上午，陕甘宁边区各界民众抗敌后援会召开座谈会，邀请世界学联代表参加座谈；下午，学联代表参观了中央党校和陕北公学。7 月 1 日，中共中央在桃园举行大型鸡尾酒会，用西方的欢迎方式接待这些来自远方的朋友。7 月 2 日，学联代表团成员访问毛泽东，就他们关心的问题进行提问，毛泽东予以解答。他们还参观了鲁艺、中央印刷厂、新中华报社、边区高等法院和监狱，对边区各方面情况都表现出浓厚的兴趣，留下较好的印象。7 月 4 日离开延安。

世界学联代表团成员回去后，如实宣传介绍了他们在延安所看到的一切，使中国人民的抗日战争获得广泛的理解和支持。1940 年底，经世界学联资助，延安学生疗养院建立起来。1987 年 6 月，莫莉·雅德女士重访中国，向中国人民对外友好协会赠送了当年访问延安时的历史文献资料。

参考资料

[1] 中国人民解放军国防大学著：《中国人民抗日军事政治大学史》。北京：国防大学出版社，2000 年 9 月版。

[2] 刘宪曾、刘端棻主编：《陕甘宁边区教育史》，第 152－154 页。西安：陕西人民出版社，1994 年版。

[3] 罗瑞卿：《抗大工作的检查总结与今后方针》，《八路军军政杂志》（延安），第 1 卷第 5 期（1939 年 5 月）。

毛泽东《论持久战》

1938 年 5 月 26 日至 6 月 3 日，毛泽东在延安抗日战争研究会做长篇演讲《论持久战》，最后的结论是，抗日战争是持久战，最后胜利是中国的。

这是抗战一周年到来之际，毛泽东在对中国抗日战争进行 10 个月以来经验教训总结的基础上，全面阐述对于这场战争性质与影响的思想认识，对于其过程与结果的分析判断，代表中国共产党对全国人民普遍关心的抗日战争发展前途问题，做出明确的表态。它给予人们的是清醒理性的判断、严肃缜密的逻辑、通俗易懂的语言，以及不畏艰险、勇于承担、敢于胜利的坚定信心。

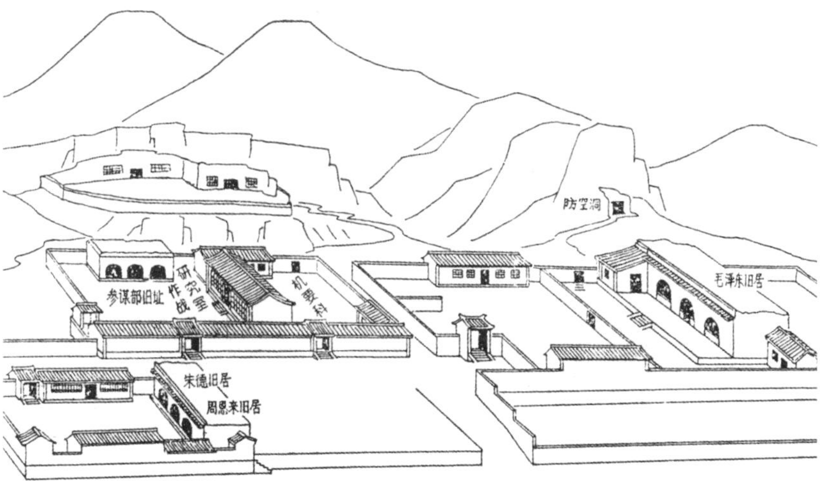

延安凤凰山麓革命旧址示意图

持久战，是对战争长期性的一种认识。关于抗日持久战的论述，就目前所能掌握的文献资料来看，最初是瓦窑堡会议上中共中央根据共产国际指示精神，决定建立抗日民族统一战线，认真考虑在新的民族战争中，选择什么路径，经历什么阶段，达到战胜日本帝国主义的胜利目标，党内分管军事工作的毛泽东率先提出持久战观点。朱德、张闻天，以及国民政府军事委员会高级顾问蒋百里等人，也都表述过抗日持久战观点，认为中日战争不是一城一地的争夺，而是两个国家之间的生死较量。

凤凰山毛泽东住处，毛泽东在这里写作《论持久战》等重要著作

毛泽东在延安窑洞里创作了许多光辉的著作，将革命斗争经验总结提升为革命理论，从而更好地指导革命斗争实践

为了回应时代关切，批判“亡国论”和“速胜论”的错误认识，毛泽东在查阅大量资料基础上，拟订了一个详细的写作提纲，然后在九天时间里，夜以继日，废寝忘食地进入写作阶段，在凤凰山住处完成了这部近5万字的理论著述。其间，毛泽东穿着棉鞋烤火时，不慎把脚伸进火盆，把棉鞋烧着了。

文章写好后，毛泽东吩咐《解放》周刊社将其油印成单行本，分送党内高层审阅并征求意见。由于数量有限，尽管大家争相传看，仍然有许多干部看不到，特别是在前线的干部。于是，毛泽东同意在1938年7月1日出版的《解放》周刊第43、44期合刊的抗战周年暨中国共产党成立十七周年纪念专刊上发表。同时，在该期套红印刷的杂志封面上，刊载毛泽东题词手迹："坚持抗战，坚持统一战线，坚持持久战，最后胜利必然是中国的。"在首篇位置发表的毛泽东《论持久战》标题下，有一个很长的副标题是"论抗日战争为什么是持久战与最后胜利为什么是中国的及怎样进行持久战与怎样争取最后胜利"。文章初次发表时，每个段落前都标有序号，共计120个自然段。

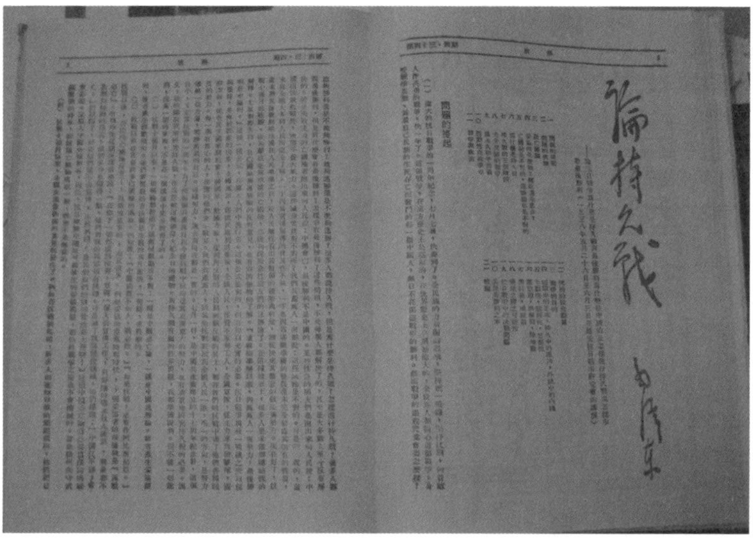
論持久戰

毛泽东《论持久战》首次刊发于《解放》周刊1938年7月，第43、44期合刊号

毛泽东的《论持久战》，是为了回应时代社会关切，给予或悲观、或急躁的时代情绪一份理性思考的答卷。既当仁不让，道义担当，又循循善诱，娓娓道来，鞭辟入里，以理服人。其中，对于抗日战争经历三个阶段的论述，即敌之战略进攻与我之战略防御、敌之战略保守与我之准备反攻、我之战略反攻与敌之战略退却，成为战争发展进程的科学预言。他明确提出人民战争思想，"武器是战争的重要的因素，但不是决定因素，决定的因素是人不是物。力量对比不但是军力与经济力的对比，而且是人力与人心的对比"。"战争的伟力之最深厚的根源，存在于民众之中"。只要中国结成抗日民族统一战线，让国内和国际上更多的人站在中国人民抵抗日本帝国主义侵略者的立场上，就一定能够促使战争力量对比的根本改变。鉴于在整个抗日阵营中的力量和地位，他再次强调八路军的战略方针，"基本的是游击战，但不放弃有利

条件下的运动战”。在敌后抗日根据地，放手发动群众，武装群众，寓兵于民，亦民亦兵，“兵民是胜利之本”。这些闪耀着智慧光芒的军事思想，是中国共产党领导革命斗争的经验总结和理论升华，是对中国抗日战争形势和发展规律的科学分析和理性认识。在获得党内高层充分肯定和鼓励下，毛泽东同意解放社正式出版《论持久战》小册子，不仅在抗日根据地公开发行，而且也在国民党统治区发行。

抗日战争是一场持久战，走抗日民族统一战线的道路，最后的胜利一定是中国的！

这个影响了一个时代的精神信念，随着毛泽东的集大成之作《论持久战》的广泛发行传播，在全国爱国民众和一切关心支持中国人民抗日的国际友人当中，逐渐深入人心，得到普遍的认同，并获得高度评价。

参考资料

[1] 毛泽东：《论持久战》，《解放》周刊（延安），第43、44期合刊（1938年7月）。

[2] 翟作军：《在毛主席身边》，第14－16页。武汉：湖北人民出版社，1959年6月版。

延安电影团

20世纪30年代，电影在中国属于高科技、很时尚、受众广的艺术范畴。

1938年4月，陕甘宁边区抗敌电影社在延安成立，高朗山任主任，赵品三为副主任，徐肖冰为技术部长，并确定“拍制抗战影片”“摄制前方抗战和边区生活等新闻影片”的工作任务。但受条件限制，没有开展实际活动。同年8月，经周恩来安排，上海进步电影人士袁牧之、吴印咸来到延安，并带来了从香港采购的电影拍摄器材，以及接受荷兰国际友人伊文思赠送的摄像设备。与此同时，王稼祥从苏联也带来摄像器材和电影拷贝。在人才、设备都齐备的情况下，1938年9月初，八路军总政治部电影团在延安成立，边区抗敌电影社随之解散。

八路军总政治部电影团，列入八路军正式编制。时任八路军总政治部副主任的谭政兼任电影团团长，总政秘书长彭加伦协助管理具体工作。红军老战士李肃担任政治指导员，袁牧之负责艺术指导，吴印咸、徐肖冰为摄影师。1938年12月，肖向荣调任八路军总政治部宣传部部长，具体领导电影团工作。1942年5月，中央军委决定成立陕甘宁晋绥联防军司令部，八路军总政治部电影团整建制编入联防军政治部宣传部，更名为“联防军政治部电影团”（简称“联政电影团”）。抗战胜利离开延安后，人们为强调电影团及其特殊的时代意义和历史影响，习惯称之为“延安电影团”。

延安电影团成立后，立即开始由周恩来在武汉确定的纪录片《延安与八路军》的拍摄工作。1938年10月1日，纪录片第一组镜头在黄帝陵拍摄，旨在告知天下，中国共产党人誓为抗日救亡之先驱，唤起中华儿女爱国热情，动员全国军民奋起抗战。在拍摄完延安地区的全部素材后，按照计划，摄影队深入华北敌后根据地进行拍摄。出发前夕，毛泽东邀请电影团主要成员袁牧之、吴印咸、徐肖冰等到他家做客，鼓励他们为抗战拍摄鼓舞人心的影片。在随后一年多的时间里，电影团成员东渡黄河，进入晋绥、晋察冀抗日根据地，栉风沐雨几千里，穿越敌人重重封锁线，跋山涉水走遍了八路军所辖的晋西北、晋北、晋东北、冀西、雁北、平西等地区。电影团成员被边区军民奋勇抗日的精神深深感动，拍摄了大量珍贵的影像素材和照片，甚至在游击队的掩护下，深入北平附近的南口，拍摄了日本侵略军的装甲列车在铁路线上巡逻的画面。在晋察冀根据地，摄影队跟随白求恩从冀西转战冀中，前后将近两个月，留下了很多珍贵的影像资料。

1940 年 5 月，鉴于延安不具备电影后期制作的条件，党中央决定派袁牧之和冼星海赴苏联，进行《延安与八路军》后期制作，并学习考察苏联先进的“红色电影”和音乐制作及管理经验。毛泽东亲自为二人饯行。遗憾的是，他们到苏联不久，莫斯科遭遇德国法西斯入侵，在慌乱的撤退过程中，已基本制作好的《延安与八路军》底片样片散失了。后来，经过五年的漂泊流浪，袁牧之辗转回到延安，冼星海不幸病逝他乡，享年 40 岁。

延安电影团工作人员在驻地窑洞前合影，前排左起为徐肖冰、罗光、吴本立，后排左起为吴印咸、唐泽华、马似友、周从初、王旭等

1942 年延安大生产运动中，电影团拍摄制作了大型纪录片《生产与战斗结合起来》（又称《南泥湾》）。在胶片紧缺的情况下，吴印咸精打细算，最终用 1500 英尺（1 英尺≈0. 3 米）正片完成拍摄任务。影片真实记录了三五九旅向满目荒凉的南泥湾进军，战士们风餐露宿，在荆棘丛生的荒野烧荒垦地、开挖窑洞、修路筑桥、烧炭造纸，以及创办其他各种手工业作坊的情形。影片还穿插了延安党政机关、学校的大生产运动。影片结尾是陕北晴朗的秋天，南泥湾变成陕北的江南，五谷丰登，瓜果遍地，牛羊成群。自己动手、

丰衣足食后的八路军战士们，学习文化，练兵习武，决心要打败日本侵略者。

1943 年 2 月 4 日晚，《生产与战斗结合起来》在王家坪中央军委礼堂举行首映式。尽管是用放映机放映画面，用留声机播放音乐，用扩音机现场解说，三者互相配合而成的“有声电影”，依然引起现场观众们的热烈欢呼和阵阵掌声。此后，此片在延安和陕甘宁边区巡回放映，受到广泛好评。2 月 5 日，延安《解放日报》报道了影片制成上映的消息，引起边区各界的关注。重庆《新华日报》即时转载，在国统区也产生了积极的影响。

延安电影团下设摄影队和放映队。从 1938 年到 1946 年的前后八年时间里，延安电影团克服了物质上、技术上和生活上的各种困难，还拍摄了《陕甘宁边区第二届参议会》《张浩同志出殡》《九一运动会》《延安女大》《日本工农学校》《延安秧歌运动》《延安群众向朱总司令献旗》《刘志丹移灵》《陕甘宁边区生产展览会》《延安工业生产》《纪念抗战暨追悼阵亡将士大会》等新闻素材。同时还拍摄了数以万计的反映延安和抗日根据地政治、军事、经济、社会生活等各方面内容的照片，巡回放映了十几部苏联早期电影和美军观察组赠送的电影拷贝，包括一些彩色卡通动画片。

电影团办公地点位于延安北门外凤凰山北头的几孔窑洞里。工作人员因陋就简，发挥出了无限的创造精神，在窑洞里完成了手工式的影片制作和照片冲洗、印放工作。电影团还举办了两期摄影培训班，自己编写教材，先后培养出五六十人的摄影队伍。

抗战胜利后，1945 年 10 月，延安电影团派出钱筱璋、田方、许珂等人组成先遣小组，随军前往东北执行接收伪满电影设备，发展新中国电影事业的任务。1946 年 6 月，延安电影团大部分成员前往东北，参加东北电影制片厂的筹建工作。同年 8 月，中共中央宣传部决定成立延安电影制片厂，归属西北局领导，组织拍摄电影《边区劳动英雄》，由于战争临近而未果。

参考资料

[1]《边区抗敌电影社成立启事》，《新中华报》（延安），1938 年 4 月 5 日。

[2]《南泥湾影片连日在各处放映，大众俱乐部排定晚会日程》，《解放日报》（延安），1943 年 2 月 5 日。

[3] 吴筑清、张岱编著：《中国电影的丰碑：延安电影团故事》，北京：中国人民大学出版社，2008 年 6 月版。

[4] 刘妮主编：《亲历延安岁月：延安电影团摄影纪实》，北京：人民出版社，2012 年 1 月版。

中共扩大的六届六中全会

1938 年 9 月 29 日，中共扩大的六届六中全会在延安桥儿沟由天主教堂改制而成的中央党校礼堂召开。出席会议的代表有中央委员、候补委员 17 人，党中央各部门和来自全国各地区负责人 39 人，这是党的六大以来到会人数最多的一次中央全会。

中共扩大的六届六中全会主席团合影。前排左起为康生、毛泽东、王稼祥、朱德、项英、王明，后排左起为陈云、博古、彭德怀、刘少奇、周恩来、张闻天。王稼祥从莫斯科归来，带来共产国际最新指示精神，合影时坐在前排中间位置

会议推举毛泽东、张闻天、周恩来、朱德、项英、王稼祥、王明、康生、博古、陈云、刘少奇、彭德怀 12 人为大会主席团成员，推举王稼祥兼任大会秘书长，李富春为大会主席团秘书长。张闻天主持会议，并致开幕词；毛泽东宣读全会议程；王稼祥传达共产国际指示和共产国际执行委员会总书记季米特洛夫意见，认为中共一年来建立了抗日民族统一战线，其政治路线是正

确的。“今天的环境中，中共主要负责人很难在一块，因此更容易发生问题。在领导机关中要在毛泽东为首的领导下解决，领导机关中要有亲密团结的空气。”

开幕式上，六届六中全会主席团决定，以毛泽东名义致信国民党总裁蒋介石，表达中共中央对抗战时局即将转入新阶段的意见。当晚，鲁迅艺术学院实验剧团赶到桥儿沟，演出以东北抗日联军为题材的新编三幕话剧《打虎沟》，庆贺六届六中全会的胜利召开。

延安桥儿沟天主教堂，中共扩大的六届六中全会旧址

今天已经成为红色旅游景点的中共扩大的六届六中全会会场旧址

中共六届六中全会召开期间，延安天气晴好。为了防避日本侵略者的飞机轰炸，会议曾一度转移到桥儿沟后沟依山搭建的临时掩体中举行。这次会议的中心议题，也是最精彩的内容——毛泽东代表中央政治局向全会所做的政治报告《论新阶段》，就是在这个战火纷飞的年代的临时掩体内进行的。

毛泽东在政治报告中号召全党面对前所未有的新形势新任务，来一个全党的学习竞赛。这种学习，不是照搬照抄马克思主义经典语录，不是简单搬用别人的成功经验，而是把马克思主义应用到中国具体环境的具体斗争中去。“因此，马克思主义的中国化，使之在其每一表现中带着中国的特性，即是说，按照中国的特点去应用它，成为全党亟待了解并亟须解决的问题。洋八股必须废止，空洞抽象的调头必须少唱，教条主义必须休息，而代替之以新鲜活泼的，为中国老百姓所喜闻乐见的中国作风与中国气派。”这是将抗战以来党内政治路线之争、军事路线之争，上升到一个更高的思想理论高度去分析认识之开始，从而逐步走向党的思想理论路线，一切从实际出发，实事求是。

六届六中全会代表合影

会上，张闻天做《关于抗日民族统一战线与党的组织问题》的报告，刘少奇做关于华北工作的报告和关于党规党法的报告，邓小平做《关于地方工作的报告》，陈云做关于青年工作的报告，张浩做《关于抗战中职工运动的任务》报告，项英做《关于新四军的成立与现状》的报告，周恩来做关于统一战线的报告，博古做关于长江局工作的报告，其他各部门和地方领导也分别做工作汇报，并展开讨论。

10月20日，王明行期在即，他仍然坚持在大会上有一个长篇发言，表示同意接受毛泽东所做政治报告和张闻天所做组织报告。关于抗日民族统一战线问题，他局部修正了自己原来的观点。对于共产国际指示和季米特洛夫意见，他同样表示接受执行。“全党必须团结统一，我们党一定能够统一团结在中央和毛同志的周围（领袖的作用，譬如北辰而众星拱之）。”

会议期间，由于广州沦陷，武汉危急，周恩来、项英分别于10月初就离开延安，赶赴武汉和新四军抗日前线。10月19日，鲁迅逝世两周年纪念日，会议正式召开之前，全体静默，哀悼鲁迅先生，并致电许广平女士，表示慰问。10月22日至23日，朱德在会议期间离开延安飞抵武汉，会晤蒋介石后又飞回延安继续参加会议。10月底，王明、博古、林伯渠、吴玉章等人离开延安，去重庆参加国民参政会会议。

10月29日，刘少奇发言中公开批判“一切经过统一战线”的观点。话题越具体，讨论越深刻。结合抗战15个月来的战争工作实际，代表们在热烈的讨论中破除了对于抗日民族统一战线政策的教条主义束缚，以及对于共产党所领导的八路军、新四军战略战术问题的认识分歧，初步确立了马克思主义中国化的思想路线、组织路线。

解放

第五十七期

廿七年十一月廿五日出版

編輯：延安解放社

發行：延安新華書店

零售 每本國幣八分

預訂 十期以上九折 廿期以上八折

歡迎訂閱・[illegible]代售

中國共產黨擴大的六中全會告全國同胞、全體將士和國共兩黨同志書

我中華民族為了抵禦日寇的侵略，進行神聖的民族自衛戰爭，已經十六個月了。在偉大的民族抗戰中，我中華民族獲得了空前的進步：全國上下一致團結起來了，各黨各派攜手合作了，國民政府與國民革命軍堅強的統一了，政府與人民、軍隊與人民之間的關係漸漸改善了。戰爭的烽火鍛鍊着整個民族，驚醒和激怒着四萬萬五千萬中國人民，使他們逐漸的動員起來，組織起來，武裝起來了。廣泛的游擊戰爭，正在敵人後方開展着，創立了許多抗日根據地，牽制、疲憊與消耗敵人的力量。這一切，都使得日本法西斯強盜，雖然花費了十六個月的時間，消耗了數十萬的兵力，數十萬萬的經費，終不能實現其「速戰速決」的迷夢！

中共擴大的六中全會謹向堅決領導抗戰的民族領袖 蔣委員長致崇高之敬意！並以無限的熱忱與懇摯之敬意，致之於前線全體抗日將領，全體政治工作人員，全體抗日戰士，全體游擊隊指戰員，中央及各級地方機關的領導者與工作人員，以及領導民衆運動的全體愛國志士之前！中國在抗戰中所得的成績是數十萬先烈的鮮血換來的，中共擴大的六中全會謹向抗日戰爭中壯烈犧牲的將士們，民衆們，致沉痛的弔唁！

在十六個月抗戰中，因為敵我力量的懸殊，喪失了許多土地、城市與鐵路，全國人民遭受了很大的災難。現在武漢失守，廣州淪陷，戰線已由華北、華中伸展到華南。敵人正在繼續進攻，並已揚言將西安、宜昌、衡陽、北海以東地帶置於其侵略目標之下。無疑的，這是一個艱苦的時期。在這時期中，我國的抗戰，將遭遇到比前更多的困難，成為我民族解放鬥爭中最艱苦的一段路程。

然而我偉大的中華民族，決不因這些困難而對抗戰到底的決心稍有動搖。 蔣委員長十月三十一日告全國國民書中所昭示全國的抗戰到底的正確方針，中共擴大的六中全會特表示全部的贊同與忠誠的擁護。在抗戰的目前時期中，我們的困難固然加多，然而我們的力量是在不斷的鍛鍊、進步與增加中。我們遭受很大的損失，然而全國上下一致堅持持久抗戰的決心更加堅固了。我們忍痛放棄了許多城市與鐵

《解放》周刊六中全会专刊

11 月 5 日至 6 日，毛泽东做六届六中全会总结报告，王稼祥致闭幕词。全会根据毛泽东的报告，表决通过了《中共扩大的六中全会政治决议案——抗日民族自卫战争与抗日民族统一战线发展的新阶段》，批准了以毛泽东为代表的中央政治路线。会议还表决通过了《关于中央委员会工作规则与纪律的决定》《关于各级党部工作规则与纪律的决定》《关于各级党委暂行组织机构的决定》以及《关于召集第七次全国代表大会的决议》和《中国共产党扩大的六中全会告全国同胞、全体将士和国共两党同志书》。

六届六中全会期间，张闻天根据共产国际指示精神，主动提出自己让出总书记职位，并推举毛泽东出任党的总书记。可是，毛泽东从全局考虑和有利于工作着想，谢绝了张闻天的提议。六届六中全会没有对中央政治局领导进行调整，张闻天仍然在名义上担任党的总书记，实际上党内最高权力机构——中央书记处实行集体领导，书记分工负责。

参考资料

[1]《国际指示报告》(1938 年 9 月)，见中共中央文献研究室编《文献和研究》(1986 年汇编本)，第 68 - 70 页。北京：人民出版社，1988 年 2 月版。

[2] 毛泽东：《论新阶段——抗日民族战争与抗日民族统一战线发展的新阶段》，见中央档案馆编《中共中央文件选集》，第 11 册，第 557 - 662 页。北京：中共中央党校出版社，1991 年 3 月版。

[3] 王明：《目前抗战形势与如何坚持持久战争取得最后胜利——在中共六中全会上的发言提纲》，《王明言论选辑》，第 594 - 639 页。北京：人民出版社，1982 年 5 月版。

日本飞机轰炸延安

1938 年 11 月 20 日，一个晴朗的星期天。延安各机关、学校普遍放假，青年学生和抗大学员，以及一般工作人员都照例涌进城里，逛书店、会朋友、买零食、下馆子，古城一派热闹景象。

将近晌午时刻，忽然有七架（一说九架）日军轰炸机出现在延安上空，向城内重点目标连续投掷重磅炸弹，并用机枪进行扫射，致使弹丸之地的延安古城顿时成为一片火海。爆炸声、枪击声、飞机的轰鸣声、民众的哭喊呼叫声，打破了古城往日的祥和、热闹和秩序，特别是位于城内凤凰山的光华书店，挤满了前来看书购书的学生，一些炸弹集中落在这家书店附近。刹那间，书店成为一片瓦砾，周围死伤学员、干部七八十人，血肉横飞，惨不忍睹。李德的翻译也在此次轰炸中遇难身亡。

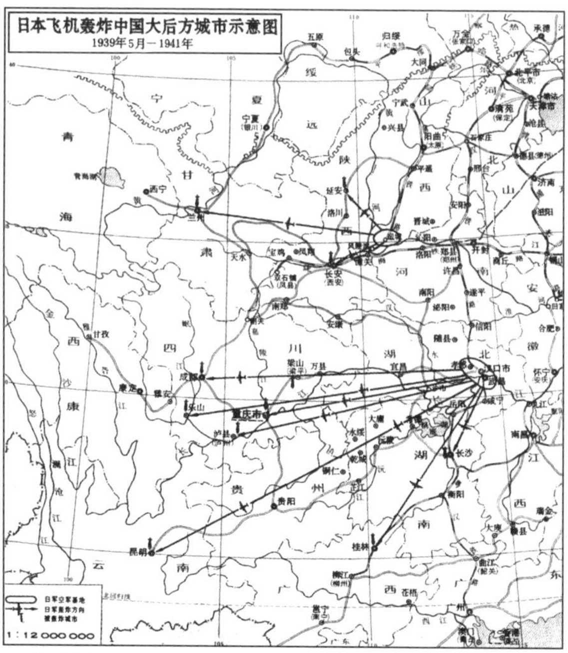

1938 年轰炸延安的日本侵略者飞机，来自运城日军军事基地

第二天，日军飞机继续轰炸，主要炸弹都集中倾泻在凤凰山麓附近。毛泽东借住的李家院子几孔石窑遭到轰炸，中央军委总政治部宣传部的窑洞被炸，躲藏其中的30多位八路军干部战士全部牺牲。在几乎没有任何防范措施的情况下，轰炸使延安古城蒙受了惨重的损失。据林伯渠致国民政府行政院的紧急电函报告，11月20、21日连续两天，日本飞机在延安共投弹159枚，死伤军民152人，毁坏房屋380间。

被日本飞机连续轰炸后的延安古城，变为一片废墟

飞窜延安执行轰炸任务的日本飞机，来自日军在山西运城修建的军用机场。第一次轰炸得逞，日军飞机便持续轰炸。当时延安几乎没有任何反击能力，原先住在城里的中央机关、学校和办事单位，都陆续搬迁到城外依山挖掘的窑洞里。城里居住的市民也都基本搬出去，在南门外形成一个新的集贸市场。

1939年元旦、春节，日军都出动飞机轰炸延安。因为有了防备，所以损失很小。当时在延安的陈学昭写道："1939年的第一天，早上9时左右，日本鬼子来了七架轰炸机，投了几十个无结果的炸弹，走了。给我们拜年。在炸弹声中我们过了新年。阴历年夜的上午他们又来掷了几十个炸弹，敌人以为最懂得中国人民的心理，他们以为那天老百姓为预备过年，拥挤在街上，一定是没有什么戒备的，而且又新年一号来，旧历年三十来，以为这是最好也没有了。谁知警报放得早，大家都跑走了，他们依然没有达到目的。"等飞机逃逸后，大家都纷纷从窑洞里赶出来，寻找飞机投弹爆炸后的弹坑，拣拾弹片，作为上等的好钢材，卖给铁匠铺或边区农具厂（即兵工厂）。这也许是日军怎么也想象不到的事情。

此后，日军飞机骚扰不断，持续至1941年10月，共计轰炸17次，投弹1690枚，炸伤184人，炸死214人，炸毁公共房产1176间、过街戏楼10座、牌楼10座、石洞5座、民房14452间、基督教礼拜堂1座、基督教房屋94间、天主教房屋75间。另外，还炸死牲畜197头，毁坏粮食34.5万余斤。此外尚有其他损失，以可计价的物品计算，共计经济损失折合边币28.2126亿元。其中：

1939年3月10日，日军出动14架飞机数次轰炸延安；

1939年8月15日，日军出动10架飞机，投弹50枚，炸伤5人；

1939年9月8日，日军出动飞机64架次，投弹200余枚，炸死炸伤30余人；

1940年、1941年日军各出动飞机轰炸两次，投弹百多枚，炸毙马和驴子五六匹。

遭遇轰炸后的延安古城，毁坏严重，城里已经没有了往日的繁华热闹。人们都以所在集体为单位四散到郊野山坡上开凿的窑洞里工作或学习，延安成了一座名副其实的窑洞城。

参考资料

[1]《陕甘宁边区政府急电——为敌机轰炸延安致国民政府行政院长孔祥熙电》(1938年11月25日)。见陕西省档案馆、陕西省社会科学院合编《陕甘宁边区政府文件选编》，第1辑，北京：档案出版社，1986年5月版，第99页。

[2]［德］奥托·布劳恩著：《中国纪事（1932－1939）》，现代史料编刊社，1980年12月印刷，第299页。

[3] 陈学昭著：《延安访问记》，广州：广东人民出版社，2001年9月版，第165－166页。

[4] 中国抗日战争史学会、中国人民抗日战争纪念馆、中国地图出版社合编：《中国抗日战争史地图集》。北京：中国地图出版社，1995年8月版。

红色科学家高士其

1937 年 11 月 25 日，在历经三个多月的艰难行程后，高士其终于来到延安。他用诗的语言表达自己的激动心情："哦，我是个不能走路的人，/ 不能走路，也要来到延安，/ 也要在路旁助威呐喊：/ 赶走日本强盗，/ 还我中华河山！"

高士其，1905 年 11 月生于福建闽县（今福州市），原名高仕錤。1918 年以优异成绩考取清华留美预备学校，1925 年毕业后被公费选派到美国威斯康星大学学习化学，一年后转入芝加哥大学，1927 年 3 月获理学学士学位，进入医学研究院攻读细菌学。在研究脑炎病毒过程中，实验室里装有甲型脑炎病毒的瓶子突然破裂，毒液溅到他的身上，不幸被病毒感染，从此留下终生不治的残疾，但他还是坚持读完了医学研究院的博士课程。在学期间，他被选为芝加哥大学国际学生年会代表，加入美国化学学会和公共卫生学会。1931 年回国后，曾任南京中央医院检验科主任，因不满公办医疗机构的官僚作风，在留美好友、爱国民主人士李公朴的影响下，辞去公职，到上海参与进步文化事业，并在《读书生活》杂志上开始发表科普文章《细菌的衣食住行》，署名"高士其"，表示"去掉人旁不做官，去掉金旁不要钱"，一举成名，也一发不可收，很快成为广为人知的科普作家。

高士其因病行动不便，却依然奔赴延安，投身革命队伍，带给人们对于革命事业更多的信心和鼓舞

1937 年 7 月，抗日战争全面爆发后，高士其收到艾思奇从延安发来的信函，告诉他"表叔"（即共产党组织）已同意他去延安。高士其孤身一人，

拖着病残的身体辗转南京、武汉、郑州、西安，经八路军西安办事处安排，搭乘一辆运送药品的卡车，来到延安。

这时的高士其，因疾病缠身，双腿行走困难，疾病发作时头颈僵硬，眼睛翻白，言语不清。党组织对他特别关照，毛泽东曾先后七次看望他，张闻天、周恩来、朱德等中央领导都格外关注和欢迎，陈云称他为“红色科学家”。他被安排在陕北公学任教员，专门配备一位红军战士担任他的勤务员兼秘书。1938 年 2 月，他与董纯才、陈康白、李世俊等 20 多位研究科学的青年聚会，发起成立边区国防科学社，一面研究与发展国防科学，一面增进大众的科学常识，以增强抗战的力量，争取抗战的最后胜利。他还参与发起成立“新哲学会”，开展自然辩证法座谈会，举办细菌学研讨会，为边区医护人员做细菌学讲座。经过近一年革命队伍的艰苦生活磨炼和考验，高士其于 1938 年秋提出入党申请，被批准接收为中国共产党党员。

1938 年 11 月，高士其（中）在延安，与到访的李公朴（右）合影，左为勤务员陈世富

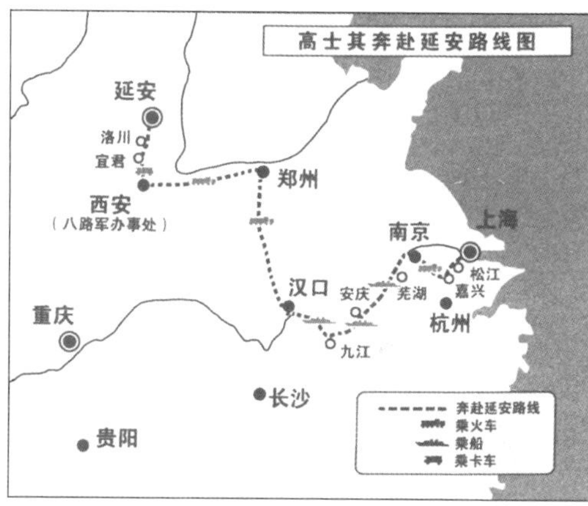

高士其从上海出发到延安，克服了常人难以想象的艰难险阻，代表着那个时代爱国青年的心路历程

1938 年 11 月 25 日，艾思奇陪着李公朴、张曼筠夫妇来到小砭沟，看望正在疗养所休养的高士其。旧友相逢，格外亲切。大家畅叙欢慰，相互激励。李公朴当天日记记载，“士其在此甚安适，边区政府每月除给 20 元生活费、零用费外，每天还补贴伙食 4 角，边区对于科学人才之重视实不胜令人感慨也。士其来此后，身心极愉快，唯病象并无进步，最近又因药缺乏，以致精神较弱耳”。延安不惜巨资，为他从香港购买 20 瓶药，孰料接电者误以为 1 瓶药，导致病情恶化，基本丧失书写能力。

由于此间日本飞机对延安连续轰炸，物质生活条件更加缺乏。经请示中共中央同意，延安方面决定送高士其去香港治病，等待时机，再去苏联。

1939年4月，高士其躺在担架上，万分依恋地离别延安。他乘坐卡车到西安，转火车经宝鸡，到成都、重庆，受到周恩来、陶行知等帮助，再到香港接受医治。

高士其在延安一年半时间，生活充实而快乐，他在受到革命队伍无微不至关心的同时，也用自己顽强的意志和渊博的学识，深深地感动着许多人：高士其这样的人都到延安了，还有谁不革命？高士其这样的人都革命了，革命还能不成功吗？

高士其一生坎坷磨难，凭着自己过人的意志，在科普领域取得骄人的成就。离开延安后，他始终保持着与中国共产党组织的密切联系。半个世纪以来，他在全身瘫痪的情况下，写下了数百万字的科学小品、科学童话故事和多种形式的科普文章，引导了一批又一批青少年走上科学道路，被亲切地称为“高士其爷爷”。1988年高士其逝世后，中共中央组织部确认他为“中华民族英雄”，1999年国际小行星命名委员会将紫金山天文台发现的3704号小行星命名为“高士其星”。

参考资料

丁冬撰写，高志其资料：《高士其画传》，第74－82页。北京：航空工业出版社，2005年10月版。

1939 年

陕甘宁边区第一届参议会

抗日战争时期，共产党领导下的陕甘宁边区政府创建抗日民主模范区。

1939 年 1 月 17 日至 2 月 4 日，为期 19 天的陕甘宁边区第一届参议会，在延安城北小沟坪陕北公学礼堂召开，标志着抗日民主政权建设的良好开端。

1939 年 1 月，陕甘宁边区第一届参议会召开，标志着边区抗日民主政权进入一个新的阶段

陕甘宁边区民主政权建设是中国共产党集体智慧的结晶，虽然有中央苏区苏维埃民主政权建设的精神渊源，其直接源头是在共产国际指导下的中国共产党抗日民族统一战线思想。为便于与国民政府合作，1937 年 2 月中共中央准备将苏维埃政府改为特区或边区政府。5 月，中华苏维埃共和国西北办事处行政会议讨论并通过《陕甘宁边区议会及行政组织纲要》，提出："陕甘宁边区为争取中华民族独立解放，在全国范围内，首先实行最适合于抗战的彻底的民主制度。"此次会议决定成立边区选举法起草委员会。5 月 23 日，《陕甘宁边区选举条例》在《新中华报》上正式公布，特区政府选举委员会成立，具体负责筹备普遍民主选举活动，并于年底完成县区乡基层议会选举，计划在 1938 年初召开的边区议会，因战争临近而推迟。1938 年 11 月，根据国民

政府统一指令，边区议会更名为“边区参议会”。在拖延一年多时间里，原来的议员变动较大，作为弥补措施，边区政府决定以县为单位，举行议员复选活动，结果共选出出席边区参议会的议员 197 人，全部是共产党员。实际出席边区第一届参议会的代表共计 146 人，其中 136 人为复选实到代表，10 人为边区政府特聘参议员，包括国民党肤施县党务指导员高仲谦及党务干事王性庵，以改变“清一色”共产党员的情况。

陕甘宁边区政府主席林伯渠在边区第二届参议会上做政府工作报告（1941 年 11 月）

大会第一天推选蒋介石、林森、孔祥熙、阎锡山、宋庆龄、马相伯、沈钧儒、程潜、张伯苓、陈诚、卫立煌、蒋鼎文、李宗仁、白崇禧、孙科、于右任、冯玉祥、马占山、毛泽东、朱德、彭德怀为大会名誉主席，林伯渠、高岗等 25 人为大会主席团。主席团下设大会秘书处、议员资格审查委员会、提案审查委员会、法规草案审查委员会，并经大会集体通过议事日程及议事规则。选举高岗为边区参议会议长、张邦英为副议长。

会议期间听取并通过了林伯渠做的边区政府工作报告，讨论并通过了《陕甘宁边区抗战时期施政纲领》及其他 12 项提案与边区各级参议会组织条例、选举条例、边区政府组织条例、边区婚姻条例等法规。该施政纲领依据民族、民权、民生的“三民主义”理论分为 3 章，共 28 条内容，在抗日锄奸，不损害边区主权的原则下，巩固扩大抗日民族统一战线，动员一切人力、物力、财力、智力，“确定私人财产所有制”，发展生产，保障民权，“健全民主集中制的政治机构，增强人民之自治能力”。边区政府施政纲领的理论前提设定为，“在国民政府和蒋委员长领导下，本着拥护团结，坚持抗战，争取最后战胜日寇的方针，本着三民主义与抗战建国纲领的原则，根据陕甘宁边区的环境与条件，特制定陕甘宁边区抗战时期施政纲领作为边区一切工作之准绳”。林伯渠所做政府工作报告对此进一步阐释为，“巩固与扩大全民族的统一团结，‘一切为着抗日民族统一战线，一切服从抗日民族统一战线’，这是我们两年来坚持长期抗战，武装动员民众力量，争取胜利的总的战略方针与中心任务。”陕甘宁边区产生和存在的合法性依据就在于，“抗日民族统一战线的发起者与坚决执行者，蒋委员长的忠诚的拥护者，国民政府的组成部分，保卫河防、保卫西北、坚持持久抗战的堡垒——这就是我们的陕甘宁边区！”会议关于政府工作报告的决议中指出，“发扬民主，其任务为在边区现有民主基础上，更进一步发挥民意机关的效能与威力，使政府与人民的关系更密切，以增进行政效率，提高人民自治能力”。倡导民主，争取民权，是党在抗日民族统一战线新形势下的中心工作。

陕甘宁边区参议会大礼堂，是边区民主政治的象征。这是边区第二届参议会召开时，参议员们正在步入会场（1941 年 11 月）

大会最后一天选举林伯渠、雷经天等 15 人为边区政府委员会委员，选举林伯渠为边区政府主席、雷经天为边区高等法院院长，选举高岗、张邦英、毛齐华等九人为边区参议会常驻议员。大会通过并发出《告边区同胞书》《致蒋委员长林主席电》《致重庆国民参政会电》《致各战区司令长官及全体将士电》《致八路军新四军电》等电文。会前林伯渠曾专门致电国民政府，报告边区议会改组情况，请示国民政府派员出席边区第一届参议会。“届时敬祈派员指导，俾有遵循，临电神驰，无任盼祷”。从目前公布的史料看，国民政府对此没有任何回复。据中共中央机关刊物《解放》周刊介绍，中共中央在延安的主要领导人毛泽东、王明、洛甫、康生、陈云、王稼祥等都先后出席了会议。

陕甘宁边区政府办公旧址，没有高墙大院，简朴，亲民

随后，林伯渠主持召开边区政府委员会会议，选举边区政府常务委员会，并做行政分工。在边区参议会议长高岗的监誓下，边区政府委员会宣誓就职。这样，经由民主选举的陕甘宁边区政府就获得了存在的合法性。国民政府无法再提通过命令方式派任边区政府行政长官的事端。

参考资料

[1]《陕甘宁边区议会及行政组织纲要》，《新中华报》（延安），1937 年 5 月 23 日。

[2]《陕甘宁边区第一届参议会特刊》，《解放》周刊（延安），第 68 期（1939 年 4 月 4 日出版）。

歌声飞扬的生产运动

革命队伍在延安先后有过两次大规模参加生产劳动的经验，一次是“生产运动”，一次是“大生产运动”。

延安生产运动，始于1938年7月八路军留守兵团的一部分部队，为解决生活供给紧张问题，趁着战斗和训练之余，在驻地附近开荒种地，发展农副业生产，种菜、养猪、打柴、做鞋袜等，从而改善了部队的生活。红军改编为八路军之初，是一支很贫穷的部队。在留守部队中，当时是很少见到一个衣裳不打补丁的战士；子弹袋破烂得不能装子弹，而装在挂包中；有的夏天穿棉衣，冬天穿短裤；有的下雪天赤脚操练；有的连破烂的皮带、裹腿也找不到。在这样艰苦的环境中，个别政治觉悟不高的战士发表了许多不满的言论。面对如此困难境况，部队领导开始希望通过思想政治工作，厉行节约，减少浪费，虽然成绩不小，但不能解决根本问题。后来，经过半年生产实践，效果很好，战士们的生活大为改善，蔬菜自给，每周可吃两餐肉，部分地解决了毛衣、毛袜、手套、鞋子问题，补充了挂包、子弹袋、皮带、裹腿等。能够解决问题的办法，就是好办法。毛泽东对这一做法给予充分肯定，要求广泛推广。

1938年底，毛泽东在一次抗大干部晚会上说：武汉、广州失陷以后，敌人还要继续进攻。我们现在还有一点钱，还有小米饭，但以后会有那样一天，没有钱，粮食困难，那怎么办呢？第一个办法是饿死，第二个办法是解散回家，这两个办法是没有一个人赞成的，第三个方案，就是靠我们自己动手，“以后我们要自己解决物质上的供给，要自己种地，自己动手”，党政军民学大家一齐动手，衣食住都由自己来解决。紧接着，毛泽东代表中共中央在陕甘宁边区第一届参议会上讲话，提出“发展生产，自力更生”的口号，号召边区部队、机关、学校全体人员和边区群众一起，开展必要的生产劳动。这个倡议得到广泛赞同和响应，边区参议员高克林、高长久等12人向大会提交关于“工作人员参加生产运动案”，经全体会议审议通过后，交付边区政府执行。

1939年2月，中央直属机关举行生产动员大会会场

随后，中共中央书记处数次讨论边区生产问题，决定成立中央生产运动委员会，专门负责领导边区的生产工作。1939年2月2日，时任中央财政经济部部长、中央办公厅主任李富春，代表中央在延安召开的生产动员大会上做报告，阐明开展生产运动的目的和意义，提出发展生产的具体计划，要求1939年全边区增产粮食20%，主要措施是开荒60万亩和改良耕作技术。号召全体军民，努力生产，克服困难。

1939年的生产运动中，鲁艺学员们在延河边开荒种地，一招一式都带有文艺腔调，这时的生产劳动没有强制性的指标任务，是光荣的，也是快乐的（摄影 徐肖冰）

4月1日，边区政府公布《陕甘宁边区人民生产奖励条例》和《督导民众生产勉励条例》，具体规定了对群众生产加强组织领导的有力措施。

毛泽东、朱德都亲自参加生产劳动。毛泽东在杨家岭居住的窑洞对面的山沟里开垦出一亩荒地，由于种菜经验不足，加上又是一个“夜猫子”，喜欢夜间读书写作，当他早晨刚刚进入梦乡，朱德早已起床下地施肥了。头一年的收成自然赶不上朱德，但他心里不服输。第二年，毛泽东请来杨家岭的老乡当顾问，一有空就到菜地里锄草、浇水、施肥，精心管理。功夫不负有心人，毛泽东的菜地里终于结出又红又大的西红柿，还有他最喜爱的红辣椒。劳动收获的成果，为他繁忙的工作增添了乐趣。每逢客人来了，他总是要吩咐拿出自己种的蔬菜来招待，分享自己的劳动喜悦。

马达的木刻《陕甘宁边区开荒潮》，刻画的是1939年生产运动中春季开荒情景，充满诗情画意

马达的木刻《锄草》，刻画的是1939年生产运动夏季田间劳动情景，写实中流露着浪漫抒情的气息

这次生产运动，带有明显的倡导鼓励性质，对于一般机关工作人员和知识分子，没有强制行为。但是，大家都积极响应，踊跃参加。在劳动中，人们以愉快的心情体会着生产劳动的乐趣。李富春在1939年4月10日《新中华报》上著文记载：“延安附近的每个山头，每个山坳，每一片平原，在半个月之中变了样，那就是经过人的努力而变了色。多年荒芜的无人过问的山地，现在都好像微笑的开颜了。两三个月后行将看到绿叶葱葱的，五谷菜蔬的嫩

芽，向愉快劳动的人们迎风招展。而现在从事劳动的劳动者，在一月以前，或者是从未拿锄的文弱书生；或者是刚刚离开了大都市的富裕的家庭与学校而来延安的男女青年学生；或者是从来只知‘笔耕’的文艺人才。他们都决心的兴奋的改变了他们的习惯、生活与意义，手拿锄头，爬上山头，不怕风尘仆仆，不怕皮破血流，不畏疾病侵袭，兴趣豪迈、歌声扬扬的在努力‘开荒’。”

正是在这种轻松愉快的生产劳动环境下，塞克作词，冼星海作曲，共同创作出了《生产大合唱》等一系列脍炙人口的艺术作品，把艰苦的生产劳动升华为欢乐的集体歌咏，传诵至今。

参考资料

[1] 萧劲光：《八路军留守兵团的生产运动》，《八路军军政杂志》（延安），创刊号（1939年1月）。

[2] 李富春：《加紧生产，坚持抗战》，《解放》周刊（延安），第65期（1939年2月）。

[3] 中共中央文献研究室编：《毛泽东年谱（1893－1949）》，中卷，第99页。北京：人民出版社、中央文献出版社，1993年12月版。

陕甘宁边区货币

1939年4月7日，陕甘宁边区政府主席林伯渠紧急致电国民政府行政院院长兼财政部部长孔祥熙：“查陕甘宁边区政府辖境内法币信用甚高，流通亦鬯，惟零星辅币万分缺乏，影响物价之提高，有碍小民生活。经当地商会、农会等向边区政府环请，准许光华商店发行二分、五分、一角之代价券。原系暂时权宜便民之计，而其流通范围只限陕甘宁边区。发行以来，因准备充足，深得人民信仰，并无武装部队强迫行使情事。”次日，再由边区政府向国民政府军事委员会委员长天水行营主任程潜呈文，重申上述原由。4月10日，边区政府又一次致函国民党西安行营：“查边区境内，法币信用甚高，流通亦畅，惟于开始推行之期，流通市面之法币，多系五元十元者，而零星辅币，万分缺乏，……农民则因需用品之不易购到，宁愿物物交换，不肯接受法币。”边区银行经托请八路军驻西安办事处，向有关方面交涉，结果由中央银行兑换少量辅币，同时由国民政府支付给八路军的军饷，同意辅币占十分之一。这样，市面上仍然小票太缺，多用邮票找零。于是，便有了“光华券”。

1938年发行的光华券

陕甘宁边区银行开业典礼（1937年）

红军进驻延安之初，带来的钱是“苏票”（又称“苏币”），即“苏维埃国币”，由中华苏维埃共和国国家银行发行，流通有限。1937年9月，中华苏维埃共和国临时政府驻西北办事处更名改制为陕甘宁边区政府，随之，苏维埃国家银行西北办事处也相应地改名为陕甘宁边区银行，承认并流通法币，逐步收回苏票。“法币”，是指1935年11月国民政府实行币制改革，废除“银本位”制度，“废两改元”，改用统一的纸币流通，规定以中央银行、中国银行、交通银行三大银行（1936年2月又增加了中国农民银行，共四大银行）所发行的纸币为法定货币。1938年6月，边区银行发行了小面额的“光华商店代价券”，简称“光华券”。国民政府得到报告，大为光火，责令严查。

陕甘宁边区银行建筑，气魄巍然，并不奢华

光华商店是由原边区政府贸易局改制而成，归属于边区银行经营管理，是当时延安最大的一家商店。“光华券”票面为五角、二角、一角、五分、二分共五种，作为法币的辅币，开始只发行10万元，持券者可以随时到光华商店如数兑换法币，信誉甚好。1939年国民党颁布限制“异党”活动办法后，国共两党关系大不如前。入冬以后，延安物价猛涨，法币狂跌，陕甘宁边区财政供给出现困难，于是在开展大规模的生产运动同时，为了调剂金融，周转财政，遂扩大光华券的发行，至1939年12月共计发行31万元，至1940年12月共计发行311万元。1941年1月，开始试发行“边币”，并增加发行票面为七角五分的代价券，连同前面发行的五种，光华券共计六种。到1941年12月，共计发行430.725万元，其中边币4.16万元。

“边币”是陕甘宁边区银行发行的正式货币。与光华券一样，票面上都标以中华民国纪年，但大红着色，妇女纺纱、羊群等图案已经具有鲜明的解放区文化特色。1941年皖南事变发生后，1月28日边区政府委员会决定独立发行边区自己的货币，1 月 30 日颁布法令禁止法币在边区范围内的流通。2 月 18 日，边区银行正式发行边币，票面为 1 元、5 元、10 元，与光华代价券辅币配合使用，以后逐渐以边币收回光华代价券。

1941 年边区银行发行的 5 元边币

1943 年边区银行发行的 5000 元大额边币

1942 年 7 月，由于华中汪伪政权宣布通货统一令，贬低并禁止法币，大量法币自沦陷区流向大后方，大后方出现用法币抢购物资现象。法币市场的大环境有利于边区金融市场的进一步调整，7 月间边币 3. 2 元兑换法币 1 元，到 10 月间跌至边币 2. 1 元兑换法币 1 元。于是，陕甘宁边区银行又发行了一种“流通券”。

“流通券”全称为“陕甘宁边区贸易公司商业流通券”，是 1944 年 5 月以贸易公司的名义，实际上仍由边区银行发行的货币代用券。票面额为 50 元、10 元两种，规定每元当边币 15 元，实际发行后比价为每元当边币 20 元。一年后，西北财政经济办事处发出通知，实行贸易公司商业流通券为陕甘宁边区本位币，并责成边区银行尽可能迅速收回边币。

由陕甘宁边区银行发行的这两种具有货币功能的“代价券”和“流通券”，如今在民间收藏市场上早已是身价千万倍。

参考资料

[1] 陕西省档案馆，陕西省社会科学院合编：《陕甘宁边区政府文件选编》，第 1 辑，第 230 页。北京：档案出版社，1986 年 5 月版。

[2]《抗日战争时期陕甘宁边区财政经济史料摘编》，（第五编　金融），第 33 页。西安：陕西人民出版社，1981 年版。

印度援华医疗组

1939年2月12日，由五位印度医生组成的印度援华医疗队，历经千辛万苦来到延安，为中国人民抗日战争提供医疗志愿服务。

这支医疗队受印度国大党派遣，表达对中国人民抗日事业的支持。1937年7月，卢沟桥事变爆发后，时任印度国大党主席的尼赫鲁向新闻界发表声明，谴责日本侵略行为，声援支持中国人民抗日战争。宋庆龄对尼赫鲁的行为表示感谢。同年11月，曾经担任宋庆龄秘书的史沫特莱，在山西八路军总部致信尼赫鲁要求支援。在她的建议下，朱德总司令也致信尼赫鲁，表示感谢并希望得到医疗援助。经国大党第五十二次会议讨论决定，派遣医疗队援助中国抗日。1938年7月，在英国访问的尼赫鲁把自己的妻弟爱德医生从西班牙国际纵队调回，委托他率领援华医疗队远赴中国。不久，一支由五位医生组成的印度援华医疗队成立：队长爱德，副队长卓克，队员柯棣尼斯、巴苏和木克吉。1938年9月1日，他们五人携带54箱药品，一些医疗器械，一架轻便X光透视机，一辆防弹救护车和一辆卡车，自孟买乘坐“王子号”邮轮来华。

9月17日，医疗队到达广州，时任保卫中国同盟主席的宋庆龄和各机关团体代表及印籍侨民约2000人到广州码头欢迎。医疗队向宋庆龄表达想去中国共产党领导的军队中工作的意愿。宋庆龄听了很高兴，说医疗队可在长沙或汉口由史沫特莱安排会见周恩来，届时可向周恩来提出到延安去。

9月29日，医疗队到达汉口，会见了周恩来、叶剑英和史沫特莱。根据周恩来的建议，医疗队先在国统区武汉、宜昌和重庆工作半年。到重庆后，接待他们的中印文化协会的谭云山教授为每一位印度大夫取了一个中国名字，依次为安德华、卓凯华、柯棣华、巴思华和慕客华，后来在使用过程中简化为爱德华、卓克华、柯棣华、巴苏华和木克华。

国民党不希望医疗队去延安，颇费一番周折后，1939年1月22日，援华医疗队在工合国际委员路易·艾黎的陪同下开赴延安。2月12日，医疗队抵达延安，受到群众热烈欢迎。2月15日，毛泽东在杨家岭住处会见印度援华医疗队全体成员。毛泽东代表中国人民感谢印度国民大会党和印度人民对中国人民的抗日战争所给予的支持，并回顾具有悠久历史的中印传统友谊，指出这种友谊在目前团结反帝的斗争中达到了新的高峰，医疗队来到中国，传播了人民团结反帝的精神。在谈到甘地时，毛泽东表示他不赞成甘地的“非暴力抵抗”思想，并以中国历史为例，强调以革命暴力反对反革命暴力的必要性。这张合影照片，就是此次会见时拍摄的。

随后，他们分别被安排在延安的八路军总医院和八路军卫生学校工作。1940年2月，卓克华、木克华、爱德华三位医生因服务期满或因病先后从延安和晋东南回国。柯棣华和巴苏华继续留在中国，并深入华北抗日前线，为我抗日军民服务。同年10月，巴苏华大夫奉调返回延安，任八路军总医院五官科主任，曾被选为陕甘宁边区参议会议员，于1943年3月返印。柯棣华坚持在前线工作，1941年1月被任命为白求恩国际和平医院院长，年底与白求恩卫生学校助理教员郭庆兰喜结连理。次年7月，柯棣华加入中国共产党。8月，他光荣地当上了爸爸，聂荣臻给孩子起名叫“印华”。不幸的是，1942年12月9日，柯棣华病逝于河北省唐县，年仅32岁。

1939年2月，毛泽东在延安接见印度援华医疗组成员时合影留念，前排左起为巴苏华、柯棣华、木克华、毛泽东、爱德华、卓克华，后排右一为八路军卫生部部长姜齐贤

新中国成立后，爱德华、卓克华、木克华、巴苏华四位医生都曾到访新中国。1957 年 11 月，爱德华访华期间病逝于北京，留下遗嘱，把自己的骨灰一半撒在印度的恒河，一半撒在中国的黄河。

参考资料

[1] 聂荣臻：《聂荣臻回忆录》，中册，第 489 - 490 页。北京：解放军出版社，1984 年 8 月版。

[2] 郭庆兰口述、徐宝钧整理：《我与柯棣华》。北京：解放军文艺出版社，2005 年 7 月版。

[3] Bejoy Kumar Basu : Call of Yenan: Story of the Indian Medical Mission to China 1938 - 43. New Delhi: All India Kotnis Memorial Committee (AIKMC), 1986.

延安唱出时代最高音

由光未然（张光年）作词、冼星海作曲的《黄河大合唱》，在延安唱出了中华民族危难之际迸发出的最强音，唱响了抗日战争时期的时代最高音。

1938年11月，冼星海偕新婚夫人钱韵玲从武汉来到延安，积极投身集体歌咏活动，创作并指挥《生产大合唱》（塞克作词，冼星海作曲）、《黄河大合唱》（光未然作词，冼星海作曲）等充分表现时代情绪和民族精神的经典作品，使延安集体歌咏达到高潮。

冼星海在延安指挥排练《黄河大合唱》，气势恢宏，震撼人心

黄河是中华民族精神与命运的一种象征。描绘黄河形象，塑造黄河性格，可以艺术地表达作者在抗日救亡运动中对民族命运的强烈忧患情感。当年轻的爱国诗人敞开胸襟，情绪激昂，壮怀激烈，让黄河怒涛从心中滚滚流过，延安革命歌咏的旋律就更加慷慨激昂，壮丽辉煌。

1938年秋天，25岁的词作者光未然在国民政府军委会政治部第三厅工作，带领抗敌演剧队第三队从武汉到晋西一带的吕梁游击区从事抗日宣传活动，途经壶口瀑布，艺术的灵感在诗人的心里孕育诞生着。1939年1月，诗人行军途中不慎坠马，左臂骨折，被担架一村一岭地转送延安诊治。途中，诗人在永和关再次观赏到黄河奇丽的景象，河上船夫与恶浪搏斗的情景给他留下深刻的印象。情感不断地被升华，意象不断地被提炼，心中黄河的艺术形象越来越清晰了。

在延安，当初在三厅同事并一起合作过《新中国》《新时代的歌手》《拓荒歌》等十几首歌曲的曲作者冼星海到医院看望诗人，并提议再来一次合作。与诗人同到延安的抗敌演剧队第三队的同志们，也急切需要新的节目汇报演出。诗人的心不能平静了。他利用住院治疗的空闲，构思并创作出表现心中黄河的艺术形象。

1938年11月，冼星海与钱韵玲新婚燕尔，从武汉经西安，到延安，投身火热的延安革命生活

不久后的一个晚上，在西北旅社的一间窑洞里，光未然请来了冼星海，开了个小小的朗诵会。他把歌词念给大家听，还谈了写作的动机和意图。冼星海听着听着就入迷了。他忽地站起来，把歌词一把抓在手上，当仁不让地说："我有把握把它写好！"

一阵热烈的掌声和欢呼声从窑洞里传出来。

此后的六天六夜时间里，冼星海在桥儿沟东山鲁艺教师宿舍的窑洞里，写下了《黄河大合唱》的全部曲调。据光未然回忆，冼星海谱曲的工作状况是近乎艺术癫狂的，"他的工作毅力是惊人的，一开始写作就不愿休息，偶尔斜躺在小床上抱头沉吟一下，忽地又起来振笔直书下去。他的头脑里仿佛有无尽的乐语的源泉，刷刷地迸流出来，使他经常处在一种兴奋得无法自抑的精神状态中。他爱吃糖果，当时延安买不着糖果，他要我买两斤白糖送给他。白糖放在桌上，写几句便抓一把送进嘴里，于是一转瞬间，糖水便转化为美妙的乐句了。"

冼星海完全沉浸在艺术创作的极度兴奋之中。他捕捉到了词作者描绘的黄河形象，点燃了自己多年来南奔北走、患难追求的民族情感，用心灵的乐章刻画突出黄河的形象，表现出气势磅礴的时代精神。写黄河的形象，就是写民族的灵魂。

为了尽快演出，演剧三队每天早上派田冲、邬析零去小心地探问前一天的成果，他俩从不空手而归。全部组曲的八个部分，除了《黄河怨》《黄河颂》写过二稿、三稿，其他全部写得得心应手。艺术是一种生命形态的审美表现。《黄河大合唱》的词作者和曲作者都是用心灵在塑造着黄河的形象，表达着崇高的民族情感，唱出了一个时代的心声。

1939 年 4 月 13 日，抗敌演剧队第三队在鲁艺音乐系和抗大文艺工作团的协助下，在陕北公学礼堂举行音乐会，第一次公开演出《黄河大合唱》。冼星海当天日记记载："今天晚上是延安空前的音乐晚会，也就是全国从没有的音乐晚会。因内容非常新鲜，而且都是带着最新的创作形式。《生产运动大合唱》（即《生产大合唱》，引者注）博得全场的欢迎！《黄河》（即《黄河大合唱》，引者注）因第三队女声独唱唱走了音，给观众不好印象。整个曲子，他们觉得很雄伟！文艺工作团最差，人数只有 8 人。鲁艺动员 50 人的合唱，可谓空前。"

黄河是中华民族的母亲河，壶口瀑布位于陕西与山西两省交界处，惊涛骇浪，声震寰宇，是黄河最惊险的河段，被视为中华民族刚强不屈的性格象征

5月10日，鲁艺隆重举行周年纪念（因突击开荒，原4月10日改为5月10日）活动，次日晚为周年纪念第一次音乐会。经过认真准备，冼星海亲自指挥百余人的合唱团演唱《黄河大合唱》，声势浩大，相当成功。

此后，冼星海在延安还指挥过有500人左右参加演唱的《黄河大合唱》，波澜壮阔，气势磅礴。周恩来由重庆回延安期间，观看演出之后，亲笔题词："为抗战发出怒吼，为大众谱出呼声！"茅盾在延安听到过300人左右的演出，感受颇深。"这开了我的眼界，这使我感动，老觉得有什么东西在心里抓，痒痒的又舒服又难受。……它那伟大的气魄自然而然使人鄙吝全消，发出崇高的情感，光是这一点也就叫你听过一次就像灵魂洗过澡似的。"

冼星海以一曲《黄河大合唱》，走进了民族心灵的深处，激发起革命英雄的时代精神。有人批评《黄河大合唱》是喊出来而不是唱出来的，是歇斯底里的。殊不知即使是歇斯底里的，是喊出来的，也正是一个民族到了生死存亡的最危险的时候所发出的怒吼的心声。时代选择了他，时代宠爱着他；他激荡着时代，他升华了自己。

参考资料

[1] 张光年著：《风雨文谈》，第252页。上海：上海文艺出版社，1982年5月版。

[2]《冼星海全集》，第1卷，冼星海日记（1939年4月13日），第268页。广州：广东高等教育出版社，1989年9月版。

[3] 茅盾著：《茅盾全集：12·散文二集》，第309–310页。北京：人民文学出版社，1986年版。

毛泽东与农民拉家常

1939年5月，一个春暖花开的日子，毛泽东走出延安杨家岭住处，遇见几位家住杨家岭后沟，这会儿去下地干活的农民。

毛泽东主动叫声“老乡”，问候他们下地干活呢。几位老乡们并不清楚这位高个子的八路军干部是谁，讲话带浓厚的南方口音，需要很仔细地听，甚至加上用手比画着才能懂得彼此的意思。但是，问者和气，老乡客气，彼此就站在路边，拉起了家常。此情此景，被路过这里的抗大总校摄影干事石少华看到，用自带的照相机抓拍下这幅生动的画面。

杨家岭的小山径上，毛泽东散步时邂逅住在杨家岭后沟的农民们，彼此交谈起来（摄影 石少华）

毛泽东问了庄稼，问了生产，还问了各家有什么困难。当他得知，村里有个大小伙子叫杨志孝，父母双亡，家境贫寒，30多岁还娶不起媳妇。毛泽东说：“是得帮帮他。”几天过后，毛泽东派勤务员把自己的几十元稿费悄悄地送到杨志孝手里，让他置办一些衣物。

随后交往中，老乡们逐渐知道住在杨家岭窑洞里的大个子八路军干部叫毛泽东，当时都亲切地称呼他为“老毛”。

新年前夕，杨志孝兴高采烈地准备成亲。大喜的日子里，人们翘首期待新娘的到来。殊不知新娘子嫌弃没有花轿，迟迟不肯穿新衣，不愿跨出家门。这事可把杨家迎亲的人们急得团团转。情急之下，村里的老乡赶紧跑到杨家岭前沟，把这件事告诉了毛泽东，请他帮忙支个招。毛泽东沉思片刻，高兴地说：“有主意了！”

他让警卫班战士把办公桌子抬出来，四条腿朝上，桌腿上绑上木椽子，四周用红被单一围，一顶像模像样的花轿就做成了。鞭炮声中，新娘子高高兴兴地上了花轿，被一路迎进杨家大门。这件喜事，在杨家岭后沟村里一直被传说着，杨志孝没齿难忘，逢人便说：“我的父母在阴间也会感谢毛主席！”

石少华，广东番禺人，1918 年生于香港，中学时代开始学习摄影，岭南大学毕业后，自身携带照相机和大量胶卷参加革命。1938 年 4 月，他奔赴延安，先后在陕北公学、抗日军政大学学习，并加入中国共产党。1939 年 6 月，抗大三周年校庆期间举办摄影图片展，共展出石少华拍摄的 500 余张照片，内容包括延安抗大、陕公、鲁艺的校园学习生活，以及中央领导和革命队伍丰富多彩的工作生活，受到广泛好评。随后，石少华调任抗大总校摄影干事，从事专业摄影工作。1939 年年底，随抗大总校开赴华北敌后晋察冀抗日根据地，转赴冀中抗日根据地。1943 年任晋察冀画报社副主任。1949 年后担任新华社摄影部主任。

参考资料

[1] 霍静廉、银笙：《毛泽东与延安农民》，《延安文史》第 10 辑（《延安岁月》中册），第 376 页。延安：中国人民政治协商会议延安市政协文史与学习委员会，2007 年 1 月编印。

[2] 顾棣编著：《中国红色摄影史录》下册，第 615－618 页。太原：山西人民出版社，2009 年 9 月版。

陕甘宁边区农业学校

1939 年 7 月 23 日，陕甘宁边区农业学校（简称“边区农校”）正式开学。

该校选址在延安城南三十里铺西边的一个叫红寺的山沟里。农校及其附属农事试验场，都属于国民政府援助项目，预支开办经费 15000 元，日常经费每月 2739 元，另外还有垦荒经费及其他费用。

直接主持并划拨经费的“中国农业促进会”，其名称在此后陕甘宁边区政府提交的咨呈行文中，亦作“全国农业促进会”，或作“全国农产促进会”。该组织是抗日战争时期国民政府为促进全国农业发展所设置的专门机构。

抗战伊始，国民政府为了把后方农业纳入战时轨道，增加生产，支援抗战，相继颁布了一系列战时法令和条例，以便有效地集中力量开发农业，维持长期战争。1938 年 3 月，在武汉召开的国民党临时全国代表大会，通过《抗战建国纲领》，提出“以农立国，以工建国”的原则，强调要“以全力发展农村经济，奖励合作，调节粮食，并开垦荒地，疏通水利”。武汉失守后，1939 年 1 月，国民党在重庆召开五届五中全会，提出加速开发大后方农业的问题。为了适应战时农业改良的需要，抗战后设置在国民政府军事委员会下的农产调整委员会，先改为国民政府经济部农产调整处，再改为国民政府所属农产促进委员会，主持对大后方农业生产的开发建设指导援助工作。该机构主任为知名爱国商人穆藕初先生。

西安事变和平解决，卢沟桥事变爆发，促使中国进入全面抗战时期，国共两党进行第二次合作。共产党领导的陕甘宁边区，名义上作为国民政府所属的一个特别行政区，接受国民政府的领导，也就顺理成章地申请领取国民政府及其所属机构的所有经济赈济、经济建设、经济振兴项目经费。特别是抗战初期，陕甘宁边区诸多工程项目都是由国民政府财政经费直接或间接援助的，诸如边区难民纺织厂、难民硝皮厂（即难民皮革厂）、边区农具厂等，皆由国民政府中央赈济委员会划拨资金兴建，以工代赈，其中难民纺织厂赈济经费 30303 元；咸榆公路之富（县）清（涧）段修筑工程由国民政府中央交通部支付 16 万元；以及其他水旱风霜灾害应急赈济，等等。陕甘宁边区农业学校及其试验场，就属于这种国民政府赈济援助项目范畴。这种特殊的历史背景，随着后来国共两党关系由合作到分裂的发展演变，就被隐蔽起来。

边区农校学制初定为每期（届）一年，定额 100 名。1940 年 3 月，第二期（届）入学后，学制延长为两年。实际招收两期（届），每期（届）学生人数都不足定额。第一期（届）开学时只有学生 52 人，“皆为各县原来之区级干部，他们对农业生产热忱很高，且有丰富之经验，此次集会一校，加深研究，故其精神焕发，学习情绪均极高涨。”当时陕甘宁边区政府所属 23 个县，即使是每个县都派人学习，人数也是有限的。而当时奔赴延安的青年学生和在延安中学读书的学生，绝大多数都希望自己能够上前线，直接参加抗日战争，很少有人愿意躲在山沟里学习农业生产技术。第二期（届）学生 63 人。学生入学时不分专科，只设学习兴趣小组，如农艺组、畜牧组、兽医组、园艺组、森林组，等等。

光华农场技术人员到田间地头，指导农民改进生产技术

每个学生可以参加多个兴趣小组，或从这个小组转到另一个小组。1942 年 6 月，整风运动中，边区政府决定将边区农业学校与工业学校合并，成立陕甘宁边区职业学校。

学校课程设置的鲜明特色是专业技术与综合素质并重，理论与实践密切结合。所有课程大体分为四大类：农业科学技术约占 30%，农业生产管理约占 30%，文化政治约占 30%，社会实践活动约占 10%。

经过不断探索试验，光华农场培植的谷子新品种，穗长粒大，品质优良，对于提高边区粮食产量发挥了重大作用

学校组织机构精练简洁，设校长、副校长各1名，由边区政府建设厅呈请边区政府任命，负责全校行政事宜。下设教务处、训育处、总务处和农事试验场，农场主任由副校长兼任。党支部成员全部为兼职。校务会议讨论决定学校行政一切重大事宜。校长由红军干部、陕甘宁边区建设厅副厅长朱开铨兼任。

陕甘宁边区农业学校存在的时间并不长，但其所产生的社会效益是非常明显的。这与其强调实践，注重学生综合素质培养的教育方式、教学方法有直接因果关系。

西红柿、狼尾谷、金皇后玉米、新鲜牛奶……这些今天习以为常的农牧产品，在抗战时期的延安，经过陕甘宁边区农业学校及其附属农场的引进培植、研究试验，得以推广传播，极大地提高了农作物产量，提升了农业生产效益，缓解了边区粮食供需紧张关系，并普遍惠泽陕北农村芸芸众生。

参考资料

[1] 叶澜：《农业学校举行开学典礼》，《新中华报》（延安），1939年8月1日。

[2]《陕甘宁边区政府给中国农业促进会的咨呈》（1939年8月19日）报告，见《陕甘宁边区政府文件选编》，第1辑，第327－344页。北京：档案出版社，1986年5月版。

中国女子大学

1939 年 7 月，延安成立中国女子大学。这里锻炼着革命队伍里的飒爽英姿，也集聚了无数羡慕爱恋的目光。

延安中国女子大学，是共产党领导的中国革命队伍里的一面亮丽的旗帜

该校筹办于 1939 年 3 月，毛泽东带头，周恩来、董必武、邓颖超等积极响应，将他们担任国民参政会参议员所得薪俸 300 元捐出，其他领导同志纷纷捐赠各种实物。学校选址在延安城北门外延河北岸王家坪与杨家岭之间的山坡上，经过一个多月的突击劳动，在山腰间挖出 100 多孔窑洞，山脚下搭建起三间教室和一个简易礼堂，以及食堂、浴室、厕所等生活设施。5 月学生陆续到校并开学上课，7 月 20 日举行开学典礼。在延安的中央政治局委员全部出席表示祝贺，洛甫、毛泽东、王明、周恩来等发表讲话。毛泽东讲话中说，创办中国女子大学的政治意义在于，它不仅要培养大批有理论武装的妇女干部，而且要培养大批做实际工作的妇女运动的干部，准备到前线去，到农村工厂去，组织二万万二千五百万妇女，来参加抗战。同时他给女大题词："全国妇女起来之日，就是抗战胜利之时。"周恩来在讲话中鼓励女大学员们，

以中国历代杰出妇女为榜样，投身抗战潮流。

王明做关于女大筹备情况的报告。他阐述了女大创办经过、宗旨和意义，指出女大要培养的是为民族解放、为社会解放、为妇女解放而奋斗的妇女干部。她们应当具备两方面的特点："一方面，她们是不依赖男子，有独立人格，独立生活，独立工作，独立斗争能力的革命女性。另一方面，她们是新时代的新贤妻、新良母、新孝女的模范。"王明宣布女大校训为：紧张的学习，艰苦的生活，高尚的道德，互助的作风。

窑洞很土气，笑容很灿烂，女大学员们在窑洞宿舍前说着，笑着

王明还应学生会之邀，创作《中国女子大学校歌》歌词："我们是妇女先锋，我们是妇女榜样，来自不同的四面八方，在女大亲爱地欢聚一堂。女大是我们的母亲，比母亲更慈祥；女大是我们的太阳，比太阳更光亮。要努力学习革命方法，学习理论武装，学习职业技能，学习道德修养。我们要深入农村工厂，我们要英勇地走上战场。一个个锻炼得如铁似钢，一个个锻炼得如铁似钢！争取民族社会和妇女的解放！"歌词经冼星海谱曲，在校园里广为传唱。

王明时任中央书记处书记、中央统一战线工作部部长、中央妇女运动委员会主任。经中央会议讨论决定，王明兼任女大校长，柯庆施、凌莎任副校长。学校下设秘书处、政治处、教务处、总务处四个职能部门。

我是女大一哨兵，今天我执勤

女大学员张琳，既英姿飒爽，又不失含蓄腼腆

穿上军装，参加革命，性格外向的女生时时露齿憨笑

该校开学时，有学员近500人，先后共培训学员千余人。她们来自国内27个省市，以及印尼、缅甸、泰国、新加坡、马来西亚等归国华侨，还有朝鲜女青年。学员中，知识分子占80%，军人、工人和农民等占20%，年龄最大的34岁，最小的14岁。就文化程度而言，中学程度占70%，大学程度占10%，其余为小学程度或刚脱盲不久的红军女战士。学校根据学员的文化程度和类型进行编班，编为普通班、高级班、陕甘班和特别班。特别班学员只有小学文化程度或不识字，主要学习国语、社会问题、卫生常识、政治常识、军事常识和党史常识等。特别班学员经过一年多的学习后，升入普通班。普通班学员主要是从敌占区、国统区投奔延安，具有初高中文化程度的学员。普通班开设的课程有社会发展史、哲学、政治经济学、中共党史、中国问题、军事问题和公共卫生。高级班学员主要是党政部门和军队中的妇女领导干部和具有大学文化程度的知识分子。开设课程有政治经济学、哲学、马列主义、世界革命史和外语（英语、俄语、日语），还可以选修文学、音乐、新闻等。陕甘班则培训陕甘宁边

区各级妇女干部。学校经常邀请中央领导和从前线或大后方回到延安的高级将领们，为全体学员做时事报告。

女大学员参加体育比赛，尽情挥洒着青春汗水（摄影 徐肖冰）

体育让身材更矫健，运动让青春更健美。女大学生蓝球队员们合影（摄影 徐肖冰）

学校实行半军事化管理，作息时间按照延河对面八路军留守兵团的军号声行动。平时每天早晨4：30起床，各班整队下山，到操场集中，进行40分钟的早操军训活动，然后在延河边洗漱，早读一小时后是早饭时间。上下午都安排课程，中午全体午休两小时，热闹的校园顿然沉静下来。除站岗放哨和列队训练外，饭前饭后，课前课后，学员们都整队听口令行动。傍晚，是校园里最活跃的时光。学校有歌咏队、舞蹈队、平（京）剧队、话剧队、篮球队、排球队，经常组织开展丰富多彩的文娱活动和体育竞赛。

最令人难忘的是1940年“三八”妇女节，中国女子大学在延河河滩上举行盛大庆祝活动。延河河滩开阔，临时搭建的主席台和松柏彩门，四周布满彩旗和标语，身穿清一色列宁服、腰扎皮带、排列整齐的队伍，把延河沙滩打扮得格外壮观。当毛泽东等中央首长登上主席台时，早已等候在操场上的女大学员们爆发出雷鸣般的掌声，经久不息。当看到500多名学员穿着整齐的列宁服，表演集体舞，不断变换队形，一会儿三八形，一会儿五角形时，领导和观众们都被深深地感染了，充满了喜悦。化装秧歌舞表演，雄壮有力的《女大大合唱》激励着女大学员们奋进。下午进行的排球对抗赛，抗大男子居然败在女大手下，格外增添了女大学员们的欢乐。

女大学员们轮流帮厨劳动，既为伙房帮把手，又学习了生活技能

女大学员学习之余，参加捻毛线比赛

这次演出轰动了延安，并传为永久的佳话。在“公家人”穿着统一制服，灰蒙蒙一片模糊了男女性别的延安，女大学员仿照苏联服装式样，自己组织裁剪缝制出绝无仅有的校服——列宁装。大翻领，双排扣，腰身收束，将女性青春健美的身材特征巧妙地显露出来，再穿上绣缀着两只红绒线球球的布草鞋，实在是别出心裁，标致极了，也时髦极了。这样的装束，配一张张饱满红润的面孔，质朴诚恳的颜容，健美结实的身材，就成了后来影响近半个世纪的革命女英雄飒爽英姿标准形象的最初范本。

1941 年 9 月，女大与其他学校合并，成立延安大学。

参考资料

[1]《王明同志在中国女子大学开学典礼大会上的报告》，《中国妇女》（延安），第 1 卷第 3 期（1939 年 8 月）。

[2] 郭靖：《女大概况》，《中国妇女》（延安），第 1 卷第 2 期（1939 年 7 月）。

[3]《延安女大——纪念延安中国女子大学建校五十周年》，纪念延安女大五十周年筹委会，1989 年编印。

[4] 延安中国女子大学北京校友会编：《延水情——纪念延安中国女子大学成立六十周年》。北京：中国妇女出版社，1999 年 8 月版。

“文协”与“文抗”

延安革命队伍里集聚了一大批文学艺术领域里的杰出人才，他们在投身抗战过程中，焕发出无穷的革命热情，组织开展了丰富多彩的文艺活动，也形成了文学艺术组织化的革命传统。

1942年以前，在延安的作家、艺术家虽然有自己的组织机构，但是大多数情况下属于个体手工劳动者，很少有集体合影照片。他们通过作品表达意愿，张贴在延安街头的街头诗和漫画墙报，彰显了他们的审美主张

革命队伍里最早成立的文艺组织，是1936年11月在保安成立的“中国文艺协会”。中共中央进驻延安后，文化、文艺组织不断出现，活动频繁。1937年11月14日，“陕甘宁特区文化界救亡协会”（又称“特区文化协会”）在陕北公学礼堂成立。12月11日，该会改名为“陕甘宁边区文化界救亡协会”（简称“文协”）。1940年1月，该会第一次代表大会发表《陕甘宁边区文化协会简章》，正式定名为“陕甘宁边区文化协会”。“文协”的任务定为：第一，在抗战建国的原则下团结边区的一切文化工作者；第二，推动和开展边区的战时文化工作；第三，供给前方以文化食粮和文化干部。“文协”组织

由各团体会员全体大会选举执行委员会，在执行委员会中委任正副主任及秘书长，负责日常工作。该会下属有：“社会科学研究会”“新哲学学会”“文艺界抗战联合会”“音乐界救亡协会”“戏剧界抗战联合会”“国防教育研究会”“世界语学者协会”“新文字研究会”“民众娱乐改进会”“抗战文艺工作团”“战歌社”，等等。该会（总会）先后出版《文艺突击》《中国文化》等刊物。成仿吾、周扬、柯仲平、艾思奇、丁玲、吴玉章等人先后主持工作。总会初设在延安城内小教堂，后迁至杨家岭。

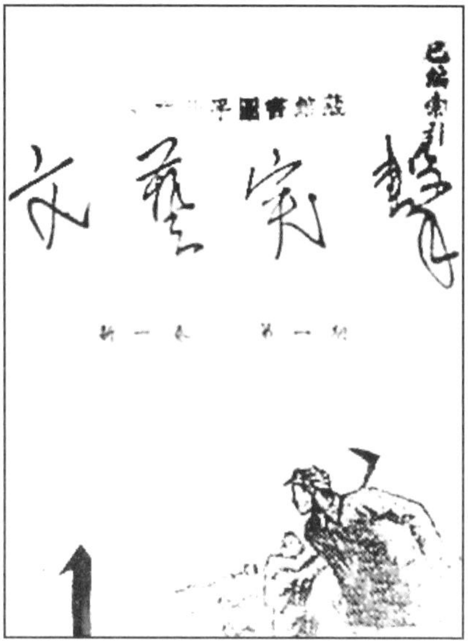

陕甘宁边区文化界救亡协会主办的文艺刊物《文艺突击》

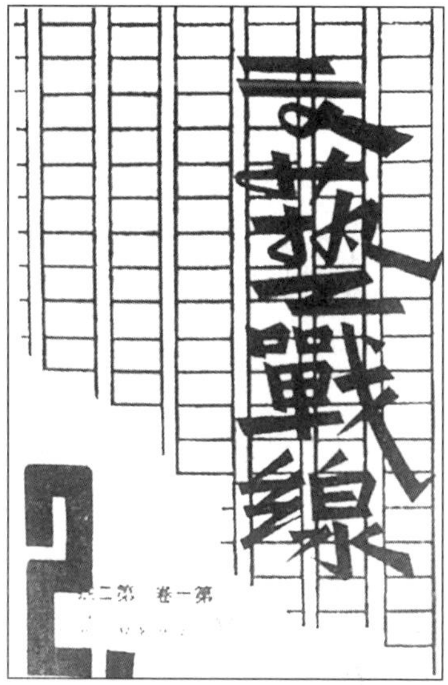

在延安编辑、在国统区大后方出版的综合性刊物《文艺战线》

1938 年 9 月 11 日，“陕甘宁边区文艺界抗战联合会”（简称“文抗”“文联”）在“文协”小教堂成立。1939 年 5 月 14 日，更名为“中华全国文艺界抗敌协会延安分会”，强调该陕甘宁边区文艺界与全国文艺界的联系。该会先后编辑出版过《大众文艺》《中国文艺》《谷雨》等文艺刊物。会址初期附设在“文协”小教堂，后来搬到杨家岭、蓝（兰）家坪。这个组织开始作为“文协”下属的一个文艺团体，由艾思奇、周扬、丁玲、刘白羽等人发起成立。由于工作关系及个人原因，艾思奇有哲学及行政工作，周扬在鲁艺主持工作，逐渐形成鲁艺的文艺圈子，后来主持“文抗”活动的是萧军、舒群、罗烽、艾青、欧阳山等人。到 1941 年 8 月“文抗”第五次大会后，“文协”基本上被“文抗”取代了。

文化社团的大量涌现，带来十分活跃的文化活动。据当事人回忆：“有一个时期差不多平均三天有一个晚会。许多抗战歌曲流行着。街上贴着街头诗、文艺墙报、美术墙报。这景象是相当热闹的。”

1940 年春天，边区文协第一次代表大会后，从前线、后方、沦陷区和其他根据地转来更多的文人到延安，仅居住在“文抗”（设于“文协”内）的文人就有 30 多位。

1941 年 9 月 12 日，重庆《新华日报》载文介绍延安文艺活动：如果谁想知道一点关于延安文艺活动的事情，首先在报纸上的各种启事或消息中便可以获得这样一个概念，你会觉得：延安的文艺活动确是够活跃啊！这话倒不是假的，在延安，文艺工作者正愉快地努力地进行着他们的工作，许多爱好文艺的青年被组织在 85 个文艺小组中，成为 667 个组员。这些文艺小组普遍在机关、学校、团体、工厂和部队等 54 个单位中成立。因此，文艺小组的组员就有了工人、战士、学生和公务员这些各样的人们。

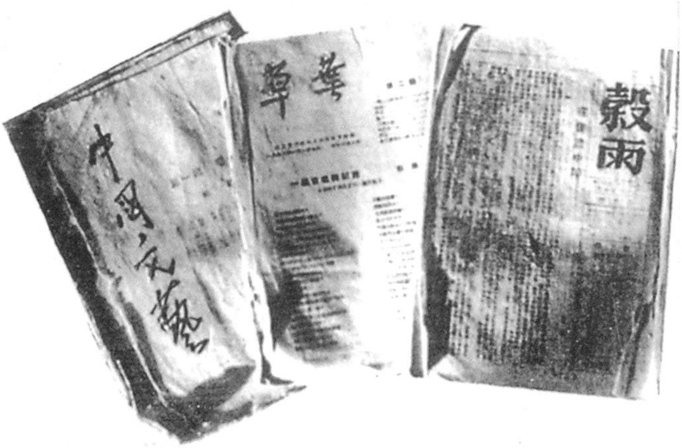

整风运动前活跃一时的延安文艺刊物《中国文艺》《草叶》《谷雨》等，都是由“文协”“文抗”或鲁艺编印的

此外，由艾思奇组织、毛泽东经常参加的“新哲学学会”，范文澜、吕振羽主持的“中国历史问题讨论会”，萧军筹建的“鲁迅研究会”，萧三负责的“文化俱乐部”，以及“延安诗会”（艾青主持）、“延安评剧院”（张庚主持）、“鲁艺平剧团”（阿甲主持）、“边区美术工作者协会”（江丰主持），等等，都非常活跃，活动不断。据清凉山新闻出版革命纪念馆统计，抗日战争时期延安和陕甘宁边区出版的报刊有 70 余种之多，其中报纸 23 种，刊物 48 种。图书出版发行机构 10 余家，各类书店、图书馆约 20 家。这些报刊和出版机构主要出现在整风运动前的延安。

形成这个时期延安纷繁的文事高潮，是《解放日报》“文艺”副刊的出现。“文艺”副刊前100期，发表诗歌、小说、散文、杂文、报告文学，以及文艺理论和作品评论文章，也发表了较多的译作。当时延安的大多数作家都与之有联系。据不完全统计，在该刊发表创作的作者有65人，发表译作的作者有14人，共计79人。在这些作者中，有三十几位是崭露头角的文学新人。而所有这些都涌现在短短几个月时间的延安一地，不能不说这是高峰，因为有群山簇拥；这是红花，因为有绿叶扶持。

参考资料

[1] 徐行白：《特区“文协”成立大会记》，《新中华报》（延安），1937年11月26日。

[2]《陕甘宁边区文化协会简章》，《中国文化》（延安），第1卷第2期（1940年4月）。

[3] 叶澜：《文艺活动在延安》，《新华日报》（重庆），1941年9月12日。

马兰草制造马兰纸

1939年11月，一种泛着隐隐绿意，手感稍嫌粗糙的马兰纸，被延安革命队伍里的人们惊奇地传递着。《新中华报》用激动的语言报道："青年化学家的尝试成功了，边区满山遍野的马兰草，却变成丰富的造纸原料，现在已用了10万斤马兰草造成20万张纸，印成各种书报刊物，边区的新闻事业，获得极大的帮助。"并且，马兰草造纸，生产流程缩短，成本降低。马兰纸生产流程只要一两天时间，而亚麻造纸至少需要几天工夫。亚麻价格每斤一两元钱，而马兰草是自然生长的植物，越砍长得越高，取用不竭，随手可得，每斤纸付劳动力代价仅3分钱。素来被老百姓视为废物的草，一旦可以卖钱，他们非常高兴，为纸厂割草。同时他们知道马兰草可以造纸，认为是件奇闻，向纸厂强索一两张马兰纸送给朋友亲戚传观，常常传到几百里之外。

造纸厂工人正在打捞纸浆，用马兰草生产马兰纸，为延安革命队伍里的文化生活创造了必要的物质条件

在电子读物出现以前，纸张的生产和使用是文化生活的重要载体。1936年担任苏维埃中央政府国民经济部部长的毛泽民，在一份经济报告中说："陕

北过去不仅不产纸，因国民党的愚民政策（怕群众读了书反对国民党），教育经费又被国民党拿去作军费，当然要不了什么纸，影响到纸的供给。但苏维埃认为纸的作用比子弹还重要，故创办了中央造纸厂，现有造纸工人 30 余，3 月份已生产了 400 余刀，4 月以后可增加生产一倍至二倍。”当时这种情况主要局限于瓦窑堡、保安一带，其实在绥德、葭县原有家庭作坊制造麻纸。不过，纸张对于一般陕北民众曾经是非常稀罕的东西。革命队伍进驻延安后，纸张主要依赖进口，非常紧俏。在纸张最困难时，有些单位用桦树皮记笔记、出墙报，甚至连医生开处方也用桦树皮。稍后在纸张资源相对可以调配的情况下，机关干部和学校工作人员按每人每月 5 张纸的标准供给。

在大力发展边区工业经济的形势下，印刷厂绝对不允许私人经营，造纸厂却允许私人资本进入，但仍然是公营企业占绝对优势。1937 年边区政府建设厅与一位会手工造纸的地主李双全合作，在甘谷驿开办一家造纸作坊，采用绳头和破布做原料，用铁锅煮料，石碾槽碾浆，手工打浆，珠帘捞纸的传统手工造纸技术造纸，只有一个捞纸池子，6 名工人，产量有限。1938 年 5 月，在此基础上扩大生产规模，成立振华造纸厂。一年后，该厂迁移至安塞县的沟槽渠，利用那里的一溪流水洗涤原料，并将一处落差约两米的小瀑布作为推碾动力源，每月生产纸张 560 刀（每刀 100 张）。

1939 年 9 月，由于国民党对陕甘宁边区实行经济封锁，包括禁止纸张和亚麻等物品输入，造成延安和边区造纸原料紧张。“多出一张纸，多印一份报，就多给敌人一些打击！”为了冲破敌人的封锁，边区政府组织延安自然科学院化学教员华寿俊到振华纸厂兼任工务科长，曾在德国学习化工的留学生刘咸一担任厂长，会同其他专业技术人员进行攻关。他们先后试验过高粱秆、麦秸、糠秸、蒲草等植物来代替麻做造纸原料，都失败了。只有用稻草、杨木为原料，尝试造纸获得成功。但是，受边区自然条件限制，这两种原材料都不可能批量生产，必须寻找新的原材料。最后，他们成功地寻找到用马兰草造纸的重大科技发明。

深秋时节，陕北荒原的沟壑里到处都有马兰草，尤其是阴湿的地方，一丛丛青绿色的扁长叶子，夹杂着几朵淡蓝色的花。当地群众偶尔采集用来搓草绳，烧锅，但不能喂牲口。它生长得极其茂盛，成片的山沟或土坡，都被它们占满了。因为它们的根须繁多，土地的水分养料被它们吸收去了，附近的野草遭受排斥而相继死亡。它是牲畜所不吃的植物，因为它的纤维精密而坚韧，食入腹中，不易消化；它是践踏不死的植物，因为它有丰富的繁殖力与反抗力，好比陕北人民的性格。于是它年复一年地花开花谢，繁荣滋长着。

华寿俊把眼光转移到马兰草上，是源于不久前参加开荒生产运动时，锄头时常会被马兰草密布的根须所困扰，比遇到荆棘还要费力。这种植物丰富而发达的根须，是纤维工业生产的好原料。老乡们不拿它喂牲畜，怕吃了不易消化，说明其纤维具有很好的韧性。于是，他抱着试试看的态度，采集了一捆马兰草，带回工厂做试验。

他先把马兰草洗净，晒干，用石灰水浸泡一两天，然后放进大锅里，用慢火煮上半天到一天，就成了像麻似的纤维。再用清水洗净，放在碾槽里碾成细浆。把稠密的溶浆倒入捞纸池中搅拌均匀，就可以捞出厚薄均匀的湿纸了。把湿纸贴在墙上烘干，一张色泽微黄、坚韧、光滑的马兰纸就成型了。

经过两个多月的反复试验研究，证明马兰草纤维强度大，根节少，容易处理，纸面光滑，是造纸的好原料。特别是这种野生植物多产于川地道旁，到处都有生长，它是一种多年生植物，收割一茬，下一年又长出来了。年年收割，取之不尽，是一种丰产的较理想的造纸原料。

一项发明创造，不仅可以变废为宝，而且增加了人民群众对于革命队伍战胜困难、创造奇迹的极大信心。为改进造纸技术，华寿俊、刘咸一等专业技术人员不断探索创新。他们用钢丝帘代替竹帘捞纸，用土碱代替烧碱漂白，用火墙烘干代替自然晾干，等等，大大地改变了生产面貌，提高了产品质量，缩短了生产时间，降低了生产成本。到 1940 年 8 月，该厂每日产大帘纸 660 帘，每月约 15 万张（以前每月约产 10 万张）。到 1940 年年底，边区公营造纸厂发展到 3 家，年产量 833 令；到 1941 年，边区公营造纸厂发展到 10 家，年产量 2147 令；到 1942 年年底，边区公营造纸厂发展到 14 家，私营造纸厂 48 家，年产量总计 6849 令，基本上满足了边区出版书报、办公、学习和生活用纸。

参考资料

[1] 罗夫：《马兰草——一位青年化学家发明的故事》，《新中华报》（延安），1940 年 12 月 8 日。

[2] 毛泽民：《陕甘苏维埃区域的经济建设》（1936 年 4 月 24 日），见舒龙主编《毛泽民》，第 168 页。北京：军事科学出版社，1996 年 3 月版。

[3]《边区历年造纸业发展概况》，见陕西省档案馆、陕西省社会科学院合编《陕甘宁边区政府文件选编》，第 11 辑，第 267－268 页。北京：档案出版社，1991 年 7 月版。

1940 年

陕甘宁边区文化协会第一次代表大会

1940年1月4日至12日，陕甘宁边区文化协会在延安中国女子大学礼堂举行第一次代表大会，历时九天，盛况空前。知名文化人代表123名，文化团体107个，代表274名，共计五六百人。会场上有洛甫题词："政治抗战、军事抗战、文化抗战是抗战的三条路线。"毛泽东题词："为建立中华民族的新文化而斗争"，"鲁迅的方向就是中华民族新文化的方向"。吴玉章题词："文化是时代物质的反映，但文化又是时代精神的先导。因此，文化人必须站在时代思潮的最前线。"会议在形式上充分体现出多元化的特色。大会第一天，王明做文化统一战线问题的报告。第三、四天，洛甫做文化政策报告。第六天，毛泽东做题为《新民主主义的政治与新民主主义的文化》（即《新民主主义论》）的讲演。

洛甫以中央书记处书记、中宣部部长的身份做的"文化政策报告"《抗战以来中华民族的新文化运动与今后任务》，提出全力扩大与巩固抗日文化统一战线，进一步发展新文化的各部门、各方面，使之更能为抗战建国服务。提倡进一步研究中国的实际、中国的历史、中国文化的各方面，求得在思想上正确地解决抗战建国中的各种重要问题。鼓励大胆地创作、写作、著述、介绍、翻译，来打破各种限制，打破各种陈旧的观点与标准，建立新观点、新标准，以发展学术，提高学术；组织各种文化的、研究的、考察的团体，提倡自由研究、自由思想、自由辩论的生动、活泼、民主的作风；建立各种专门研究机关，要求政府及社会团体划出一定的文化经费，以布置必要的文化设备与供给；组织新文化运动大师鲁迅先生的研究会或研究院等。并且，他特别强调文化统一战线工作要针对"文化的特点"和"文化人的特点"去做，"统一战线内部的意见上的某种不一致、意气之争、门户之见，一般是不可避免的，应经过民主的方式来解决各种争论。应当提倡自由辩论与讨论的风气。争论一时不能解决也不要紧，不必过早做结论。对某个文化人的缺点的提出，也要经过适当的方式"。要善于尊重文化人"其人格、其事业、其创作与意见。要同他们有真诚恳切的交谊，要有大气量，要谦逊，要能求大同而弃小异”。

这个“文化政策报告”，为这一时期党的文化统一战线工作、延安及各抗日根据地文艺政策确定了原则基调。根据该报告，1940 年 10 月 10 日，中央宣传部、中央文化工作委员会联合发出《关于各抗日根据地文化人与文化人团体的指示》指出：“应该重视文化人，纠正党内一部分同志轻视、厌恶、猜疑文化人的落后心理。须知一个在社会上有相当地位、相当声望、能有一艺之长的文化人，其作品在对内对外上常有很大的影响。”“应该用一切方法在精神上、物质上保障文化人写作的必要条件，使他们的才力能够充分地使用，使他们写作的积极性能够最大地发挥。须知爱好写作、要求写作，是文化人的特点。他们的作品，就是他们对于革命事业的最大贡献。”

该指示共计 13 条，要求并希望各抗日根据地继续设法招揽与聚集大批文化人，使他们安心工作，求得自己进步，使根据地成为文化人施展才能的场所。其对于文化人的理解和尊重态度，以及生活工作上的帮助和鼓励措施，是为中国近现代文学史和文化史所罕见的。

在此前后，延安和各抗日根据地及有关部门相继做出宽松、自由的文化工作政策。

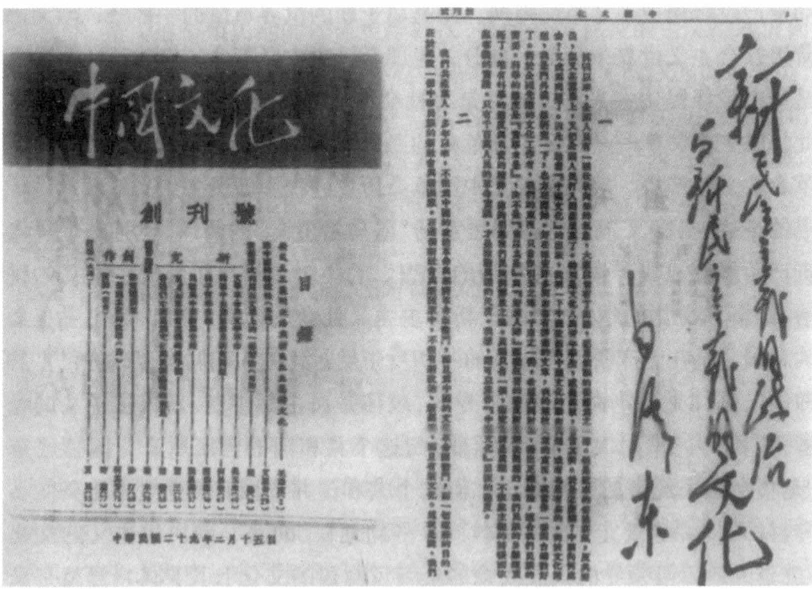
中國文化

創刊號

新民主主義的政治与新民主主義的文化

毛澤東

1940 年 1 月召开的陕甘宁边区文化协会第一次代表大会，至今没有发现会场照片。洛甫在会上做文化政策报告，代表组织观点。毛泽东做《新民主主义的政治与新民主主义的文化》的演讲，代表个人观点。后来毛泽东将这篇演讲更名为《新民主主义论》

中共中央北方局提出文化工作意见，“目前的方向应该是，切实团结一切新旧文化人和一切文化力量，开展新文化运动的建设工作；要培养文化界的民主作风，打破宗派的、个人主义的隔阂，反对站在狭隘阶级利益的立场上的思想统治……”

陈毅在苏北根据地指示：“我们大胆让文化人和文化团体有自由创作活动的机会，对一个作品一种工作，我们要特别以宽容的态度，善意批评的态度去对待。我们知道一个作家当他产生一个作品的时候，需要幽静的环境相当时期，我们就应该尽量的帮助他，而且我们给他更多的机会去与现实接触。”

八路军总政治部与中央文委联合发文指示：“部队的政治工作的领导者，应注意发扬部队文艺工作者的民主作风，在理论上的论争和对原则问题的讨论（不管是属于政治方面的、艺术理论的，以及关于技术问题的），都应发动公开的讨论和批判，帮助部队文艺工作者在政治上、理论上的提高和进步。”要求领导者“对于部队文艺工作者的每一微小的成就和发明，应给以精神的或物质的鼓励，激发他们最高的创造性，积极推动部队的文艺活动。”

大会还表决通过了《致全世界进步的文化界人士电》《致全国前方抗日的将领和士兵电》《致全国文化界历来为革命和抗战而死难的烈士家属电》《全边区文化界加入毛泽东发起的宪政促进会案》《组织少数民族文化促进会案》《成立鲁迅研究会案》《组织新文字健全委员会案》《陕甘宁边区文化协会总决议》《边区文化协会简章》《文协第一次代表大会宣言》。

此次边区文化协会第一次代表大会的有关文化政策，大约持续到 1942 年延安整风运动前夕，以后再没有继续召开陕甘宁边区文化协会代表大会。

参考资料

[1]《文协举行第一次代表大会》，《新中华报》（延安），1940 年 1 月 20 日报道。

[2] 洛甫（张闻天）：《抗战以来中华民族的新文化运动与今后任务》，《解放》周刊（延安），第 103 期（1940 年 4 月 10 日）。

[3]《关于各抗日根据地文化人与文化人团体的指示》，《共产党人》（延安），第 12 期（1940 年 12 月 1 日）。

延安时兴展览会

通过举办各种各样的展览会，用实物、图像、表格等直观生动的形式，展示政府工作成就和社会发展水平，借以促进经济发展和社会进步，是延安革命队伍学习借鉴西方工业社会，特别是苏联经验的一个创举。据不完全统计，从1937年至1945年间，陕甘宁边区共举办各种展览会74个，包括军事斗争、农工业生产建设、文化教育事业，以及绘画、木刻、美术作品、报纸出版、纺织编织、防奸锄奸、医疗卫生、妇女儿童等其他专题。其中，农工业生产建设展览约占一半以上。

耳听为虚，眼见为实，对于朴实的农民们来说，陕甘宁边区农业展览会上看得见摸得着的农产品，硕大的土豆、颗粒饱满的玉米、穗长米优的小米，更能动员他们来年选用优良品种，多打粮食，多做贡献

1940年1月16日至2月2日，历时18天的第二届陕甘宁边区农工业展览会，在延安城南门外新市场后沟举行。时值冬季农闲，春节前夕，展览吸引观众3万余人，展品7000多件，获奖展品1000余件，受奖劳动英雄3000余人，盛况空前，享誉遐迩。

此次展览名为第二届陕甘宁边区农工业展览会，实际上是第一届。因为所谓“第一届陕甘宁边区农工业展览会”，其实是1939年1月举办的“陕甘宁边区农业竞赛展览会”，与5月举办的“陕甘宁边区工业展览会”的合称。1940年1月才是第一次将边区农业、工业建设成就，以及社会事业发展等各方面内容整合起来的大型综合性展览，旨在检讨与总结边区政府一年来的工作成绩，策动与促进新一年的各项工作进步。边区政府建设厅负责展览筹备工作，展览内容分为边区概况、农业、工业三个主要部分。其边区概况部分，“里面悬挂着近百种的统计表格，农业生产、文化教育、经济建设，一年年惊人的进展从高涨的曲线、庞大的数字中鼓舞了所有热心边区事业的人们，并启示了全国广大群众”。展览显示，边区种植面积呈上升趋势，1936年耕地面积只有818.630万亩，到1939年扩大到1004.019万亩，1939年开荒数字达180.197万亩。十几个重达30多斤的大南瓜，引起了群众的浓厚兴趣，还有洋芋、白菜、萝卜等边区人民的主要菜食。其他如番茄、木耳、金针、发菜等也有展出，南方的丝瓜、莴苣，以及美国玉米等都已试验成功。学校教育方面，1937年全边区共有学校320个，学生5600人；1939年年底有小学883个，学生20414人。同时设有民众夜校599个，学生8241人；半日学校255个，学生3986人。

陕甘宁边区第三届工业展览

展览会场设计，为防备日寇飞机轰炸，利用依山而挖的数十个窑洞，在洞外搭建长长一路席棚，洞里洞外，彼此呼应。展览会场正门，迎面竖立着边区政府主席林伯渠的巨幅画像——和煦的面孔，慈祥的目光，朴素的衣着，寄托着边区民众对生活安康的理想愿景。会场四周高悬着孙中山、林森、蒋介石等国民政府领袖，以及毛泽东、朱德、王明、张闻天等中共中央领导人画像。会场外席棚上张贴大幅标语：兵强马壮，准备反攻，抗战到底，争取胜利。

开幕那天，在连绵无际的黄土高原怀抱里，沿着山崖蜿蜒搭建的席棚前，是一片旗帜的海洋。开幕式上，毛泽东、王明、吴玉章、林伯渠等人都发表了演讲。毛泽东演讲中说道："老百姓从几百里拿来一包两包面送来展览，这对打日本有大道理，这是老百姓同志的热心。边区政府受老百姓的拥护，做出许多好事，这也是热心做出来的，我们要发扬这个热心。但还有一条，只有热心还不行，还要力求进步。今年的展览会就有进步，我们要奖励这些劳动英雄们，因为他们不但热心，而且求进步。这是有八路军，但八路军也就是老百姓，故军队不要忘本，本就是工农。在座有许多八路军同志，你们要向老百姓敬礼，不要骂人。老百姓可以骂我们，我们却不能骂他们，因为他们是主人，因为我们的饭是他们做的，房子是他们做的，我们要军民合作。八路军有两条规矩，一条就是官兵合作，一条就是军民合作，大家亲亲密密团结起来，日本一定打倒的。"

在革命战争年代，在艰苦的物质条件下，陕甘宁边区举办了各种各样丰富多彩的展览会，对发展边区的经济建设与科学技术，提高人民群众的科学文化水平，发挥着巨大的促进作用。

"好，今年比去年好，明年一定比今年更好！"这是一位边区农民用刚刚在夜校里学会的汉字写在参观留言簿上的话，表达了参观展览后的喜悦和希望之情。

参考资料

[1]《二届农工展会胜利开幕，展品七千余件，产量较去年增加三倍，毛泽东、王明同志等亲临参观并演讲》，《新中华报》（延安），1940 年 2 月 3 日。

[2] 郁文：《边区第二届农工业展览会参观记》，《新中华报》（延安），1940 年 3 月 8 日。

倾情民众的大众读物社

身为作家，心甘情愿地拿出宝贵的时间，认真编写出版那些初识文字的普通民众看得懂、听得懂的大众读物，这是一种崇高的精神，出现在一个崇高的时代、崇高的社会。

1940 年 3 月 12 日，大众读物社在延安成立，隶属于中共陕甘宁边区党委，下设报纸编辑、丛书编审、通讯联络三个科。周文任社长，成员有金照、胡绩伟、胡采等 30 余人。其主要任务是“供给边区识字少的群众以文化食粮，并提高他们的文化水准，以开展新民主主义的文化的启蒙运动”。其主要工作是编辑出版《边区群众报》、《大众习作》杂志、《大众文库》丛书和《大众画库》丛书，建立覆盖全边区的通讯网络。

大众读物社编辑出版的《边区群众报》，追求让识字的老百姓一看就懂，让不识字的老百姓一听就懂的传播效果，深受边区群众的喜爱

《边区群众报》创刊于 1940 年 3 月 25 日，胡绩伟任主编。该报致力于写作编发适应边区群众文化水准，能够认得清、听得懂的文章。每篇文章内容

确定后，都召开集体审稿会，征求红军老战士、食堂伙夫和勤杂人员，尤其是陕北老乡对于语言表述上的意见，是否适合当地人阅读。报纸最初为四开两版石印报，每旬一期。第 10 期开始改为四开四版铅印报，每周一期。当时延安的书报基本上都是用又粗又糙的马兰纸印刷，而《边区群众报》用的是罕见的晋恒纸印刷。“誊写员抄写的是一手很清秀的楷体字，印刷得白净漂亮，十分喜人。”报头由毛泽东题写，题花由丛书编审科精心制作。文章短小精悍，栏目生动活泼，内容通俗易懂，大众读物社视之为掌上明珠，边区群众视之为宝贝疙瘩。

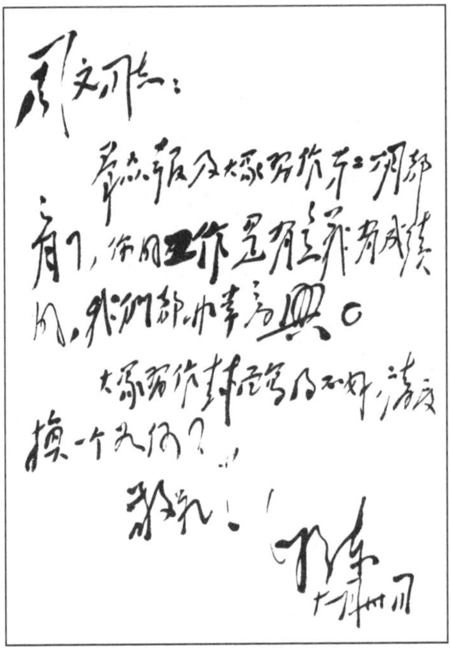
周文同志：

大众报及大众习作第二期都看了，你们的工作是有益的，有成绩的，我们都很高兴。

大众习作封面写得不好，请你换一个如何？

敬礼！

毛泽东
十一月卅日

1940 年 11 月，毛泽东致信周文，充分肯定大众读物社工作

良好的口碑带来发行量的不断扩大，随后报纸改为每五日一期，再改为每日一期，四号字体为主，偶尔夹用大五号字体。在边区 150 万人口，交通不便的情况下，发行量达到 1 万份。在陕甘宁边区形成了一个以报社为“首脑部”，以遍布全边区的通讯员为骨干的“大众通讯网”，以边区群众为基础的“大众读报组”，三者相互关联的报纸发行传播网络体系。“社—通讯网—读报组，它们各个自己提高，又互相联系，互相渗透，就好像月亮绕地球，地球绕太阳一样，互相绕着旋转，而又自己旋转。”大约一年时间，形成该网络体系后，报纸各项工作更加得心应手。

创办之初，报纸设定为一份通俗性的文化读物，由于其广泛的社会影响

和极高的美誉度，《边区群众报》先后被作为中共陕甘宁边区党委机关报，陕甘宁边区中央局机关报和中共中央西北局机关报。

1940 年 11 月，毛泽东致信周文，充分肯定《边区群众报》和大众读物社工作，称赞道："你的工作是有意义有成绩的，我们都非常高兴。"这里的"我们"显然是指中央领导同志们。沿着这个办报方向，经过几年的努力，大众读物社和边区群众报社成就斐然，被授予"特等文教模范"荣誉称号。

1941 年 4 月 26 日，周文受命调任陕甘宁边区政府教育厅厅长，兼任大众读物社社长，加强面向更广大群众的社会教育工作。此前，在大众读物社工作期间，周文从读者来信中了解到边区群众反映看不懂公文布告的问题。现在，在普及社会教育，兴办农村冬学，开展识字运动中，有群众更直接地反映说政府的公文布告，即使文字认识了，意思还是看不懂。于是，他在认真调查研究的基础上，经过充分酝酿，正式提出关于革命政权公文改革的倡议，并被陕甘宁边区政府所接受，很快付诸实施。

1942 年 8 月，周文主动要求离开延安，赴晋绥根据地工作。临行前，全家合影，左起为二女儿何靖康、儿子何俭朝、周文、大女儿何文康、夫人郑育之

1942 年 3 月 5 日，大众读物社发布停办启事："本社依照政府精兵简政的指示，决定从二月十六日起，宣布结束。本社今后有关大众化工作，由文协大众化工作委员会办理。本社出版的《群众报》，由群众报社办理。"

参考资料

［1］周文：《〈大众化工作研究〉序》(1941 年 3 月)，《周文文集》，第 3 卷，第 398－400 页。北京：作家出版社，2011 年 2 月版。

［2］胡绩伟：《胡绩伟自述》，第 1 卷，第 216－254 页。香港：卓越文化出版社，2006 年 9 月版。

最有文艺范儿的文化俱乐部

抗战时期，延安最有文艺范儿的地方，是位于延安城北门外文化沟北侧山坡上的文化俱乐部。自1940年3月成立起至整风运动前的两年时间里，这里是延安文化活动的中心地带之一。俱乐部隶属于陕甘宁边区文化协会，萧三任主任委员，陈明等任副主任委员。

从苏联回到延安的红色诗人萧三，在鲁艺任教不久，就来到“文协”，创办文化俱乐部，并担任主任，主持其日常工作，对繁荣发展延安的文化活动，发挥了积极作用

该俱乐部缘起是，1939年年底，边区文协根据作家、艺术家们的建议，决定成立一个文化俱乐部，旨在“促进文化活动，提倡文化娱乐，联络感情”。尤其是一批驻会文化人之间，需要一个谈心交流、聚会娱乐的公共空间。于是，首先成立文化俱乐部理事会，制定组织简章和规则条例。选址在

文化沟（又名“大砭沟”）里一处开阔的半山坡上，挖出三孔窑洞，彼此贯通，形成一个带弧形穹顶的大厅，划分为几个大小不等的功能区。经过几个月的筹备，1940 年 3 月底正式运营。

据《新中华报》记者采访报道，“这三间大厅是经过相当考究的设计，一切布置非其他一般窑洞可比。屋子里有沙发，有地毯，有挂灯，有漂亮的木器什件，有古色古香的瓶、壶、碗，有绷着薄纱的门窗，还有调剂着室内光线涂了颜色的墙壁。这一切，延安过去找不到。今天，却创造出了这样漂亮的窑洞来，这的确说明了延安一切都在进步中。俱乐部除了配备着扑克、象棋、军棋、骨牌、留声机、杂志、报纸等，以供娱乐及阅览之外，还决定了今后把自己作为延安文化界一个经常召集会议的场所”。另据《大众文艺》报道，“这里面有丰富的书报，有精致的会议室、阅览室、休息室等等，有最新式的装置和家具。每天去娱乐、休息或学习的青年学生、工人、妇女、文化人等不下数百人，每天借文化俱乐部会议室开会的也不下数起”。由此，可以想见当时这里的时髦和热闹。

文化俱乐部依山而建，几孔窑洞，外加一座简易的凉亭，成了延安文化人兴会雅集之所

文化俱乐部成立后，延安文化界许多重要集会在这里举行。边区文协的重要会议，延安各文艺小组活动，中外名人诞辰或忌日纪念会，文艺讲座、时事报告、美术展览等都在这里举行。延安青年诗歌爱好者组织的“战歌社”，经常在这里召开会员大会，研讨创作，朗诵诗歌。边区大众读物社的作者座谈会，读者见面会，也经常安排在这里。如 1940 年 5 月 28 日，中华全国

文艺界抗敌协会延安分会在这里举行茶话会，欢迎茅盾到延安。1941 年 1 月 15 日，延安鲁迅研究会成立大会；5 月 30 日，纪念屈原座谈会；12 月 11 日，延安诗会成立大会。1942 年 2 月 14 日，纪念普希金逝世 105 周年大会；3 月 19 日，文化俱乐部牵头，邀集延安多家业余文化娱乐团体，共同举办“春季茶会”；4 月 12 日，纪念马雅可夫斯基逝世 12 周年诗歌朗诵会；6 月 20 日，纪念屈原、高尔基、瞿秋白大会；7 月初，为纪念抗战五周年，分别邀请胡乔木、柯柏年、周扬做文艺问题报告；8 月 1 日，邀请贺龙、高自立做军事问题报告；8 月 18 日，文化俱乐部举办“夏季茶会”，谈论开展延安街头文娱活动问题；9 月 13 日，延安剧作者协会第二次会员大会；10 月 22 日，诗歌大众化座谈会，等等，都在这里举行。

1942 年 2 月，农历春节期间，文化俱乐部举办系列主题日文化活动。2 月 14 日，农历除夕，举办“文学日”，从下午 1 点开始，有诗歌朗诵会、小说诵读会，晚上是舞会。2 月 15 日，农历正月初一，举办“泽东日”活动，吸引延安各界人士千余人参加。徐特立报告《毛泽东片断》，萧三报告《毛泽东童年》，张如心报告《怎样学习毛泽东》，从生平到思想，都是首次公开宣传毛泽东，吸引了参观者的极大关注。同时，设置“毛泽东著作展览室”，专题展示毛泽东不同时期的著述。2 月 16 日，为“历史日”，下午由范文澜讲中国历史，晚上舞会。2 月 17 日，为“音乐日”，上午吕骥谈音乐，下午小型音乐会，晚上文艺晚会。2 月 18 日，为“戏剧日”，好戏连连，精彩不断。

文化机构的生命活力，在于其创新能力、组织能力和活动能力。延安文化俱乐部，以其花样百出的时尚文化活动，成为延安时期文化地标之一

文化俱乐部还发起或参与筹建成立了诸多文艺社团，对于繁荣延安文艺活动发挥着积极的作用。如 1940 年 9 月 27 日，文化俱乐部发起组织“延安合唱团”，时乐蒙任团长；1941 年 3 月 15 日，开始举办“星期文艺学园”，每个星期天都邀请在延安的知名文艺家为文学爱好者讲授文艺问题；同年 5 月初，发起成立“延安业余剧团”，先后排练演出话剧《海滨渔夫》《新木马计》等剧目；5 月底，创办“延安星期音乐学校”，参与筹建“延安儿童之友社”；6 月，成立跳舞班，传授交际舞经验。与边区音乐协会联合成立“延安乐队”，与边区戏剧协会联合举办“戏剧导演研究班”；1942 年 6 月 5 日，筹备成立“延安业余国乐社”；同年 9 月 20 日，成立“延安口琴队”；等等。

为了扩大活动空间，文化俱乐部还在窑洞外修建凉亭，背山面水，风景绝佳，后来被延河洪水冲毁。

1943 年 4 月，延安文化界根据党中央的决定，文艺家们纷纷上山下乡，深入工厂农村，用实际行动为工农兵服务。文化俱乐部基本停止活动，1945 年 9 月结束工作。

参考资料

[1]《延安文化俱乐部成立》，《新中华报》（延安），1940 年 4 月 26 日。

[2]《文化俱乐部开幕》，《大众文艺》（延安），第 1 卷第 1 期（1940 年 4 月）第 35 页补白。

[3]《延安文化俱乐部》，见《延安文艺丛书·文艺史料卷》，第 16 卷，第 374－379 页。长沙：湖南文艺出版社，1987 年 10 月版。

陈嘉庚在延安发现民族希望

日本发动侵华战争，牵动着海外华侨，尤其是东南亚华侨青年的心。他们不仅在侨居地积极参加募捐、抗议、声援活动，而且在全面抗战爆发后，纷纷返回祖国，直接参加抗日战争。1940 年 3 月，陈嘉庚发起组织南洋华侨回国慰劳视察团，并以南侨总会主席身份，亲自回国实地考察国内团结抗战情况，亲临前线慰劳抗日将士。

1940 年 3 月，陈嘉庚率南洋华侨慰劳团回到祖国，先期抵达重庆，受到各界隆重而华丽的欢迎

3 月 26 日，陈嘉庚一行先到重庆，国共双方都非常重视，主动迎迓。蒋介石特别关照军政各界高度重视陈嘉庚回国慰劳，不希望其与中共方面接触，更不希望他前往延安。所以，刻意逢迎挽留，仅在重庆一地就安排 8 万元经费用于接待，包括欢迎接送、大小宴会、住宿出行、饮食起居。可是陈嘉庚

对这样奢侈应酬十分反感，认为全国军民艰苦抗战之际，如此铺张，极为不妥。所以，特自在重庆报纸用广告形式刊登《陈嘉庚启事》，阐明此行之任务，谢绝无谓应酬。

5月31日，陈嘉庚冲破重重阻挠，终于抵达延安。天色将晚，聚集在延安城南门外的各界群众夹道欢迎陈嘉庚一行。口号阵阵，场面热烈。陈嘉庚走下汽车，深为欢迎人群的热情场面所感动，不时地向群众鞠躬、挥手致意。欢迎会上，陈嘉庚动情地说：“我早就希望来延安访问，现在实现这一愿望我很高兴，广大华侨热切盼望国共两党坚持合作，共同抗战，唯有这样才能进一步激发侨胞爱国之心，为祖国抗战多做贡献！”陈嘉庚说的是闽南话，需要秘书李铁民翻译成国语，而坐在会场前排的南洋华侨爱国青年一听就懂，每每率先热情鼓掌，整个会场随之轰动。

1940年5月底，几经曲折，陈嘉庚一行终于到访延安，受到简朴而热烈的欢迎

当晚，陈嘉庚一行住在边区政府交际处窑洞客房，感觉很新奇，又很亲切。

6月1日上午，朱德总司令和夫人康克清陪同陈嘉庚参观延安中国女子大学。在这里陈嘉庚发现有很多来自南洋的女学生，她们不远万里，奔赴延安，在这里学习生活，参加抗日救亡运动。从女大出来上车时，陪同陈嘉庚回国慰问的南侨总会秘书李铁民，头部不幸碰到车门，受伤流血，被送到延安中央医院住院治疗。陈嘉庚原计划在延安逗留三四天，因此改变行程，有较长时间深入了解延安。

当天下午，陈嘉庚前往杨家岭会见毛泽东，远远就望见毛泽东在窑洞门口迎候，两人相见，热烈握手，互致问候。走进窑洞，只见墙上挂一地图，一个旧式乡村民用木桌，配十几只大小高低不一的木椅。陈设简单，生活简朴，陈嘉庚感受着与重庆完全不同的氛围。交谈中，陈嘉庚表示对中共进行摩擦斗争不理解，认为在国共两党关系问题上，共产党应多做让步，要以团结求团结。对此，毛泽东做了耐心坦诚的解释。因为国民党中的顽固派企图限制、消灭我们，他们总想扫除共产党这个障碍，以便毫无顾忌地投降日本。我们在迫不得已的情况下，对他们在政治上、军事上的进攻给予适当还击……我们的政策是以斗争求团结。我们的总方针是团结，但是只有在进步的基础上，才能达到真正的团结。

对毛泽东所言，陈嘉庚当时未能全部理解和接受，但他为毛泽东的诚恳言词所感动，同时也直接了解到毛泽东及中共中央关于团结抗战的立场和态度。会谈当中，朱德、王明做陪，两位女大闽南学员担任翻译。其他一些在延安学习的南洋华侨学生进来，大大方方地坐到席间，并参加谈话，绝无拘束。陈嘉庚始而惊奇，继而敬佩延安革命队伍里的平等作风。

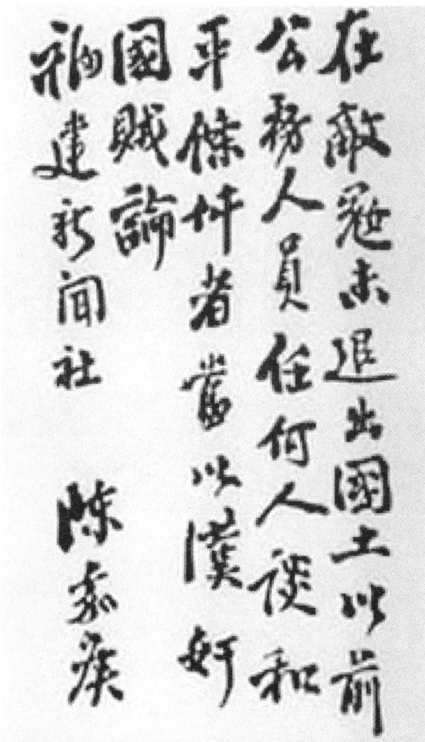

1940 年 10 月，陈嘉庚途经故乡福建，为福建新闻社题词手迹

会谈结束后，毛泽东在窑洞外设露天晚宴一席，拿一张旧的圆桌面放置在方桌上，因陈旧不光洁，遂用四张白纸遮盖以当桌巾。一阵风吹来将白纸吹走，索性弃之不用。饭菜虽无丰盛可言，然而陈嘉庚却吃得舒坦有味。朱德、江青、王明夫妇都参加宴会，气氛融洽。

多次交往会见中，一些细节小事引起了陈嘉庚的关注和联想。一次他和毛泽东谈话，总司令部内的人都参加，顷刻座位全满。有一个勤务兵迟到了，望见长凳上毛泽东身边略有空隙，便侧身加塞坐下。毛泽东向他望一望，把自己身子移开点，以便让他坐得更舒适些。

毛泽东吸烟甚重，有时烟刚抽一半，忽有客求见，他舍不得扔掉那半截，遂将烟火熄灭，见客回来后又将那半截烟蒂拣回吸完。

毛泽东单独请陈嘉庚吃饭时，仅有白菜、咸饭相待，外配一味鸡汤。毛泽东抱歉地说：我薪俸有限，没钱买鸡，这只鸡是邻居老大娘知我有远客，送给我的。

陈嘉庚还访问抗大三分校、中央医院，到安塞参观铁工厂和印刷厂，在延安亲自走进南门外新市场，察看中共及边区政府政策执行情况；广泛接触在延安财政局、公安局、边区高等法院工作的华侨人士。他发现边区政治清明，无失业游民，无盗贼乞丐。边区农民土地不没收，赋税很轻，一亩地最多缴纳7.5斤公粮，其他捐税一概没有。部队自己种地种菜，既保证军粮供应，又减轻农民负担。县长都是民选，对官吏贪污者都予以严惩。

陈嘉庚担心有关负责人所谈非实，特意与在延安学习的南洋华侨男女学生多次畅谈，就心中所疑，细心询问。这些学生也能敞开思想，无拘无束地反映延安情况。结果所见所谈都是一样，这下陈嘉庚心里踏实了。

对比重庆与延安，陈嘉庚谨慎地说，自己对于政治内容未能深知，作为一个访客，从生活观感上那是两种完全不同的经验。在延安，他意外地发现了一种崭新的生活方式，一个全新的理想社会。带着疑虑来，怀着希望走，1940年6月8日陈嘉庚离开延安。

参考资料

[1] 陈嘉庚：《南侨回忆录》，新加坡：南洋印刷社，1946年3月再版。

[2]《陈嘉庚先生西北归来，纵谈团结抗日》，《新华日报》（渝），1940年7月26日。

[3] 金城：《延安交际处回忆录》，第136－148页。北京：中国青年出版社，1986年10月版。

陕甘宁边区森林考察报告

延安生产运动开展后，截至1940年年底，全边区开荒170余万亩，粮食产量和牛、羊数量都有较大幅度增长，部队可以自己解决一部分粮草和装备补给。但是，却随之出现了延安周边地区水土流失严重的问题。

当时，革命队伍和延安居民的生活用水，刷牙洗脸，洗衣做饭，洗澡游泳，全部依赖延河及其支流水系。大规模开荒种地，引起水土流失，导致延河水质变化，影响到革命队伍和延安居民日常生活用水。并且，更严重的后果，是1940年春夏之际延安地区发生了“六七十年来的第二次大水”。据当时的人记载，“今年的大水灾主要是在洛河川、延河川、葫芦河川、大理河川以及无定河等流域，损失的肥美土地同农作物，虽然尚没有统计，但就我们这次看见的说，已够惊人了”。当时有人提出，“今年，边区之所以发生水灾，重要的一条，就是由于边区的森林遭到了破坏”。可能正是基于这样的认识或忧患，早在1940年3月，时任陕甘宁边区政府建设厅林务局局长的乐天宇，与时任中央财政经济部部长的李富春，细谈边区经济及森林现状时，“畅快而沉痛地叙述其对边区森林的意见”，让李富春为之动容，并表示“完全赞同其见解，极力赞助其先组织边区森林考察团”。这样，就有了一个对于延安和陕甘宁边区森林资源和植被现状的科学考察活动。

这次由乐天宇主持，由中央财政经济部提供支持，从边区政府建设厅、延安自然科学院等单位抽调乐天宇、林山、江心、郝笑天、曹达、王清华六人，组成陕甘宁边区森林考察团。1940年6月14日出发，同年7月30日返回延安，历时47天。考察团对整个边区的森林分布、植被状况、水土流失等进行相当全面周到的考察，写成《陕甘宁边区森林考察团报告》，提出水土保持和森林养护建议。

考察团预算经费480元，其中粮食、旅途资费290元，器材购置费184元。中央财政经济部拨付全部经费480元。森林考察团实际开支经费260余元，其中粮食、旅途资费支出130余元，节约源自于考察团成员全程步行，使用的两匹马、一头驴都是用来驮设备，并且休息时大家牧马割草，减少饲料，翻山越岭自带干粮，结果不但节省了经费，马驴也吃肥了，人员身体更结实了；器材购置费支出130元。结余200余元经费，全数上缴归还中央财经部。

李富春积极支持并促成陕甘宁边区森林考察活动

乐天宇在延安主持陕甘宁边区森林考察活动，并终生关注生态自然环境变迁

李富春仔细阅读后，在《报告》上批注："虽其中有再加考虑与研究之点，但已成为凡关心边区的人们不可不读的报告，已成为凡注意边区建设事业的人们不可不依据的材料。"对于报告中所提建议，从善如流，充分显示了边区政府尊重科学、相信科学的精神。其中最大的改变，是促使陕甘宁边区改变原有的生产运动方式，由主要是开荒、种地发展农业生产，转变为主要采取运盐、采油、办工厂等发展商业贸易和工业生产。边区工业由此迈出最初的步伐，恢复并创办了石油厂、纺织厂、造纸厂、农具厂、皮革厂、化学厂、制药厂等一系列工业企业。

这次森林考察活动带来的另外一个重要成果，是发现了可以开发的南泥湾。乐天宇率领的森林考察团回程途中，发现离延安40多公里处，有一个叫"烂泥洼"的地方，沿河谷狭长地带近百平方公里，水源丰足，土质肥沃，具有开发种植的巨大潜力。在考察报告中，他提议建设边区，开发烂泥洼。不久，乐天宇奉命陪同朱德总司令先后三下烂泥洼考察。总司令看上了这块宝地，并欣然将其改名为"南泥湾"。

参考资料

[1] 乐天宇等：《陕甘宁边区森林考察团报告》，见《延安自然科学院史料》，第256－264页。北京：中共党史资料出版社、北京工业学院出版社，1986年12月版。

[2]《延安地区林业志》，第368－369页。西安：陕西人民出版社，2000年版。

庆祝百团大战胜利

1940年8月至12月，八路军在华北地区发动起对日军的大规模反攻作战，参战部队达到105个团，大约20万兵力，共进行大小战役1824次，毙伤日军20645人、伪军5155人，俘虏日军281人、伪军18407人，日军投降47人、伪军反正1845人；破坏日军铁路474公里、公路1500公里，桥梁、隧洞、火车站260多处，摧毁大量敌人碉堡和据点，缴获各种火炮53门、枪支5900支和一批军用物资。这是抗战以来，八路军对日军发起的最大规模进攻，振奋了全国军民争取抗战胜利的信心，以事实驳斥了国民党顽固派对共产党、八路军"游而不击"的污蔑。

百团大战新闻图片展，在各抗日根据地村镇街头流动展览，吸引了广大干部群众的热情关注，极大地鼓舞着根据地军民战胜日本帝国主义的信心和勇气（摄影 沙飞）

这次战役分三个阶段，第一阶段从8月20日至9月10日，破坏敌人在华北占领的主要交通线，粉碎日军"以铁路为柱、公路为链、碉堡为锁"的所谓"囚笼政策"，称为"交通大破袭战"。大破袭战胜利后，新华社记者采访八路军副总参谋长左权，觉得"交通大破袭战"的名称不响亮，参加这次破袭战的实际兵力达到105个团，就叫"百团大战"吧！消息一经发出，声名大振。第二阶段从9月20日至10月5日，继续袭击交通线两侧敌人并摧毁深入根据地内的敌据点。第三阶段从 10 月 6 日至 12 月 5 日，针对日军的反“扫荡”作战。

百团大战胜利的信息传到延安，一片喜悦欢呼。毛泽东立即给在前线直接指挥此次战役的八路军副总司令彭德怀发出贺电：“百团大战真是令人兴奋，像这样的战斗是否还可组织一两次?”8 月 30 日，延安《新中华报》发表社论《八路军在华北反扫荡的百团大战》，指出这是我军在敌后主动发起的大规模战略反攻，是抗战三年来空前的创举。8 月 31 日，《新中华报》发表彭德怀答记者问。9 月 6 日，鲁艺为庆贺百团大战胜利举行晚会，公演话剧《日出》。9 月 9 日，鲁艺全体师生向朱德、彭德怀致贺电。

9 月 11 日，在延安召开的中央政治局会议上，时任中央办公厅主任李富春提议，讨论庆祝百团大战胜利的问题。张闻天主持会议，会议同意进一步宣传百团大战胜利计划，毛泽东提醒不要说百团大战是大规模的战役进攻，现在还只是游击性的反攻。

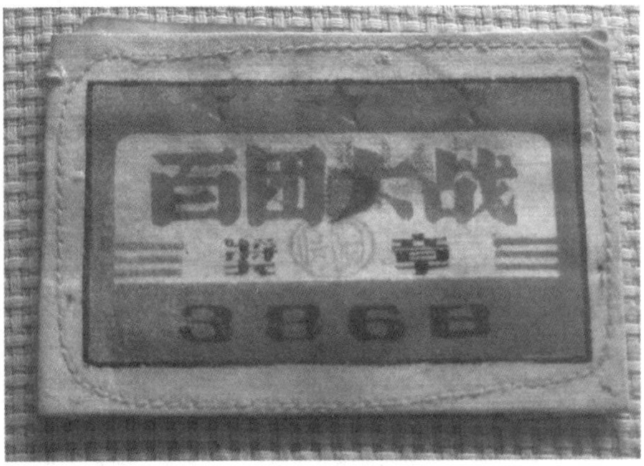

陈列在延安革命纪念馆的百团大战纪念章，简易的材质和工艺，却凝结着英雄们的血汗和豪情

9 月 20 日，延安各界万余人隆重集会，庆祝百团大战胜利。9 月 21 日，延安主要高校在抗大旧址举行庆祝联欢晚会。9 月 23 日，毛泽东在杨家岭做《时局与边区问题》的报告，称百团大战是“敌我相持阶段中一次更大规模的反扫荡的战役反攻”。他强调解释说，这是“一次”，因为以后还要有；“更大规模”，表示以前有过大规模的反扫荡，但这次更大；“反扫荡的战役反攻”，表示不是战略反攻。“百团大战各地方都要干，要继续下去，同时要有防备顽固分子背后进攻的部署”。9 月 26 日，朱德在《新中华报》发表文章《扩张百团大战的伟大胜利》。

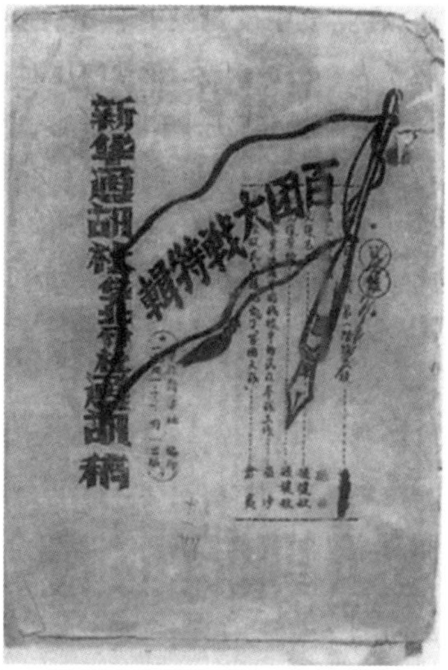

新华通讯社华北分社编印的《百团大战特辑》宣传材料，及时全面地报道总结了八路军百团大战的战况

10月6日，陕甘宁边区文协向朱德、彭德怀发出贺电；10月17日，中华全国文艺界抗敌协会延安分会（“文抗”）向朱德、彭德怀和百团大战将士们发出贺电，表示愿以我们千万支笔写出你们这种雄伟的诗篇，写出人民大众对你们的赞歌。

但是，1945年中共七大前后，从前方和大后方回到延安准备与会的高级干部们，按工作地区划分为华北、西北、华东等组举行座谈会，按整风的要求总结抗日时期的工作。其中，北方局负责干部和八路军将领参加华北组的学习讨论。在为期43天的“华北地方与军队工作同志座谈会”（又称“华北座谈会”）上，有人批评百团大战过早暴露了自己的力量，引起敌人的重视，没有充分发扬正规战与游击战相结合的传统优势，有些仓促上阵的意味，为了片面取得政治影响甚至矫枉过正。随之，还有人上纲上线。据参加会议的杨尚昆回忆，在20多天的批判中，不少同志的发言缺少实事求是的精神，攻其一点，不及其余，有失公正。毛泽东这时没有说百团大战不对。他说抗日战争期间的问题要等抗日战争结束了以后才能做结论、才能说清楚，所以，现在这个事情不做结论。这样，表面上是不了了之，实际上是把问题挂起来了。彭德怀同志很不高兴。这次会议本来是总结工作，后来发展到集中批彭德怀，事先没有给彭德怀打招呼，也没有跟时任北方局书记的杨尚昆商量过，为后来的党内政治斗争留下了隐患。

参考资料

[1]《八路军在华北反扫荡的百团大战》,《新中华报》(延安), 1940 年 8 月 30 日社论。

[2] 彭德怀:《彭德怀自述》, 第 234-242 页。北京: 人民出版社, 1981 年 12 月版。

[3] 杨尚昆:《杨尚昆回忆录》, 第 198-201 页。北京: 中央文献出版社, 2007 年 7 月第 2 版。

陕甘宁边区新文字协会

1940 年 11 月 7 日，苏联十月革命纪念日，陕甘宁边区新文字协会成立大会在延安中央大礼堂举行。大会济济一堂，中央和边区政府领导，以及各机关团体学校部队代表千余人到会，会场里坐不下，很多人站在门窗外听会。

吴玉章做主题报告，他很沉痛地说：中国人多，但不值钱，不仅帝国主义强盗们贱视中国人，就是中国人自己也有看不起自己的，以致有四万万五千万人的国家落到半殖民地的地位。其原因之一就在于绝大多数人愚昧无知，文化落后。我们要使愚昧无知的中国人变成过去，我们要扫除文盲，只有用新文字才有可能，汉字是不能担负这个任务的。

边区政府主席林伯渠，革命元老徐特立、谢觉哉等相继发表讲话，以自己的实际经验说明新文字是扫除文盲的最好工具。此外，高岗、邓发、张成功等也相继发言，支持新文字工作。会上，组成陕甘宁边区新文字协会常务委员会，推举吴玉章为主任。同时，举办新文字训练班毕业典礼，从陕北公学、女子大学等抽调的 70 余位学员经过一个半月的训练班学习，成为新文字推广普及的骨干分子。会议临近结束时，有人联名提出一个临时动议，请求大会决定本日（11 月 7 日）为“中国新文字节”，该提案立即得到全场一致通过。

这里所说的“新文字”，是指中国的拉丁化新文字。直接起因于 20 世纪 20 年代末，共产国际为了在苏联远东的 10 万华工中扫除文盲，并希望今后在条件成熟时，用拉丁化新文字代替汉字，以解决全世界劳动者的识字问题。当时在苏联的中共党员瞿秋白、吴玉章、林伯渠、萧三等人与苏联汉学家龙果夫、郭质生合作，研究并创制拉丁化新文字。1929 年，瞿秋白编写《中国拉丁式字母草案》；1930 年，出版《中国拉丁化字母》一书，引起很大反响。1931 年 5 月，苏联各民族新文字中央委员会科学会议主席团对中国拉丁化字母方案进行审定，并批准了这个方案。同年 9 月 26 日，在海参崴（今符拉迪沃斯托克）召开的中国文字拉丁化第一次代表大会上，通过《中国汉字拉丁化的原则和规则》。这个拉丁化新文字方案通过后，首先在华工中推行，许多华工通过学习，可以用新文字读书写信。

1933年，新文字方案被介绍到中国，得到蔡元培、孙科、柳亚子、沈钧儒、鲁迅等知名人士的支持，并在上海的部分工人夜校进行尝试。在中央苏区，瞿秋白、林伯渠、徐特立等也酝酿试用新文字，因战争形势发展而未果。红军长征到达陕北后，1936年，徐特立安排王志匀在保安组织不识字的红军残疾战士们先学新文字，再学汉字，效果明显，继而在中央一级机关单位办起夜校识字班，推行新文字，扫除老文盲，并逐步推广到陕甘、陕北两个省区农村。1937年3月，中央教育部颁布《关于教学新文字的意见》，指出教学新文字的对象是文盲，教学的路径“是用短时间学习新文字，然后用新文字替汉字注音和解释汉字，开辟文盲自己学习汉字的道路”。5月，延安市成立“新文字促进会”。9月，边区开展“识字运动月”。1938年4月，因抗日战勤工作紧张，陕甘宁边区新文字扫盲教育工作暂告中断。

1940年，抗日战争进入战略相持阶段后，陕甘宁边区政府制定出《消灭文盲三年计划（草案）》。根据中央指示，在陕甘宁边区再次开展新文字扫盲教育运动，并委托新文字创始人之一的吴玉章具体主持此项工作。根据该计划，1940年10月，边区政府在延安新市场开办新文字训练班。学员毕业后，分配到延安市和延安县，当年创办新文字冬学63处，实际到校人数1563人。为期近两个月的冬学结束时，边区政府教育厅召开总结会议，举办学习成绩展览会。1941年冬季，陕甘宁边区新文字冬学达到238处，学员人数5712人，其中女冬学23处，女学员621人。冬学结束后，延安市和延安县初小一年级开始进行第一学年学习新文字，第二学年学习汉字试点。

1940年11月22日，陕甘宁边区新文字协会会刊《SIN WENZ BAO》（《新文字报》）周刊创办，后来归边区政府教育厅领导。该报4开两版，初为油印，至第21期改为铅印，发行1000份，最高时达5000份，内容更为丰富，版面更加生动。改版当期发表毛泽东和朱德为推行拉丁化新文字题词。毛泽东的题词是：“切实推行，愈广愈好。”朱德的题词是：“大家适用的新文字，努力推广到全国去。”随后，新文字报社又编辑出版看图识字的《新文字课本》和《DaGia Kan》（《大家看》）辅助教材。

为了促进新文字在边区境内的推广使用，1940年12月，陕甘宁边区政府做出《关于推行新文字的决定》，用政府文件的方式规定，自1941年1月1日起，新文字跟汉字有同样的法律地位，凡是上下行公文、买卖账目、文书单据等，用新文字书写与汉字书写一样有效；政府的一切布告法令，汉字和新文字两种并用；各县给边区政府的公文，用新文字书写，一样有效。

1941年1月，陕甘宁边区政府成立“新文字工作委员会”。2月，边区政府决定，在新文字冬学的基础上，组建新文字干部学校，吴玉章任校长，景林任教务主任，主持学校日常工作。学校选址在清凉山北侧的和尚塌一带，修建20余孔窑洞。3月18日，新文字干部学校举行开学典礼。学校规模不大，有学员79人，教师14人，学制两年。

SIN WENZ BAO
21
1941.5.15.
WOMND XUA
Znmu biao
Clesh tuixing, y gung y xao!
Mao Cedung
Yngxu Bianky Gungchandang de "5·1 Gangling"!

1940年11月，陕甘宁边区新文字协会会刊《新文字报》创办发行，没有汉字，全是拼音化新文字，很革命，很前卫

1942年延安整风运动中，对新文字教育工作进行深入检查，认为尽管新文字在边区具有合法地位，与汉字具有同等的使用效力，但汉字在社会上具有绝对优势，必须克服急于在全边区普遍推广使用新文字的主观主义思想。边区政府决定，1942年缩小新文字扫盲教育试验范围，仅以延安县为中心举办新文字冬学，集中力量做进一步的深入试验。

1943年3月，《SIN WENZ BAO》停刊。4月，新文字干部学校并入延安大学。10月，边区新文字扫盲运动停顿下来，边区新文字协会停止活动。作为与民族解放运动相结合的群众性文化革命运动，陕甘宁边区拉丁化新文字扫盲，为1949年后新中国汉字简化和拼音化提供了经验范本。

参考资料

[1]《陕甘宁边区新文字协会成立大会盛况》，《新中华报》（延安），1940 年 11 月 21 日。

[2]《陕甘宁边区政府关于推行新文字的决定》（1940 年 12 月 25 日），《陕甘宁边区政府文件选编》，第 2 辑，第 540 - 541 页。北京：档案出版社，1987 年 7 月版。

[3] 吴玉章：《新文字与新文化运动》，华北大学出版社，1949 年 7 月版。

1941 年

屯垦南泥湾

1941年3月，陕北还是春寒料峭的时节。八路军一二〇师三五九旅，受命从米脂、绥德至清涧的河防前线，移师进驻南泥湾，执行陕甘宁边区南线防务，同时屯田垦荒，执行生产任务。敌人来了就去打仗，敌人不来就搞生产，用自己的双手做到生产自给，丰衣足食。部队从首长到战士，无一例外地被编入生产小组，规定生产任务，开展劳动竞赛，开荒突击，修建窑洞，创办工厂，第一年完成开荒1万多亩，蔬菜全部自给，粮食部分自给。经过几年艰苦奋斗，把一个荒芜的烂泥洼，改造成陕北的好江南。

1941年初春时节，八路军三五九旅战士受命开赴南泥湾，拓荒屯田，保卫陕甘宁边区南大门（摄影 徐肖冰）

三五九旅进驻南泥湾后，最初的岁月是极其艰苦的。“1941年春天，三五九旅每团带了一两万元的屯田费，开进了荒凉的南泥湾。自敌后转战归来，部队是贫困的，没有一点家务，屯田费不够买工具，荒山里没有房舍，缺乏蔬菜，粮食也供应不上，油盐和一切日用杂支需要完全自给。这是一笔巨大的开支，这需要自己想办法。但是部队以自己的智慧和劳力战胜了一切困难，每个有一技之长的人，都贡献出自己的力量，会种菜的种菜，会做木工的上山拉木料，会做生意的去开商店，在破庙里找到一些铁钟添置了工具，干部同战士一起到七八十里以外背米，找野菜、木耳，打野猪、野羊解决菜食。开荒播种一过，赶紧打了一些窑洞，为露宿在山林里的、住在古老的破土洞里的搞下了住处。”在近乎绝境中求生存，在满目荒芜中谋发展，这种劳动创造精神和顽强奋斗经验，证明这是一支可以创造人间奇迹的革命队伍。

南泥湾是一片荒芜之地，三五九旅干部战士到达指定地点后，召开垦荒动员大会，这是一场为生存而展开的与大自然的战斗

开荒生产遇到的第一个难题，是劳动工具缺乏，并且无处购买、无处租借，周围几十里荒无人烟。怎么办？他们没有空手等待，而是号召大家捡废铁，自己动手打铁制作锄头，从生产劳动工具开始。

先把满山的野草荆棘烧荒，草木灰烬是最好的有机肥料，再组织干部战士集体开荒，将朝阳的山坡开垦成可以耕种的田地

七一七团驻地在临镇，属于南泥湾东部地区，靠近黄河。为了解决劳动工具问题，一营一连连长刘顺清经多方打听得知，在宜川一个山沟的破庙里，有两口破钟，每口都有千斤重，可以运回来请铁匠打造劳动工具。当时宜川属于国民党占领区，与陕甘宁边区毗邻。连部开会研究部署，指导员坐镇指挥，连长亲自去找铁匠，一排排长带领两个班战士化装成农民，连夜出发，在当地山沟里找到两个农民带路。“在一个倒塌破庙的废墟堆里，费了很大的劲，把破钟挖出来了，但没有工具破开它”。老乡领着排长爬上山顶，那里有几户人家，其中有一位老人原先是石匠。排长向老人讲明缘由，请他带工具帮忙去把钟砸开。“老人很痛快地带上工具来到破庙，在他的指导下，经一晚上奋战将钟破成数十块”。为感谢老人帮忙，排长给他钱，老人坚决不收，并且还留战士们到他家住宿休息。第二天，战士们把破钟铁片运回连队。

埋锅造饭，搭草为房，三五九旅战士们用自己的双手，战胜困难，屯垦劳动

连长从金盆湾街上找来从河南逃难来的王铁匠，请他帮忙把废铁制成镢头。王铁匠如实奉告，破钟铁片属于生铁铸件，需要烧炼成熟铁，再加上钢，才能打造成开荒种地的劳动工具。于是，一排排长又带战士悄悄地渡过黄河，到山西敌占区弄来一些钢材。所有的难题都破解了，连队立即组织一个铁工组、一个木工组。铁工组由王铁匠负责，很快架起铁匠炉，日夜突击打造镢头、锄头、斧头和犁铧叶子。木工组上山砍伐结实挺直的青冈木，做成锹把、锄把和木犁等，在很短的时间里解决了劳动工具问题。

初进南泥湾，天当房，地当床，后来条件改善了，战士们自己动手修建房屋

经过一个春夏的辛勤劳动，秋天的南泥湾，粮满仓，羊满山，到处洋溢着丰收的喜悦

在极其艰苦的环境下，三五九旅干部战士掀起开荒生产热潮。当年开垦种地1.12万亩（1万亩≈666.7公顷），收获粮食1200石，蔬菜自给率78.55%；挖窑洞1000余孔，盖房子600间。第二年开荒2.6万亩，收获细粮5451石，蔬菜10万斤，养猪1819头，蔬菜全年自给。到1943年，全旅共种地10万亩，生产粮食1.2万石，粮食达到全部自给。除农业生产外，三五九旅还发展工业和副业，以及交通运输业，在绥德、三边、延安之间沿途设立10多个骡马店和商店。到1944年，全旅共种地26万亩，产粮3.7万石，除

自给外还上缴边区政府公粮 1 万石，达到耕一余一，创造了部队不吃公粮，而向政府缴粮的奇迹。

土厚根深，人气旺盛，三五九旅战士们收获的茄子又圆又大（摄影 吴印咸）

1943 年 3 月，延安文艺界劳军团 80 多人赴南泥湾劳军，萧三、艾青、田方等致慰问词。贺敬之作词，马可谱曲的歌曲《南泥湾》由此诞生。同年秋，毛泽东等中央领导视察南泥湾，充分肯定了三五九旅的屯垦成绩，为部队题词“发展经济的前锋”，并指示：困难并不是不可征服的怪物，大家动手征服它，它就低头了。大家自力更生，吃的、穿的、用的都有了。目前我们没有外援，假定将来有了外援，也还是要以自力更生为主。

瞧，这棵白菜长得比三岁的孩子还高（摄影 吴印咸）

八路军战士们在南泥湾开辟出的一片水稻田，耕种至今，已成为陕北十分罕见的风景

参考资料

[1] 继昌:《三五九旅的生产创造——部队建设展览会参观记之一》,《解放日报》(延安),1945 年 1 月 8 日。

[2] 谢松柏:《三五九旅边战斗边生产》,见中共湖南省委宣传部、湖南省延安精神研究会编《南泥湾续集》,第 70 页。长沙:湖南人民出版社,2006 年 9 月版。

共产党人的施政纲领

为了创建抗日民主示范区，陕甘宁边区实行“三三制”民主联合政府模式。共产党作为一个局部环境下的执政党，先后提出三个施政纲领，对社会公开承诺执政目标，参加竞选。

1937年11月，中共陕甘宁特区党委为了组织民主选举，在张国焘的主持下，拟定过一个《特区政府施政纲领》，共计15条，内容比较简单，带有从苏维埃民主政权向抗日民主政权过渡时期的特点。由于特区（边区）议会延期，加上形势发展变化，此纲领实际没有付诸实施。真正意义上的陕甘宁边区施政纲领，是第一届参议会召开后的事。

1939年2月，经第一届边区参议会通过的《陕甘宁边区抗战时期施政纲领》，依据民族、民权、民生的“三民主义”理论分为3章，共28条内容，在抗日锄奸，不损害边区主权的原则下，巩固扩大抗日民族统一战线，动员一切人力、物力、财力、智力，“确定私人财产所有制”，发展生产，保障民权，“健全民主集中制的政治机构，增强人民之自治能力”。边区政府施政纲领的理论前提设定为：“在国民政府和蒋委员长领导下，本着拥护团结，坚持抗战，争取最后战胜日寇的方针，本着三民主义与抗战建国纲领的原则，根据陕甘宁边区的环境与条件，特制定陕甘宁边区抗战时期施政纲领作为边区一切工作之准绳”。林伯渠所做政府工作报告对此进一步阐释为：“巩固与扩大全民族的统一团结，‘一切为着抗日民族统一战线，一切服从抗日民族统一战线’，这是我们两年来坚持长期抗战，武装动员民众力量，争取胜利的总的战略方针与中心任务。”

1941年11月，第二届一次边区参议会通过的《陕甘宁边区施政纲领》，总共21条，是由中共陕甘宁边区中央局提出，经毛泽东多次修改，中央政治局于同年4月27日讨论通过，并于5月1日对外公布，又称《五一施政纲领》。该纲领出现在皖南事变发生不久，前言中绕过国民政府和蒋介石，将边区民主政权建设的理论资源直接连接孙中山先生，字里行间隐藏着民主政治竞赛的虎虎生气。“为着进一步巩固边区，发展抗日的政治经济文化建设，以达坚持长期抗战增进人民福利之目的起见……”开门见山，立足边区，胸怀抗日大局，落脚在为人民谋福祉，源自民族、民权、民生，又高于三民主义，理直气壮，柔中有刚。“中共陕甘宁边区中央局特于边区第二届参议会举行选举之际，根据孙中山先生的三民主义、总理遗嘱及中共中央的抗日民族统一战线原则，向我边区二百万人民提出如下之施政纲领，如共产党当选为行政人员时，即将照此纲领坚决实施之。”在遵循公平、公正、公开的民主原则下，将抗日民族统一战线领导权寄寓在民主政治的合法性与话语权之中，韬光养晦，潜龙在渊，具有极大的挑战性。

第一二八期

解放

中共陕甘寧邊區中央局關於發佈新的施政綱領的決定

中華民國三十年四月三十日

陝甘寧邊區施政綱領

——中華民國三十年五月一日中共陝甘寧邊區中央局提出，中共中央政治局批准——

本期目次

中共中央机关刊物《解放》周刊第128期（1941年5月），在显著位置公开发表由边区中央局提出，经中共中央政治局批准的《陕甘宁边区施政纲领》

该纲领坚持在边区民意机构和政府管理中，实行“三三制”，即共产党员、非共产党员的“左”派进步分子、代表民族资产阶级和开明绅士的中间分子，各占三分之一，将团结边区各党各派联合抗战的政治主张制度化、规范化。“保证一切抗日人民（地主、资本家、农民、工人等）的人权、政权、财权及言论、出版、集会、结社、信仰、居住、迁徙之自由权。”“厉行廉洁政治，严惩公务人员之贪污行为，禁止任何公务人员假公济私之行为，共产党员有犯法者从重治罪。”“改进司法制度，废止肉刑，重证据不重口供。对于汉奸分子，除绝对坚决不愿改悔者外，不问其过去行为如何，一律施行宽大政策，争取感化转变，给以政治上与生活上之出路，不得加以杀害、侮辱、强迫自首或强迫其写悔过书。对于一切阴谋破坏边区的分子，例如叛徒分子反共分子等，其处置办法仿此。”对友“三三制”，对己同罪重罚，对敌以德报怨，一种革命“王道”思想跃然纸上，气贯长虹。

参考资料

[1] 林伯渠：《陕甘宁边区政府对边区第一届参议会的工作报告》（1939 年 1 月），《解放》周刊（延安），第 68 期（1939 年 4 月）。

[2]《陕甘宁边区第一届参议会对陕甘宁边区政府工作报告的决议》（1939 年 1 月），《解放》周刊（延安），第 68 期（1939 年 4 月）。

[3]《陕甘宁边区施政纲领》（1941 年 5 月），《新中华报》（延安，1941 年 5 月 1 日）。

在延安的日本工农学校

1941年5月15日下午，位于延安城北门外青年文化沟（大砭沟）的八路军大礼堂，正在隆重举行日本工农学校开学典礼。八路军总司令朱德、总政治部副主任傅钟、西北青年救国会主任冯文彬，以及陕甘宁边区政府和各界代表共2000多人参加典礼活动。该校30多名学员排着整齐的队伍，从宝塔山麓的日本工农学校住处来到会场，迎接他们的是一阵热烈的掌声。

宝塔山下，延安日本工农学校旧址

典礼上宣读了全国各抗日根据地发来的贺电、贺词。在华日人反战同盟延安支部代表发言，表示全体反战同盟的盟员要始终站在反战同盟的光荣战斗岗位上，担负起历史赋予的重任。典礼高潮是日本工农学校的全体学员列队登台，集体鞠躬后，庄严宣誓：八路军不仅仅是挽救了我们的生命，而且，又为教育我们，创立了一个特别的学校，这在世界战争史上也是绝无仅有的。在这个学校，我们要学习很多不曾学习过的东西。我们的胸中燃烧着对新生的渴望，满怀信心地去学习革命理论，彻底改造思想……

野坂参三客住延安时期，身为日本共产党领袖，化名冈野进、林哲，担任日本工农学校校长

日本工农学校，是中共领导人接受日本共产党领导人林哲的建议，于1940年10月筹备建立的。该校主要从被俘日本士兵中选拔一部分受过教育者入校学习，以培养反战同盟干部为目标，也就是为日共在中国培养革命干部。学校刚成立时只有学员11人，后来陆续增加。他们都是从华北战场送来的日本兵，尤其是“百团大战”中被俘者占多数。该校隶属于八路军总政治部，校长林哲，副校长赵安博、李初梨。办学宗旨为十字校训：和平、正义、友爱、勤劳、实践。学校实行八路军总政治部敌工部领导下的民主自治管理，设立五人理事会，及学生审查、教育、经济等委员会。学制一年，分三阶段，即资格审查（一个月）、预科教育（两个月）和本科教育。学员学习期满后，根据需要分配到前线各地，参加反战同盟领导的实际工作。

日本工农学校学员生活优越，接受学习改造

在八路军开赴抗日前线，与日军直接交锋之际，为了分化瓦解敌人，八路军就设立敌工科，专门负责处理战争俘虏问题，并逐步确定优待俘虏政策。1937年9月，中共中央发出告日本士兵宣言，将日本士兵与发动战争的日本军阀区别开来。1938年7月，八路军制定了更加完备的《关于对待日本俘虏

的命令》：严禁伤害或侮辱日本俘虏，严禁没收或损坏其私人物品；对伤病日俘应予以特别照顾和适当治疗；日俘凡欲回归日本国或回归原部队者，均给予一切可能的便利；日俘如有愿留在中国或为中国军队服务者，应给予适当工作，有愿学习者，应尽量协助其进入适当学校；凡欲与其亲友通信者，应给予便利；阵亡日军应予埋葬，并在坟前竖立石碑或木牌。

生活的优待，娱乐的丰富，共同营造了一个实紧似松，恩威并重的精神革命的环境，使得他们自觉或不自觉地都要接受人生改造。

课外娱乐时间，提倡有组织的集体游戏活动。当时的延安，唱歌、跳舞、打篮球、打排球等文体活动都很普遍，唯有日本士兵们在宝塔山下的河滩上打棒球，这是新鲜的玩意儿。通常是在吃过晚饭后，日本工农学校的学员们简单地划好场地，就兴致勃勃地玩了起来，你追我赶，不亦乐乎。渐渐地，四周围满了看热闹的人们。八路军敌工部和敌军工作干部学校的同志们近水楼台，率先得知棒球比赛的规则和要领，很快就学会了打棒球。偶尔，中共中央首长散步经过这里，驻足观战，其他观看的同志会更加呐喊助兴，球场上奔跑着的学员们也会玩得更加起劲。

1938 年以前，八路军俘虏来的日本士兵多数是负伤后被俘虏的，在缺少会说日本话干部的条件下，大部分都在经过简单的宣传教育后，根据其本人意愿，释放回去，但一般都要带些传单，作为义务宣传员。只有少数俘虏因害怕回去后受到军法处分，而留在八路军中。截至 1944 年 10 月的统计数字显示，抗战以来为共产党领导的八路军、新四军俘虏的日本官兵约 2400 人，其中经过教育被释放的约 2000 人，先后在延安日本工农学校学习的大约 400 人全部被改造成日本共产主义者同盟盟员。

这些战俘被改造成革命的战友，空前扩大了瓦解日军的力量。

1943 年以后，特别是 1944 年，日军在许多战场上屡吃败仗，国内经济衰竭，兵源危机，“被我军俘虏的日兵日渐增多，1944 年起就很少有要求释放回原部队的”。随着八路军优待俘虏政策的广泛传播，主动投降的日军逐年增多：

1940 年主动投降的人数占中共军队所收容的日军俘虏总数的 7%。

1942 年主动投降的人数占 18%。

1943 年主动投降的人数猛增至 48%。

1944 年主动投降的人数达到 86%。

这是以德报怨、善待俘虏的历史回报，也是以义对不义、以情对无情的政策善果。

参考资料

［1］王向立：《延安日本工农学校》，《八路军军政杂志》（延安），第3卷第6期（1941年6月）。

［2］［日］小林清：《在中国的土地上——一个“日本八路”的自述》，第97－98页。北京：解放军出版社，1985年8月版。

延河飞鱼游泳队

延河曾是一条水量丰沛的河流。革命队伍在延安，夏季游泳，冬季溜冰，平时的日子里早晚洗漱都在河边，还有一对对恋爱的身影，三五成群同窗好友散步的脚印……最浪漫惬意的事情，当数夏季在延河游泳、跳水，进行水球等运动了。

延河边，清凉山下，青年男女身着泳装，浸润着河水，沐浴着阳光

1941 年 7 月，夏季刚刚来临，延河的水还有些凉意，来自革命队伍里不同单位的游泳爱好者们就跃跃欲试，急不可耐地跳进延河享受那份自由凫游的感受。延河从安塞方向蜿蜒而下，沿途流经蓝家坪、大砭沟（文化沟）、杨家岭、清凉山、宝塔山、桥儿沟，经延川汇入黄河。游泳爱好者们最集中的地方主要在大砭沟和桥儿沟附近的两个延河弯道处。这里水流平缓，水面开阔，来自五湖四海的革命者们，游泳方式和技巧各有差异，为了切磋技艺，提高游泳水平，他们相约成立“飞鱼游泳队”。队员进出自由，条件不限，免费参加，大家组织起来，互相交流学习提高游泳技艺，在延安推广游泳运动。这是一个自发的松散型的群众性专项体育运动组织，得到延安体育运动委员

会主任李导的大力支持。飞鱼游泳队的组织关系归属延安体育运动委员会，具体活动经费也由延安体育运动委员会资助。

为了保持旺盛的斗志，必须锻炼强健的体魄，革命队伍素来重视体育活动，经常举办体育运动会，鼓励革命同志参加锻炼活动。文明其精神，野蛮其体魄，是青年毛泽东的主张。延安时期曾任中央办公厅主任，主持革命队伍里重大活动的李富春撰文："一个革命者不要做萎靡不振的病夫，与自满的庸人，不要做弱不禁风的无病呻吟的书生，而愿斩荆披棘地向前奔驰，则不仅要以马列主义武装头脑，而且要以钢筋铁骨武装身体！要使体力和智力的发展平衡。"继1937年延安五一运动会上成立苏区体育运动委员会后，1940年5月4日，经中共中央青年工作委员会提议，又成立延安体育运动委员会，会址设在文化沟青年体育场内。李富春担任名誉主任，李导、张远、杨烈先后担任主任。各单位俱乐部主任兼任体育会委员，作为开展体育工作的基层联络点。体育会的主要任务是，组织和推动中央、边区各机关、部队、学校、工厂、农村的群众体育运动，活跃生活，增强体质，提高生产、工作和学习效率，使体育更有效地为抗战服务。在体育运动项目的选择上，提倡因地制宜，因时制宜。游泳不仅是一种锻炼身体的运动，而且是一项危急时刻求生救人的本领。越南华侨、曾留学于日本体操学校女子部的研究生、抗战后奔赴延安担任中国女子大学体育教员的杨烈撰文："延河是天然的游泳池，而这运动的性质又非常优美，不仅可使身体健康，肌肉发达，并能使四肢五官内脏外部均衡发展，不甚剧烈，且能于险急时有用。"

游泳比赛开始，延河顿时间成了一片欢声笑语的海洋

1942 年 7 月，延安体育运动委员会为迎接“九一”扩大运动会，在原飞鱼游泳队的基础上，发起组织游泳研究班，目的是推动群众性游泳活动广泛开展，提高延安人民游泳水平，为“九一”扩大运动会设置游泳比赛项目做准备。8 月 2 日，游泳研究班在延安青年俱乐部举行游泳座谈会，发起成立“飞鱼游泳团”，推选周来为团长，团部仍然设在延安体育运动委员会。8 月 16 日，一个晴朗的星期天上午，延安飞鱼游泳团在清凉山下的延河边举行成立仪式，队员们展示多种泳姿，还有跳水和水球表演赛。

1942 年 8 月，延安自然科学院运动会设游泳比赛项目。66 岁高龄的自然科学院院长徐特立和年轻人一起参加游泳表演赛，一时传为美谈。

在随后举行的延安“九一”扩大运动会上，游泳作为正式比赛项目，分成年组、少年组、女子组进行。其中成年组比赛项目有 50 米自由式、50 米蛙式、50 米狗爬式三项，冠军分别是青年艺术剧院的周来、自然科学院的刘兆伦和鲁迅艺术文学院的柳波；少年组比赛项目有 25 米自由式、25 米蛙式，冠军分别是青年艺术剧院的史明杰、自然科学院的杨志；女子组比赛项目也是 25 米自由式、25 米蛙式，冠军分别是侨联的章鲁、某局的丁力。

攀上岸边的悬崖，纵身一跃，延河上跳水健儿的英姿，激起浪花阵阵，引来欢呼声声

延安时期，游泳竞技比赛各项成绩纪录为：

男子成人组，40 米自由式最好成绩 30 秒，40 米蛙式最好成绩 35 秒 4，

都是刘兆伦创造；40米仰泳最好成绩36秒8，陈一功创造；50米自由式最好成绩40秒4，周来创造；50米蛙式最好成绩46秒，刘兆伦创造；50米狗爬式最好成绩51秒3，柳波创造。

女子成人组，25米自由式最好成绩25秒2，章鲁创造；25米蛙式最好成绩26秒2，丁力创造。

少年组，40米自由式最好成绩38秒，40米狗爬式最好成绩41秒2，皆为于龙灿创造；40米蛙式最好成绩35秒，40米仰泳最好成绩50秒，皆为杨志创造；25米自由式最好成绩22秒，史明杰创造；25米蛙式最好成绩25秒，杨志创造。

参考资料

[1] 李富春：《开展体育运动》，《新华日报》（重庆），1942年9月9日。

[2] 杨烈：《谈谈女同志的体育运动》，《解放日报》（延安），1942年9月19日。

[3] 陕甘宁边区体育史编审委员会编：《陕甘宁边区体育史》，第200－205页。西安：陕西人民出版社，1990年版。

延安高等院校大调整

延安整风运动前及期间，延安的高等院校经历过两次大规模调整，由原先30余所合并成3－5所，教育思想方针和教学体制方式都发生重大变革。

1941年8月28日，《解放日报》公布，中共中央决定将陕北公学、中国女子大学、泽东青年干部学校合并成立延安大学，校址设在女大原址。9月5日，延安大学刊登招生启事。9月19日，延大中学部开始上课。9月22日，延安大学举行开学典礼。新任校长吴玉章发表讲话，认为延安大学成立是教育史上的重大转变，是中共中央以及边区政府在延安推行新的教育的初步成果。“在我们革命的地方，过去因为前方需要，六个星期就训练完毕，只学会一般革命的基本原理，近两年还是如此，还是很空虚。主观主义、教条主义做不好事情，不能使我们活泼地运用马列主义。目前我们要应付这个革命的时代，教学方法就感到不够。我党实行整顿学校，变成正规，纠正不切实习惯。今后要培养能做事的了解中国国情的青年，大家要努力学习科学和外国语。”

20世纪40年代，位于杨家岭与蓝家坪之间的延安大学校址

此次延安高校合并，客观原因是皖南事变发生后，陕甘宁边区受到国民党军队的经济封锁和政治封锁，发生了严重的经济困难，爱国青年不再能够自由奔赴延安，造成延安高校生源不足。为了集中有限的人力物力更好地办学，1941 年 7 月 2 日，改革中央组织机构与筹备总供给委员会会议上，张闻天提出高校合并方针，由凯丰等 7 位同志组成学校合编委员会，负责拟订新的教育计划及筹备合编事宜。7 月 13 日，中央政治局会议上，讨论“同意任弼时同志提议关于陕公、女大、青干校等学校合并的理由与原则”，决定将陕公、女大、青干校、鲁艺、自然科学院五所学校合并，成立陕北联合大学，以凯丰为主任，负责拟订联大教育计划及筹备合编事宜。8 月 27 日，中央政治局会议讨论中央机关组织机构及编制问题，通过的方案改变为，将陕公、女大、青干校三所学校合并，成立延安大学。毛泽东讲话认为，“延安的学校是一种概论学校，缺乏实际政策的教育。过去我们只教理论，没有教会如何运用理论，就像只教斧头本身，而没有教会如何使用斧头去做桌子”。会议同意毛泽东的提议，彻底打破目前党内教学方法与思想方法上的主观主义与形式主义，决定由张闻天等组成委员会，研究改造学习的办法，并起草有关决定。

1941 年 12 月 17 日，中央政治局会议讨论通过《中共中央关于延安干部学校的决定》，接受毛泽东对延安学校教育的批评，认为“目前延安干部学校的基本缺点，在于理论与实际、所学与所用的脱节，存在着主观主义与教条主义的严重毛病”。改进的办法是，“应在学校内养成学生自由思想、实事求是、埋头苦干、遵守纪律、主动自治、团结互助的学风，而坚决反对主观主义、宗派主义、教条主义、好高骛远、武断盲从、夸夸其谈、自以为是及粗枝大叶、不求甚解的恶习”。这个决定在观念上试图围绕毛泽东的意见进行教育改革，但是其行文风格带有明显的张闻天的儒雅特征。

1942 年 1 月 13 日，《解放日报》发表社论《教育上的革命》，进一步阐发这个决定关于延安干部学校教育改革的精神。

延安整风运动中，各干部学校都集中揭露批判过去学校教育中指导思想和实际工作中存在的主观主义、教条主义倾向，普遍开展办学方向大讨论。1943 年 3 月 16 日，中共中央西北局根据中央精兵简政的精神，由西北局常务会议讨论决定，将鲁迅艺术文学院、自然科学院、民族学院、新文字干部学校并入延安大学。5 月 15 日，正式公布五所学校合并方案。合并后的延安大学校址设在桥儿沟原鲁艺校址，校长仍由吴玉章担任，周扬任副校长，宋侃夫任秘书长。在校学生 1600 余人，专业设置由原来的三院三系和中学部，即社会科学院、法学院、教育学院，俄文系、英文系、体育系，调整为四院一部，即鲁迅文艺学院、自然科学院、社会科学院、民族学院和中学部，同时在社会科学院附设新文字系。

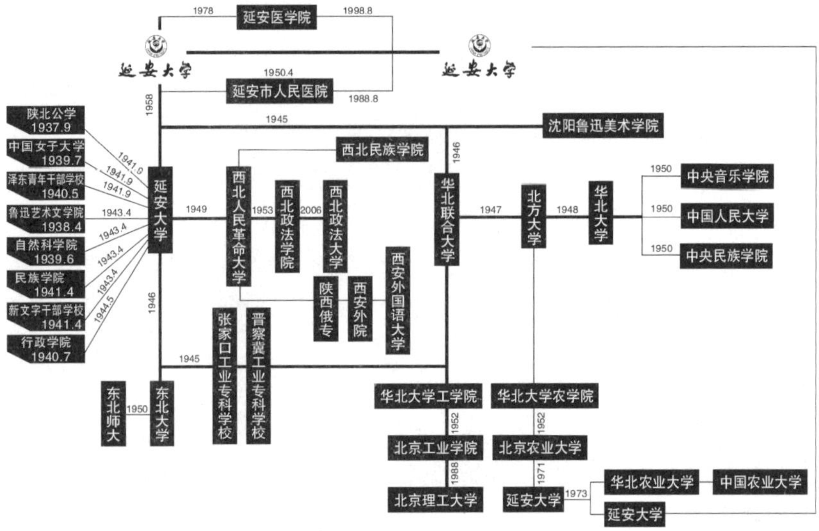

延安大学历史沿革图

1944 年 4 月，西北局常委会决定，将行政学院并入延安大学，任命周扬为校长，王子宜为副校长。《解放日报》发表社论称之“为边区专门教育改革之重要措施，将打破中国历来大学教育之成规，彻底克服过去教育存在之教条主义与形式主义”。

截至 1944 年 6 月，延安大学有教职员工 575 人，学生 1302 人，成为设有文、理、工、农、医、师范、艺术等 11 个系近 20 个专业的综合性大学。

参考资料

[1]《中共中央关于延安干部学校的决定》（1941 年 12 月 17 日），见中央档案馆编《中共中央文件选集（1941－1942）》，第 13 册，第 257－261 页。北京：中共中央党校出版社，1991 年 6 月版。

[2]《改进边区专门教育，延大行政学院合并》，《解放日报》（延安），1944 年 4 月 23 日。

[3]《延安大学史》，第 52－79 页。北京：人民出版社，2008 年 10 月版。

范文澜窑洞著述中国史

1941年9月，延安新华书店正式出版《中国通史简编》，标明“上册”，内容时限为远古至五代十国，署名为中国历史研究会编，谢华、佟冬、尹达、叶蠖生、金灿然、唐国庆等参与编写，主编范文澜。

此书出版后，毛泽东非常高兴。据范文澜向中国历史研究室的同志们转达毛泽东的意见：“认为我们党在延安又做了一件大事。说我们共产党人对于自己国家几千年的历史，不仅有我们的看法，而且写出了一部系统的完整的中国通史。这表明我们中国共产党对于自己国家几千年的历史有了发言权，也拿出了科学的著作了。”并且，毛泽东还特意请范文澜吃了一顿饭。同样是领导的关心，如果说张闻天所给予的是同志间的温暖，那么，毛泽东所给予的则是社会斗争的理论逻辑利器。借此利器，范文澜剖析、整理了中国社会几千年的历史，高度认真地得出了合乎现实斗争需要的历史结论。

范文澜在延安窑洞写作《中国通史简编》，这是完成党交给他的任务，也是他自己精神情怀的寄托，个人学术理想的实现

紧接着，1942 年 12 月延安新华书店又出版了《中国通史简编》中册，内容时限为北宋至清中叶。原来计划中的下册，更名为《中国近代史》（上、下编），上编是旧民主主义革命时期，下编是新民主主义革命时期。但最终只完成上编第一分册，即上册部分。

在撰写《中国通史简编》期间，1940 年 8 月，范文澜还应邀在艾思奇主持的延安“新哲学学会”年会上分几次宣讲中国经学发展史问题，毛泽东曾到场听讲。范文澜事先将提纲送呈毛泽东审阅，很快就收到回信：“提纲读了，十分高兴，倘能写出来，必有大益，因为用马克思主义清算经学这是头一次，因为目前大地主大资产阶级复古反动十分猖獗，目前思想斗争的第一任务就是反对这种反动。你的历史学工作继续下去，对这一斗争必有大的影响。第三次讲演因病没有听到，不知对康梁章胡的错误一面有所批判否？不知涉及廖平、吴虞、叶德辉等人否？越对这些近人有所批判，越能在学术界发生影响。”后来，范文澜将这份提纲认真整理，写成《中国经学史的演变》，连续发表在延安《中国文化》杂志第 2 卷第 2 期（1940 年 10 月）、第 3 期（1940 年 11 月）。这个“所谓新哲学是指辩证唯物论，它是无产阶级的世界观”，用无产阶级的世界观来清算过去的历史，将封建帝王“经学”置换为无产阶级“史学”，是谓新民主主义的文化革命。

参与《中国通史简编》编写工作的另外一位当事人晚年介绍：“据我所知，范文澜同志编写《中国通史简编》，完全是以一个普通共产党员的身份接受党分配的工作，而不是以专家身份搞什么‘名山事业’。”这样的学术研究，是在既定的理论大前提与预定的思想结论之间，做具体材料的裒辑、梳理、取舍、印证工作，它拒绝任何思想理论上的原创性，与其说是学术研究，毋宁说是技术工作。

该书出版后，延安《解放日报》组织大批整版文章进行介绍和评论。其中金灿然的文章介绍：“首先，通史简编的写作，贯穿着一定的观点、一定的方法论。这观点、这方法论便是为马克思所发明、应用，又为其优秀的继承人所发展了的唯物史观。第二，社会发展有一定的规律，从低级的原始共产社会，经过奴隶社会、封建社会、资本主义社会，达到将来的共产主义社会。第三，自原始社会崩溃以后到未来的共产主义社会之前，一切人类的历史都是阶级斗争（加上一定条件下与阶级斗争结合着的民族斗争）的历史。将第一个要点用之于中国历史的研究，那首先要求我们研究各时代的生产力与生产关系……将第二个要点用之于中国历史的研究，那便要在中国历史上找出适应于共产主义社会以前的各个社会历史阶段……从而证明，中国历史的发展有它的一般性（当然也有它的特殊性），打破一切民粹的国情论者的谬误观点。”

所以，范文澜的历史著述，其理论起点也就是其思想终点。从起点到终点，在漫长的逻辑论证过程中，范文澜和他的合作者们，完成了从一个新知识分子到延安文人的角色转变。1947 年后，范文澜一生多次对这部中国通史进行修改、调整、充实，捍卫自己的学术观点，坚定无产阶级革命的精神意志。

范文澜（1893 — 1969），是延安时期的中国马克思主义历史学家。他为人谦恭，为学霸气。他著述历史的逻辑起点，就是他现实人生的叛逆起点。1940 年 1 月，47 岁的范文澜经中共中央中原局书记刘少奇的亲自安排，从时在河南确山县竹沟镇的中共鄂豫边区党委机关、中原局及新四军八团留守处所在地出发，经过一个月左右的长途跋涉，来到中共中央所在地陕北延安。范文澜清瘦稍高的身材，温和的面孔上戴着一副深度近视眼镜，话语中带着相当浓厚的绍兴口音，兴奋地出现在位于蓝家坪的马列学院窑洞里，专心著述用无产阶级革命观点写作的中国通史。

参考资料

[1]《毛泽东致范文澜信》（1940 年 9 月 5 日），《毛泽东书信选集》，第 163 页。北京：人民出版社，1983 年 12 月版。

[2] 金灿然：《〈中国通史简编〉是怎样写成的》，《解放日报》（延安），1941 年 12 月 13 日、14 日。

[3] 荣孟源：《范文澜在延安》，见《延安中央研究院回忆录》，第 181 页。北京：中国社会科学出版社，湖南人民出版社，1984 年 7 月版。

延安塑造的鲁迅形象

鲁迅生前没有到过延安，但是，把鲁迅塑造成伟大的文学家、思想家和革命家的光辉形象，却是延安革命队伍完成的。引为知己，谥为英雄，擎为旗帜，奉若神灵，是延安塑造鲁迅形象的阶段性特征。

1936 年 4 月，中共西北中央局机关报《斗争》第 95 期，刊出署名“×× ××”《致中国工农红军》的信函，并暗示这是当代中国大文豪鲁迅、茅盾所写。“英勇的红军将领们！你们的勇敢的斗争，你们的伟大胜利，是中华民族解放史上最光荣的一页！全国民众期待你们的更大胜利。全国民众正在努力奋斗，为你们的后盾，为你们的声援！你们的每一步前进将遇到热烈的拥护和欢迎！”尽管目前学术界对于此信之真伪尚存争议，但是，从刊出此信的社会效果来看，无疑可以发挥极大的鼓励士气、稳定军心、化解疑惑的积极作用。同年 10 月 19 日鲁迅在上海逝世，22 日，时在陕北保安（今志丹县）的中共中央总书记张闻天代表中央起草并发出《为追悼鲁迅先生告全国同胞和全世界人士书》《致许广平女士唁电》《为追悼与纪念鲁迅先生致中国国民党中央委员会与南京国民政府电》三份文稿，称鲁迅为“中国文学革命的导师”“思想界的权威”“最伟大的文学家”“献身于抗日救国的非凡领袖”“共产主义苏维埃运动之亲爱的战友”。

1937 年 10 月 19 日，毛泽东在延安陕北公学举办的鲁迅逝世周年纪念大会上发表演讲，称“孔夫子是封建社会的圣人，鲁迅则是现代中国的圣人”。其政治远见、斗争精神和牺牲精神，形成一种“伟大的鲁迅精神”。“我们纪念他，不仅因为他的文章写得好，是一个伟大的文学家，而且因为他是一个民族的解放的急先锋，给革命以伟大的助力。他并不是共产党组织中的一人，然而他的思想、行动、著作，都是马克思主义的。他是党外的布尔什维克。”这个讲话给予鲁迅很高评价，但不是文学意义上的，而是革命意义上的，并且是无产阶级政党领导的革命斗争意义上的。

1940 年 1 月，毛泽东在陕甘宁边区文协第一次代表大会上演讲《新民主主义的政治与新民主主义的文化》（即《新民主主义论》），对鲁迅做出进一步评价：“在‘五四’以后，中国产生了完全崭新的文化生力军，这就是中国共产党领导的共产主义的文化思想，即共产主义的宇宙观和社会革命论……鲁迅，就是这个文化新军的最伟大和最英勇的旗手。鲁迅是中国文化革命的主将，他不但是伟大的文学家，而且是伟大的思想家和革命家……鲁迅的方向就是中华民族新文化运动的方向。”

如果说张闻天看重的是鲁迅作为文学家、思想家的地位，那么，毛泽东所强调的却是鲁迅作为思想家、革命家的地位。随着毛泽东在中共党内政治地位的不断提高，鲁迅作为思想家、革命家的地位，越来越成为一种政治结论。

延安十年间，每年 10 月 19 日，革命队伍里都会通过不同的方式表达对鲁迅的纪念之意。但是，整风运动之前文化团体纪念活动较多，整风运动之后逐渐减少。1940 年 7 月，曾经与鲁迅在上海有过直接交往，自称“鲁门弟子”的萧军再次来到延安，成为“文抗”（“陕甘宁边区文艺界抗战联合会”）驻会作家。在他的积极努力和具体操办下，延安鲁迅研究、纪念、出版等活动达到高峰。

延安革命队伍里，对于鲁迅研究工作用心最多、用工最勤者，是以“鲁门弟子”自称的萧军。1941 年 9 月，萧军（右一）邀请张仃（左一）为延安鲁迅研究会即将举办的纪念鲁迅逝世五周年活动创作巨幅鲁迅先生画像。中立者为陈布文，张仃怀里抱的是他们的孩子乔乔

1941 年 1 月 15 日，延安鲁迅研究会在文化俱乐部成立，萧军报告了该会

的筹备经过、成立目的和工作计划。成立会上，选举艾思奇、萧军、周文三人组成干事会。推举艾思奇、萧军、周文、周扬、范文澜、丁玲等10人组成编辑出版委员会，决定编辑出版《鲁迅研究丛刊》，每年出版一册；计划设立“鲁迅文学奖金”，以及制作鲁迅大型画像，雕塑鲁迅塑像等具体事项。同年9月25日，《鲁迅研究丛刊》第1辑正式出版。

1942年5月11日，鲁迅基金管理委员会得到陕甘宁边区政府文化工作委员会拨付的资金5000元，并以此为担保，向边区银行贷款。同时公告：凡延安文艺界因疾病、结婚、分娩等需款者，均可提出申请。但是，每个月以5人为限，每人资助金额150—200元。

参考资料

[1] 毛泽东：《论鲁迅》，《毛泽东文集》，第2卷，第42－44页。北京：人民出版社，1993年12月版。

[2] 潘磊著：《“鲁迅”在延安》。桂林：广西师范大学出版社，2008年8月版。

李鼎铭提案精兵简政

1941 年 11 月 6 日至 21 日，陕甘宁边区第二届参议会在延安城南门外新落成的边区参议会大礼堂召开，会期 16 天。出席会议的参议员总数 219 人，其中正式参议员 201 人，候补参议员 18 人。因执行“三三制”选举政策，此次参议员具有比较广泛的社会代表性。

这是延安时期为人称道的一次民主大会，其中最为人称道的事，是李鼎铭提出“精兵简政”提案并被接受。

李鼎铭先生参政后，在陕甘宁边区第二届参议会上提出“精兵简政”的提案，得到共产党中央的采纳，并当选为陕甘宁边区政府副主席。这是李鼎铭（左）与边区政府主席林伯渠（右）的合影

据曾经参加会议的当事人回忆，李鼎铭在会上刚提出这个提案时，没有人说他提得对。会议讨论时，甚至有人质疑：“正值抗日救国紧急关头，敌人

以大量兵力向我们进攻，还要提出精兵简政，简直是自己束手待擒……”渐渐地，有人怀疑他提出这个提案的动机。会间休息时，人们突然用陌生的眼光打量着这个单薄矮小的老人。饭桌上本来是活泼争论的场所，但是李先生坐的这张饭桌却无人吭声……

事态的转机，是在毛泽东翻阅参议会收到的各项提案时，发现了编号为第 81 案的李鼎铭等 11 人提交的关于《政府应彻底计划经济，实行精兵简政主义，避免入不敷出、经济紊乱之现象案》。这为一个时期以来日趋严重的边区财政经济危机思考出路，为中央政治局会议连续讨论下一年财政经济计划，准备开源节流、缩减机关工作人员，提供了一个闪光的亮点和有力的支持。毛泽东认为：“这个办法很好，恰恰是改进我们机关主义、官僚主义、形式主义的对症药。”11 月 18 日，在毛泽东的支持下，边区参议会讨论并通过了关于精兵简政的决议。出席大会的参议员 209 名，表决时以 165 票的绝对多数通过，决议交政府速办。为此，毛泽东还专门拜访李鼎铭先生，进一步征求他对政府工作的意见。这样就完全改变了李鼎铭在边区参议会上的处境。11 月 20 日大会选举边区政府领导，林伯渠连任主席，又推举李鼎铭为政府副主席。鉴于一人不能兼任边区参议会副议长和边区政府副主席两职的规定，根据其本人辞去参议会副议长职务的意愿，李鼎铭以非党员身份担任边区政府副主席。

陕甘宁边区参议会大礼堂，被誉为“边区民主政治的殿堂”

选举边区政府委员会委员时，18 名政府委员中有共产党员 7 名，超过“三三制”的规则，徐特立马上请求“退出”，得到大会同意，按得票多少依次由非共产党员人士白文焕递补。曾经在南京中山陵前自刎以明抗日之志的爱国将领续范亭先生含着泪说：“只有共产党，才真正实行了三民主义。”79岁高龄的非共产党员参议员李丹生称颂共产党此举“诚能感人”，希望共产党“说到做到，以信义昭示天下，则天下都是你们的”。

会议听取并审议政府工作报告，讨论通过《陕甘宁边区施政纲领》（即《五一施政纲领》）和《保障人权财权条例》《行政督察专员公署组织暂行条例》《边区参议会会议规程》等9个单行法规。接收各类提案400余件，经分类合并审理，通过正式提案112件，确定今后大政方针。会议还改选了边区参议会和边区政府领导机构，高岗连任议长，谢觉哉、李鼎铭当选为副议长，林伯渠连任边区政府主席。会议最后通过了大会宣言和《致国民政府林主席蒋委员长电》《致中共中央委员会电》等通电。

陕甘宁边区第二届参议会中，很多参议员都是社会贤达，他们积极参政议政，和共产党精诚合作，团结抗日

《解放日报》连续发表社论，字里行间充满着革命理想主义激情和喜悦色彩：“让全世界都知道吧，让每一个人知道我们多年来为民主自由而斗争的艰辛，也分担（享）我们现在看到民主胜利的喜悦。我们看到，经过整整一百年的民主运动，中国终于跨上新民主主义的道路。我们看到，全国人民渴望着的民主政治，毕竟在适宜于它生长的土壤上，结出灿烂的果实。”这个堪称百年民主政治的果实，就成熟在延安举行的这一次边区参议会。

参考资料

[1] 海燕:《开幕式——边区参议会剪影之一》,《解放日报》(延安),1941 年 11 月 8 日。

[2]《庆祝边区参议会开幕》,《解放日报》(延安),1941 年 11 月 11 日社论。

[3]《李鼎铭文集·纪念·传略》,第 222 页。北京:中共中央党校出版社,1991 年 9 月版。

1942 年

延安农村工作调查团

1942 年 1 月 26 日，张闻天率领延安农村工作调查团从延安出发，赴陕北、晋西地区，对农村工作进行为期一年多的调查研究，至 1943 年 3 月 3 日回到延安。

调查团一行 10 人。时任中共中央政治局委员、中共中央书记处书记，兼任中央宣传部部长、中央研究院院长的张闻天，化名张晋西，担任团长。成员包括中央书记处的刘英，中央党务研究室的雍文涛、薛光军，中央政治研究室的曾彦修，中央财经委员会的尚明、徐羽，中央研究院的许大远、薛一平、马洪。加上一个班的警卫武装，形成一支特殊的农村调查队伍。

该调查团缘起于 1941 年 9 月中央政治局会议开始党内高层整风运动（史称第一次“九月会议”），清算第二次国内革命战争时期的政治路线和思想路线问题。张闻天在会上诚恳接受对自己的批评，主动承认错误后，“为了不阻碍毛主席整风方针的贯彻，同时为了使自己多多少少同实际接触一番，所以决心出发，考察一时期”。当时，“以为我好好地做调查研究工作，实际接触群众，也就等于整风了”。张闻天和调查团成员身着普通八路军衣装，和蔼可亲，深入各阶层农户、基层干部和地主、商人家庭，亲自翻阅并核算几十年的地租、高利贷和商业往来原始账簿，经常在田间地头、夜间炕头和农民们促膝交谈。虽然语言沟通困难，很多时候需要当地干部翻译，但是老乡们都乐意将心里话向他们倾吐。

张闻天主张把开调查会、个别谈话和实地调查相结合。开调查会不拘形式，生动随和；个别谈话，谈笑风生。他经常到账房、祠堂、墓地实地考察账簿、契约、家谱和碑文等，以弥补开调查会、个别谈话的不足，核准核全材料。他特别强调材料的准确性、真实性。在调查过程中，他总是一丝不苟地记录下每一个有用的数字和事例，事后及时整理，发现了问题，再到群众中调查。

调查过程中，张闻天反复强调，调查前应弄清调查的目的，以及要调查什么事情、解决什么问题。当选定调查对象后，要充分了解调查对象所处的环境，对调查对象要掌握阶级之间、个人之间、大姓与小姓之间、老户与外来户之间的心理差异和思想活动，给各种各样的人讲话的机会，避免偏听偏信。同时，他还十分注意与当地党、政、军、民领导机关取得联系，倾听他们的意见，得到他们的支持和帮助。在调查中发现同多数群众有切身利害关系的问题，主动找当地党、政、军、民领导机关帮助解决，深得群众的信任和爱戴。

遵义会议后，张闻天接替博古担任中共中央总书记，他作风民主，为人谦和，曾被毛泽东戏称为“明君”

在兴县调查期间，由于日军三路围攻晋绥首府，调查团随晋绥后方机关转移到黄河对岸的一个小村。张闻天利用 1942 年 7 月 1 日举行纪念建党 21 周年的机会，向调查团和晋绥后方机关的干部宣讲毛泽东对取得中国革命胜利的正确领导作用。这天夜晚，皓月当空，凉风轻拂，70 余人围坐在打麦场上，张闻天足足讲了两个小时。他从 1921 年建党讲起，叙述了党 21 年里的胜利和挫折，着重分析了陈独秀投降主义、立三路线、张国焘路线以及他自己所犯“左”倾错误的根源和危害。通过回顾和总结党的历史，张闻天向全体干部反复阐述：中国革命一次又一次证明，有了毛泽东同志的正确领导，中国革命的力量就会逐渐壮大，革命就会转危为安，革命就会克服艰难险阻走向胜利。如果没有毛泽东的正确领导，即不听从毛泽东同志的领导，或反对毛泽东同志的领导，中国革命就会遭受挫折，就会从胜利走向困难，就会转胜为败。他还多次强调，今后的中国革命，有了毛泽东同志的正确领导，不管遇到多大困难，中国革命最后一定能够取得胜利。因为毛泽东是我党久经考验的马克思主义者，是中国革命的舵手。

张闻天还为晋绥边区高级干部做了一次关于经济政策问题的报告，系统地论述了大力发展农业生产、手工业生产，活跃商品流通，恢复正常的借贷关系，鼓励地主经济转向工商业，在掌握政策上强调团结中农等问题。

调查团足迹踏遍了陕北的神府、绥德、米脂和晋西北的兴县等地，对几十个乡村做了详细的田野调查和社会研究，形成完整的调查材料有：《贺家川八个自然村的调查》（1943 年 10 月由中共中央西北局调查研究室编印为《陕甘宁边区神府县直属乡八个自然村的调查》）、《兴县十四个自然村的土地研究》《杨家沟地主调查》（1957 年由三联书店出版，更名为《米脂杨家沟调查》）、《碧村调查》《米脂刘家峁、高庙山调查》等。

1942年1月，张闻天率领农村调查团赴陕北和晋西北做深入的田野调查工作。图为调查团成员在陕北神府彩林村谷子地边。左起为雍文涛、曾彦修、尚明、刘英、马洪、张闻天、薛光军、许大远、徐羽

调查期间，张闻天还写了许多笔记和文章，其中《发展新式资本主义》一文，深入探讨了在革命根据地落后的农村地区，发展生产力的必要性和重要性，主张在共产党领导的新民主主义政权下，应当积极利用和鼓励新式资本主义，以促进抗日根据地农业生产力和农村经济得到较快的发展。

1943年3月27日，张闻天回到延安后20余天，向中央政治局提交调查报告《出发归来记》，从理论和实际的结合上，全面而又深刻地总结了农村调查工作的经验和体会。“接触实际，联系群众，这是一个共产党员的终身事业”。

参考资料

[1]《张闻天晋陕调查文集》，北京：中共党史出版社，1994年6月版。

[2] 张培森主编：《张闻天年谱》，下卷，第665－698页。北京：中共党史出版社，2000年8月版。

延安整风运动

1942 年 4 月 3 日，中共中央宣传部发出《关于在延安讨论中央决定及毛泽东同志整顿三风报告的决定》（即第一个“四三决定”），对开展整风运动的目的、要求、方法和步骤做出明确规定，从此，正式开始了以反对主观主义以整顿学风、反对宗派主义以整顿党风、反对党八股以整顿文风为中心内容的全党整风运动。

全党普遍开展的延安整风运动，是以学习整风文件、交流讨论心得体会，然后对照检查自己的言行为开端的

延安整风运动分为三个阶段进行：

1941 年 5 月至 1942 年 2 月，为准备阶段，主要是党内高级干部整风学习阶段。1941 年 5 月，毛泽东在延安高级干部会议上做报告《改造我们的学习》，阐述马列主义同中国革命实践相结合的原则，批判主观主义的恶劣作风，号召全党注意调查研究，树立理论联系实际的马克思主义作风。同年 7 月和 8 月，中共中央先后做出《关于增强党性的决定》和《关于调查研究的决定》，号召全党开展调查研究，坚持实事求是的原则，从思想、政治、组织

上克服各种不良倾向的影响。9 月 10 日至 10 月 22 日，中共中央政治局扩大会议清算第二次国内革命战争时期的政治路线问题（即第一次“九月会议”），毛泽东做了反对主观主义和宗派主义的报告，会议经过认真讨论，加深了对土地革命战争后期“左”倾冒险主义错误的认识。9 月 26 日，中央决定成立中央学习研究组，毛泽东任组长，王稼祥任副组长，组织在延安的高级干部学习马克思列宁主义理论。

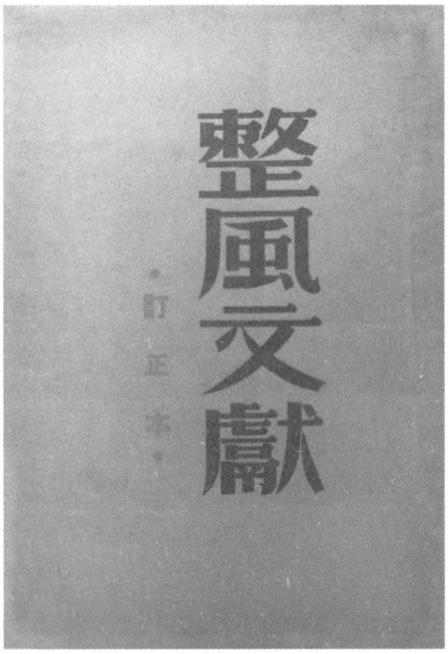

整风学习文件共有 22 个，汇编成册，由解放社出版为《整风文献》，在其他各抗日根据地和解放区广为流传

中央印刷厂印制《整风文献》封面的书名木刻雕版

1942 年 2 月至 1943 年 10 月，为全党普遍整风阶段，着重解决广大党员干部思想作风问题。1942 年 2 月 1 日，毛泽东在中央党校开学典礼上做了《整顿党的作风》的报告，提出要整顿党风、整顿学风、整顿文风。2 月 8 日，在延安干部会上，毛泽东又做了《反对党八股》的报告。这两个报告全面地阐明了整风运动的任务和方针。4 月 3 日，中宣部的整风工作决定，具体部署全党开展整风运动，并规定每个党员必须学习的 18 个文件（后增加为 22 个）。5 月，中央政治局决定成立中央总学习委员会，领导全党整风运动。毛泽东任主任，康生任副主任，成员有毛泽东、凯丰、康生、李富春、陈云。下设中央直属机关学习委员会、军委直属系统学习委员会、陕甘宁边区系统学习委员会、文委系统学习委员会、中央党校系统学习委员会。5 月 2 日、16 日、23 日，党在延安召开文艺座谈会，毛泽东阐明革命文艺为人民群众服务的根本方向，文艺界也开始进行整风学习。1943 年 3 月 20 日，中央政治局会

议通过《中共中央关于中央机构调整及精减的决定》，决定毛泽东任中央政治局主席；毛泽东、刘少奇、任弼时组成中央书记处，毛泽东为中央书记处主席，在组织程序上明确了毛泽东的领袖地位。会议还决定，刘少奇任中央书记处书记、中央军委副主席和新成立的中央组织委员会书记。4 月 3 日，中共中央发出《关于继续开展整风运动的决定》（即第二个“四三决定”），延长整风学习时间，强调整风的主要斗争目标，是纠正干部中的非无产阶级思想，包括封建阶级思想、资产阶级思想、小资产阶级思想，肃清党内暗藏的反革命分子。

1943 年 10 月至 1945 年 4 月，为总结历史经验阶段。随着运动的深入开展，1943 年 9 月 7 日至 1944 年 2 月 24 日，中央政治局扩大会议（即第二次“九月会议”）召开，高级干部重新学习党的历史问题，主要围绕被称为“党书”的《六大以来》《六大以前》《两条路线》等党史文件汇编，展开热烈的学习讨论，统一对六大以来党的历史上路线是非问题的思想认识。1944 年 4 月，毛泽东在延安高级干部会上做了《学习和时局》的报告，对在整风学习中提出的一些重大问题做出分析和解答。1945 年 4 月 20 日，党的六届七中全会讨论并通过了《关于若干历史问题的决议》，对党内若干重大历史问题做出正式结论，标志着延安整风运动的胜利结束。

康生所做报告《抢救失足者》，编印成册，对于整风运动演变成抢救运动起到推波助澜的作用

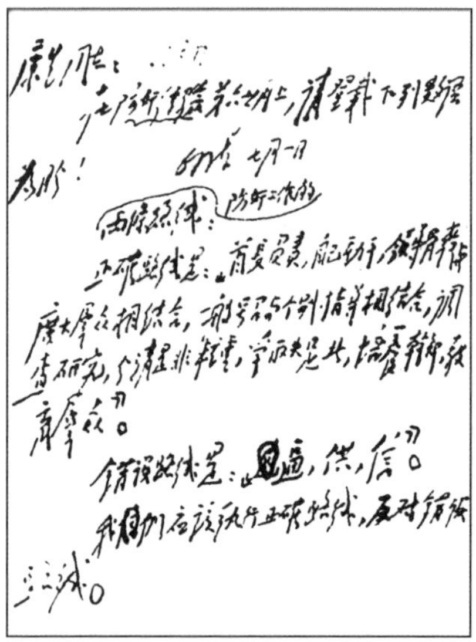

毛泽东对审干工作批示，要求一个不杀，大部分不抓，重在思想改造，人生重塑

整风运动的方针，是“惩前毖后，治病救人”，采取的方法是“团结，批评，再团结”，认真严肃地开展批评与自我批评，对犯错误的同志不着重追究个人责任，而着重分析其犯错误的环境和原因，以达到“既要弄清思想，又要团结同志”这两个目的。

延安整风期间，曾一度出现“抢救失足者运动”的错误。1943 年 7 月，时任中央总学习委员会副主任、中央社会部部长的康生，在延安干部会上做《抢救失足者》动员报告，掀起了“抢救失足者运动”，大搞“逼、供、信”的过火斗争，造成了一大批冤假错案。1944 年春节后，有关领导部门开始对错案进行甄别平反，并对受到冤屈的人员赔礼道歉。

延安整风运动是党的建设史上的一个伟大创举，对于提高革命队伍的执行力和战斗力，形成令行禁止、步调一致的严明纪律，具有无与伦比的积极作用。

参考资料

[1] 解放社编：《整风文献》（订正本）。新华书店，1949 年 6 月初版。

[2] 中共中央宣传部：《关于在延安讨论中央决定及毛泽东同志整顿三风报告的决定》（1942 年 4 月 3 日），《中共中央文件选集》，第 13 册，第 363－367 页。北京：中共中央党校出版社，1991 年 6 月版。

[3]《中共中央关于继续开展整风运动的决定》（1943 年 4 月 3 日），《中共中央文件选集》，第 14 册，第 28－33 页。北京：中共中央党校出版社，1992 年 3 月版。

农民劳动英雄吴满有

吴满有被评为陕甘宁边区特等劳动英雄，世世代代“下苦活”的庄稼人脸上绽放着自豪的笑容，代表着劳动光荣的时代精神

1942年4月30日，延安《解放日报》开创了中国新闻史上一个先例，在头版头条发表文章，报道一个农民在土地上的大有作为。他就是吴满有，是种庄稼的好手，积极开荒，深耕勤耘，多养牲畜，肥多粮多；也是模范公民，自己多缴公粮公草，帮助难民开荒生产；自己属于抗属，却谢绝公家对他的优待，反而为乡里其他抗属代耕代种。他是乡邻们公认的劳动英雄。同时，报纸头版配发社论《边区农民向吴满有看齐》，指出吴满有从前是一个非常穷苦的佃农，后在延安建立起自己的家业，生活逐渐富裕起来。除了革命让他取得土地，边区农业政策给他发展的机会，还有一个更重要的条件是他从事农业生产的积极性，借以号召全边区农民们：“在这春雨既下，各种困难已经解决的时候，抓紧时机，努力开荒，努力生产，向吴满有看齐！我们更希望各县、区、乡政府负责同志把吴满有的例子告诉全边区每一个农民，我们期望在今年春耕运动中有成百成千的吴满有涌现出来！”当天报纸二版报道《模范英雄吴满有是怎样发现的》，介绍吴满有的生活经历，纵深挖掘典型人物历史内涵。昔日的苦难，今天的温饱，吴满有感喟：“我是从革命里爬起来的，我忘不了革命的好处。”

这样大篇幅地集中报道一位普通农民，引起了中央领导层的关注。毛泽东专门约请《解放日报》记者莫艾到自己住处进行了近四个小时谈话，指出只有自力更生，发展生产，保障供给，才能冲破国民党的经济、政治、军事封锁，坚持抗战到最后的胜利，这是宣传吴满有的战略意义之所在。

随后，陕甘宁边区政府办公厅、边区政府建设厅、延安县政府纷纷授予其奖状和奖品。5月1日，又在延安县柳林区二乡南庄召开群众大会，正式宣布吴满有为边区模范劳动英雄、模范抗属、模范公民，给予奖励。边区政府主席林伯渠、副主席李鼎铭通令各分区专员、县长，广为宣传，号召每个农民向吴满有学习，向吴满有看齐。抓紧雨后开荒播种的好时机，利用最近一个月的春耕时间，以全力推进春耕运动，组织开荒突击，生产竞赛，更进一步提高人民生产热忱，出现更多的“吴满有”。

古元木刻《向吴满有看齐》，生动地刻画了劳动致富的农民，财旺人旺家更旺的喜悦景象

一个典型，一面旗帜。报纸充分发挥吴满有对边区农民的典型示范引领作用，在春耕夏耘秋收冬藏各农时季节，报纸都宣传吴满有的模范带头作用。并且，凡是关于吴满有的新闻报道，几乎都是头版头条，或二版头条的显要版面，此外就是四版副刊的长篇通讯和艺术创作。

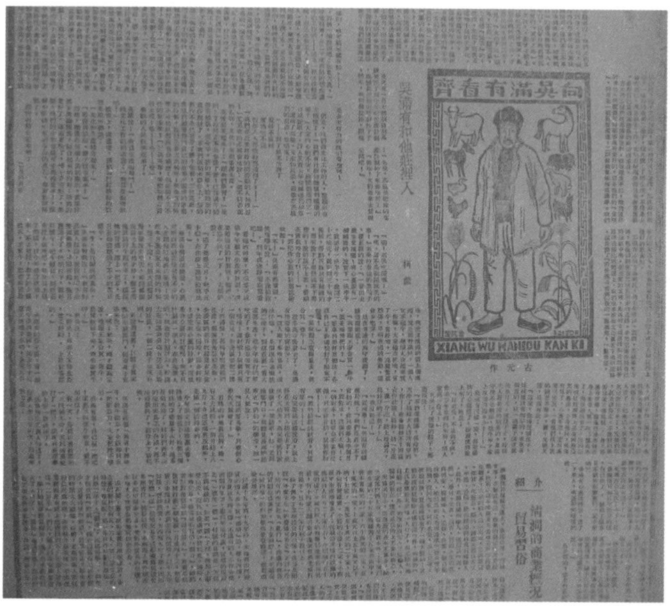

延安《解放日报》经常在显著位置发表长篇文章，配发木刻作品，宣传、介绍吴满有的先进事迹

从一个逃荒农民，到一位劳动模范，代表共产党局部执政环境下新富农政策的方向。吴满有被新闻媒体发现后，被赋予了不断丰富的政治意义和历史价值，顿时就改变了自己的人生命运。

1942 年 12 月，毛泽东在陕甘宁边区高干会议上讲话，大量援引《解放日报》关于吴满有的系列报道内容，充分肯定他由一个贫雇农发展成为一位有觉悟的边区新富裕农民的经验，高度称许他把自己的命运与共产党、八路军、边区政府的命运联系在一起。

按照这个讲话精神，1943 年 1 月 11 日，《解放日报》又一次发表社论《开展吴满有运动》，将吴满有精神概括为“肯劳动、会经营、会计划、公民模范”。明确指出：“吴满有这种响应政府号召，努力生产、周密计划的精神，是值得大家学习的。他的方向，就是今年边区全体农民的方向。”号召全边区农民都以吴满有为榜样，争做劳动好、打粮多、开荒养畜、植棉织布的劳动英雄模范。

大生产运动中，每个公家人都有劳动任务。吴满有主动要求为毛泽东代为缴纳。这是新粮刚刚打下后，吴满有赶着毛驴到延安，送来代耕粮。毛泽东留客住夜，次日送别吴满有（摄影 徐肖冰）

八路军总司令朱德（左一）来到吴家枣园，看望劳动英雄吴满有（中）

吴满有好比黄土地上一棵坚强不屈的大树，曾经饱经风雪，人过中年，枯木逢春，花团锦簇。1944 年春天，吴满有所在的延安县柳林区二乡，被冠上了吴满有的名字，成为“吴满有乡”。1945 年 4 月，又一个春天，吴满有当选为中共七大代表，作为陕甘宁边区党员代表出席会议。1946 年 4 月，吴满有又当选为延安县参议会副会长、陕甘宁边区第三届参议会延安县正式参议员，同时被推选为出席全国国民大会的陕甘宁边区十人正式代表之一。后来，由于政治形势变化，最后没有成行。

八路军三五九旅旅长王震（右）邀请吴满有（左）到南泥湾，介绍农业生产经验

解放战争中，吴满有被国民党军队俘虏，并被带到南京，在国民政府国防部举办的记者会上亮相。图为 1948 年 9 月的记者会上，吴满有（左）沉默寡言。杨经曲（右）站立讲话。该照片由秦风先生发现，但在图片说明文字中，将杨经曲误作吴满有

1947 年 3 月，国民党胡宗南部队进犯陕甘宁边区，吴满有参加解放军，并被破格任命为西北野战军二纵队民运部副部长。在部队军旅生活中，吴满有带领担架队，跟随主力部队先后参加了攻打榆林、围歼瓦子街的战斗。1948 年 4 月，西北野战军组织西府战役攻打宝鸡时，受到胡宗南和青海马继援的夹击，被动失利。吴满有被俘，不久身份暴露。国民党西安绥靖公署青训总队找来一位替身，语音接近吴满有，代替吴满有先后发表三次广播讲话，表示弃暗投明，声明脱离共产党云云。后被带到南京，由国民政府国防部政工局安排参加新闻发布会，大肆宣传。

1950 年 3 月，吴满有回到吴家枣园，郁郁而终。

参考资料

[1]《模范农村劳动英雄吴满有，连年开荒收粮特多，影响群众积极春耕》，《解放日报》（延安），1942 年 4 月 30 日。

[2]《边府号召边区农民，向吴满有看齐，政府予以奖励，各机关纷纷送礼》，《解放日报》（延安），1942 年 5 月 5 日。

延安文艺座谈会

1942 年 5 月 2 日、16 日、22 日，延安文艺座谈会分三次召开，提出问题，广泛讨论，归纳总结。这是一次名副其实的座谈会、讨论会，与会者就文艺的立场、态度、对象、材料、生活、学习等六个问题，先后 40 多人次发表意见，相互争论，畅所欲言。毛泽东做主旨讲话和最后总结，也是以平等的身份、商量探讨的语气出现的。

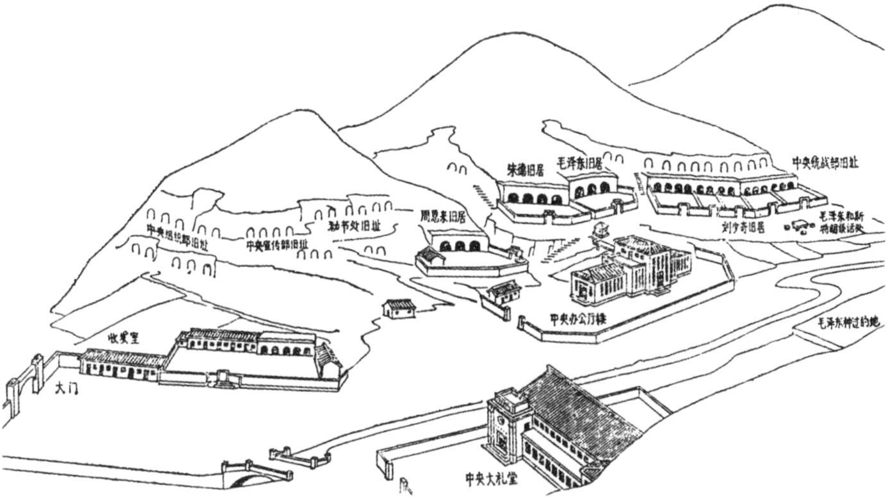

延安杨家岭革命旧址示意图，其中的中央办公厅楼，就是延安文艺座谈会旧址

5 月 2 日下午，在杨家岭中央办公厅小洋楼一楼会议室，召开第一次会议。会场没有悬挂会标横幅，主席台就是一张普通的条桌。毛泽东、朱德、凯丰坐在条桌边，会议由中宣部代理部长凯丰主持。百余位文艺工作者代表应邀出席会议，中央有关领导也参加会议。

凯丰宣布会议开始，请毛泽东发表主旨讲话。毛泽东很风趣地说："在我们为中国人民解放的斗争中，有两支军队，一支是朱（德）总司令的，一支是鲁（迅）总司令的。要取得革命的胜利，这两支队伍必须团结合作，协同作战。"后来正式发表的文本中，改为我们"有文武两个战线，这就是文化战线和军事战线”“手里拿枪的军队”和“文化的军队”。“今天邀集大家来开座谈会，目的是要和大家交换意见，研究文艺工作和一般革命工作中间的正确关系，求得革命文艺的正确发展，求得革命文艺对于其他革命工作的更好协助，借以打倒我们的民族敌人，完成民族解放任务。”开宗明义，会议形式是座谈讨论，主要内容是文艺工作与一般革命工作的关系，会议召开的目的，“就是要使文艺很好地成为整个革命机器的一个组成部分；作为团结人民，教育人民，打击敌人，消灭敌人的有力武器，帮助人民同心同德地和敌人作斗争”。为此，提出六个问题：文艺立场、文艺态度、文艺对象、文艺素材（写什么）、文艺工作（如何从生活中取得材料）、学习问题，“当作引子，希望大家在这些问题及其他有关的问题上发表意见”。

中央办公厅楼，形似一架飞机，故称飞机楼。其一层是会议室兼餐厅，是文艺座谈会的会场

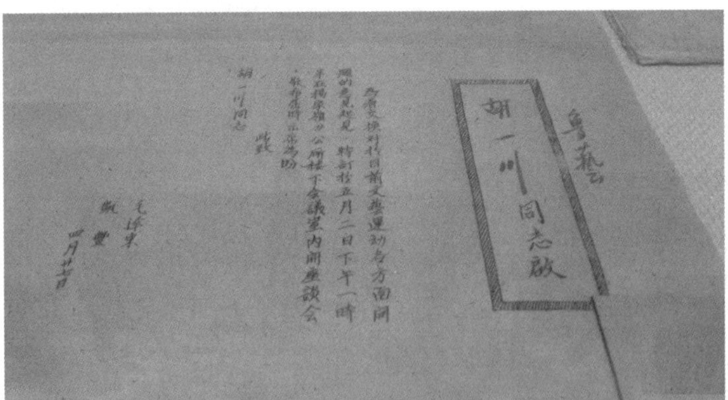

鲁艺教员胡一川收到的延安文艺座谈会邀请函

第二次会议全天讨论。有人提出文艺的基本出发点是人类之爱；有人认为人性是文艺的永恒主题；有人说还是杂文时代，需要鲁迅笔法；有人提出文艺和政治都是为人民大众谋福利，为大多数劳苦人类而奋斗，彼此殊途同归；有人说学习马列主义辩证法，老是觉得影响创作情绪……毛泽东全程参加，认真听讲并做记录，偶尔插话，没有正式讲话。

延安文艺座谈会第三次会议中间休息时，与会代表合影留念。会议分三次召开，照片上的人员并非会议全部代表（摄影 吴印咸）

延安文艺座谈会第三次会议期间，与会代表合影时，座位没有事先安排，大家随意坐。高个子的刘白羽（前排左二）身形过大，一屁股坐下去，把小马扎坐塌了，引起哄堂大笑，大家纷纷关切地张望着（摄影 郑景康）

第三次会议，下午继续讨论，临近结尾时，朱德发言。他不点名地批评萧军的观点，然后现身说法，参加革命，思想就要有转变。“岂但转变，我说就是投降。就拿我来说，也一样。我是一个从旧军人出身的人，我原来不是无产阶级，因为无产阶级代表的是真理，我就投降了无产阶级。我投降无产阶级，并不是想来当总司令。我只是替无产阶级打仗、拼命、做事。后来仗打多了，事情做久了，大家就推我做总司令。”针对歌颂与暴露的争论，他说：“共产党、八路军，就是有功有德，为什么不该歌，不该颂呢？”平时和蔼可亲的朱德，这次发言却颇有些疾言厉色。他用通俗的大白话，一语道破了文艺界整风的实质，就是要实现知识分子和文学艺术家由资产阶级或小资产阶级向无产阶级工农兵大众的根本转变。

GIEFANG RHBAO

解放日報

在延安文藝座談會上的講話

毛澤東

引言

結論

延安文艺座谈会后，毛泽东对自己的讲话并不是很满意，讲话稿根据速记整理出来后，一直放到1943年10月19日，才在《解放日报》全文发表

会议讨论到朱德讲话为止，晚饭前全体与会人员合影。晚饭后会议移至中央办公楼外边的空地上，临时支起一盏煤气灯，由毛泽东做总结发言。他谦虚地说:“我对文艺是小学生，是门外汉，向同志们学习了很多。前两次是我出题目，大家做文章。今天是考我一考，大家出题目，要我做文章。题目就叫‘结论’。”然后，他接着说:“朱总司令讲得很好，他已经做了结论。中央的意见是一致的，有些问题我再讲一点。什么是我们的中心问题呢？我们的问题基本上是一个为群众的问题和如何为群众的问题。”毛泽东把这次座谈会讨论的所有问题，归结为一个中心，就是革命文艺“为群众与如何为群众的问题”，又称“文艺是为什么人的”与“如何为法”的问题。然后，针对发言讨论中提出的各种观点，普及与提高的关系、文艺与生活的关系、文艺与政治的关系、文艺批评中的政治标准与艺术标准的问题，以及“人性论”“人类之爱”“杂文时代”“鲁迅笔法”“歌功颂德”“暴露黑暗”等，一一做出解答。最后表示，文艺界还严重地存在着三风不正的东西，同志们中间还有唯心论、洋教条、空想、空谈、轻视实践、脱离群众等缺点，需要一个切实的严肃的整风运动。延安文艺座谈会，其实就是延安文艺界参加整风运动的开始。

参考资料

[1] 毛泽东:《在延安文艺座谈会上的讲话》，《解放日报》（延安），1943 年 10 月 19 日。

[2] 何其芳:《朱总司令在延安文艺界座谈会上》，《新华日报》（渝），1946 年 11 月 30 日。

[3] 朱鸿召著:《延安日常生活中的历史：1937 – 1947》，第 115 – 116 页。桂林：广西师范大学出版社，2007 年 7 月版。

延安有个洛杉矶托儿所

1942 年 5 月，延安中央托儿所更名为“洛杉矶托儿所”，以美国西海岸一个城市的名字来冠名，让位于延河边蓝家坪半山腰的一所红色幼儿园顿时洋气起来。

延安中央托儿所，通过宋庆龄“保卫中国同盟”，获得美国洛杉矶华侨和国际友人的资助后，条件大为改善，更名为洛杉矶托儿所，以致谢意

延安中央托儿所成立于 1940 年 3 月，初建时只有 6 孔窑洞，7 个孩子。这些孩子的父母都是长征到达陕北的老红军和中央领导，因父母工作繁忙，无暇照顾自己的孩子，或寄养在老乡家，或请人代管。老乡家生活贫困，孩子们没有足够的奶吃，饥瘦如柴，有的生病，奄奄一息，有的死于意外事故。时任中央卫生处处长的傅连暲主持筹建托儿所，并从延安中央医院抽调丑子冈担任所长，招收保育员，自己动手，克服困难，在蓝家坪逐渐挖出 20 多孔窑洞，收托从零岁到上小学的儿童近百人，创建了一所完全寄宿制托儿所。

1941 年“皖南事变”发生后，由于国民党和日本侵略者的双重经济封锁，延安进入抗日战争以来最困难的时期，生活物资极其匮乏，中央托儿所也日渐维艰。这时，身居香港的宋庆龄了解到延安中央托儿所的艰苦条件，以“保卫中国同盟”的名义，及时联络远在大洋彼岸的洛杉矶爱国华侨及国际友人，组织捐助到了一批药品、玩具、食品及幼儿生活用品。这些物资辗转香港、重庆、西安，千里迢迢，几经磨难，穿越敌人无数的封锁线，运送到延安，送到了中央托儿所。在运送来的物资中，有鱼肝油、盘尼西林、代乳粉、药品、衣服、被子，还有一部分用于孩子们预防各种传染病的疫苗等，这些物资全部被用到了孩子们身上。为了感谢爱国华侨的支持，中央决定将“中央托儿所”更名为“洛杉矶托儿所”。

孩子是人类的未来，关心孩子就是关心人类的未来。共产党领导的革命队伍在最艰苦的条件下，始终不忘关心呵护下一代的健康成长。这是朱德总司令蹲下来，与孩子们亲昵地依偎在一起（摄影 郑景康）

明媚的阳光下，延安洛杉矶托儿所的孩子们在窑洞前的场地上做游戏

宋庆龄始终关注并联络援助托儿所的工作，除物资外，还有来自美国友人的救济款。所有这些援助，极大地改善了托儿所的条件，也促进了托儿所完善幼儿养育管理。托儿所贯彻“保教合一”的培养目标，认为儿童“不只是养得胖胖的就够了，并且要使得他们在智力上日渐增加，生活能力上日渐提高”。根据儿童年龄和智力、体力不同编班：5一7岁为幼稚大班，每班16人；4一5岁为幼稚二班，每班12人；3一4岁为幼儿大班，每班10人；2一3岁为幼儿二班，每班5人；2岁以下为婴儿班。该所共有保育员33人，保育员与孩子人数之比为1:3。另有行政管理和勤杂工作人员40人。保健方面分为生活管理、饮食营养、疾病预防、习惯训练和环境卫生。根据气候不同，安排孩子进行日光浴、冷水浴，以增强其体质和环境适应能力。教育内容分为幼稚教育、生活教育、卫生教育三大类。每个班级的课程内容照顾到不同阶段儿童的身心发展特点。教育原则强调热爱孩子，了解孩子的创造性，注意养成孩子的卫生习惯、劳动习惯和良好品德。托儿所有较完善的教育设备，有游戏场、动物园、小农场、课室、玩具等。托儿所还建立了良好的医药设备及严格的隔离措施，家长或其他监护人如果在特殊隔离时间来看望孩子，必须按要求穿上隔离服，戴上口罩才能进托儿所。托儿所对保育员的培训也有计划、有制度，成为当时一所设施完善、教育正规、管理严格的学前教育机构。

孩子脸上的笑容告诉人们，他们生活在集体的温暖怀抱中（摄影 徐肖冰）

每逢星期天，洛杉矶托儿所附近的山坡上都会迎来很多孩子的家长。他们把自己的孩子接出来，就在托儿所附近的山坡上陪孩子玩耍，听孩子们唱歌跳舞，其乐融融。

中国现代革命素来就是以消灭有生力量为目的，旷日持久的战争对于双方所消耗的人口资源都是巨大的。于是，尽快补充兵源，保护儿童，就显得非常重要。早在1930年12月，在江西的中央苏区就颁布了保育儿童的决定。1938年7月4日，在延安成立陕甘宁边区战时儿童保育分会，作为全国性组织的分支机构，负责收容流亡儿童，以及抗日将士子女。按总会规定，所有受收容的孩子每月发给生活津贴5元，到1939年5月增至6元。1941年1月，陕甘宁边区政府颁布新的保育儿童决定。其中明确规定："周岁以前之婴儿，无论由母亲养育或雇人养育，每儿每月均发保育费10元；周岁以后的婴儿，领取半成的伙食粮费，并发给保育费5元，不领伙食费者仍发10元。"私生子与一般婴儿享有同等待遇。每月10元的概念，除去物价上涨的因素，就账面数字而言，是八路军师长的双倍标准。这个时期，八路军津贴每月标准是：战士1.5元，排长2元，连长3元，营团长4元，师长5元，毛泽东主席和朱德总司令的津贴也是每月5元。

离开托儿所，孩子们长大些，就进入延安保育院小学。冬季晴朗的日子，在室外上课，可以享受阳光的温暖（1941年）

"儿童是民族的后代，是新中国的建设者，是我们妇女的快乐和幸福"。延安中央机关和陕甘宁边区儿童都有享受保育和免费教育的权利。抗日战争时期，在延安先后创办了蓝家坪托儿所、延安第一保育院、中央托儿所、延安第二保育院等15所幼儿保育教育机构，收养革命军人、烈士、干部子女，以及战区内的难童。其中，鲁艺托儿所也改称为“洛杉矶托儿所”，以共享优质资源。

抗日战争胜利后，国共矛盾深化，在敌我力量悬殊的情况下，中央决定暂时撤离延安。为了保证孩子们的安全，1946 年 11 月，中央安排洛杉矶托儿所和其他托儿所的孩子们提前撤离。1949 年洛杉矶托儿所进驻北京万寿寺，改名“中央军委保育院”，1955 年更名“万寿寺幼儿园”，1969 年迁到北京黄寺被命名为“总政幼儿园”。

参考资料

[1]《陕甘宁边区战时儿童保育分会一年来的工作总结和今后工作的方针》，《新中华报》（延安），1939 年 7 月 28 日。

[2]《陕甘宁边区政府关于保育儿童的决定》（1941 年 1 月 21 日公布），见《陕甘宁革命根据地史料选辑》，第 1 辑，第 80 页。兰州：甘肃人民出版社，1981 年 5 月版。

[3] 沈元晖著:《洛杉矶托儿所》，全国民主妇女联合会筹备委员会出版，新华书店发行，1949 年 3 月版。

工人劳动英雄赵占魁

1942 年 6 月，陕甘宁边区总工会生产部领导在蹲点处理边区农具厂工人狄德建领头罢工事件过程中，发现赵占魁被大多数工人称赞着。于是，他们收集整理了有关赵占魁的材料，并借鉴边区农业生产“吴满有运动”，苏联工业生产“斯坦哈诺夫运动”，初步拟定赵占魁的典型意义可以归纳为四个方面：一是他在旧社会受尽了苦，到边区后感到生活很幸福，很自由，是真正解放了。他真心实意地参加革命，为抗日战争出力。二是他认识到边区的公营工厂不是属于任何人的，而确实是工人自己的工厂，他以主人翁的劳动态度来对待自己的工作。三是他兢兢业业，不辞劳苦，不怕困难，不计劳动时间和报酬，工作极端负责，吃苦在前，不计较个人得失。四是他把工厂当作自己的家，到处注意节约原材料，节衣缩食，热心帮助别人。

陕甘宁边区工人劳动英雄赵占魁，以他的名字命名的“赵占魁运动”，掀起了公营工厂里的劳动竞赛，极大地提高了劳动生产率

材料上报后，赵占魁被中央职工运动委员会确定为先进典型，9 月 13 日、14 日，《解放日报》将其作为重点宣传对象予以报道，并配发社论。9 月 26 日他所在的边区农具厂召开隆重的表彰大会，对他进行专门的表彰和奖励。不仅有中央工委等有关部门领导参加，而且各工厂、附近乡村都派代表参加，并献锦旗或礼品，另外民众剧团、边区文协美术工作委员会等纷纷到场表演节目，气氛异常火热。随后的新闻消息稿报道，当会议主持人让赵占魁讲话时，他的声音变得颤抖起来。他说：“我是一个工人，我今天高兴得厉害。我只知道做工，我的任务，没有啥好处让大家拥护，大家对我的爱护，我感到很惭愧……”然后就再也讲不出来什

么了。

陕甘宁边区农具厂，实际上是一家兵工厂，赵占魁就是这里的工人，“赵占魁运动”也是最早从这里开始的

同年10月，边区总工会发出通知，号召全边区工厂工人学习赵占魁之勤苦劳作始终如一的精神，及其新的劳动态度，以掀起一个广泛的“赵占魁运动”。正当为克服困难、渡过难关之时，这一运动更有重要的政治意义。通知中虽然没有阐明这个政治意义的具体内涵，但特别强调：“认识这一运动不同于过去各次普遍的生产竞赛，而是一个深入的思想教育工作，借以克服少数工人中经济主义、平均主义、不安心工作等现象，以达到提高工人政治觉悟、稳定生产情绪、激发劳动热忱、增加生产质量，改造工会工作的目的。”

赵占魁（左）接受记者采访，基本上保持一位工人的朴实和精明

“赵占魁运动”就是边区工人劳动竞赛，由工人本人提出申请，大家讨论制定出个人在一定时间条件下的生产数量和质量标准，以及政治思想、生活道德等言行准则，然后在工人与工人、车间与车间、班组与班组、工厂与工厂之间展开竞赛。有挑战有应战，有民主有统一，既人人参与又集体行动，既热烈浪漫，又联系实际，不但调动了职工积极性，而且最大限度地提高了生产水平，促进了技术革新。截至 1943 年 5 月，边区各工厂无论是在生产的产量和质量提高、节约等方面，还是在工人劳动态度的改变、对工厂的认识等方面，都取得了明显的成绩。到 1944 年 3 月，边区农具厂各部每月的生产计划，有超过 100%、50%、35%、20% 等，最低的也完成了生产计划；在工作效能上，有从 70% 提高到 90% 以上的部门；在节省量上，七股与四股的燃料与开展“赵占魁运动”前相比较，每月节省达 2000 公斤，烘炉股焙制出杂铁与土铁，节省了洋铁，机工股处制油棉纱，节省了新棉纱，钳工股长范明谦改装毛机与天平，工作效能提高到 53%，工具节省了一半。并且，全厂职工自动做义务工累计达到 1928 小时以上。

D調 2/4　趙占魁運動歌

“赵占魁运动”中，延安《解放日报》刊载的《赵占魁运动歌》词谱

在边区农具厂工作4年后，1943年10月，赵占魁被调到位于安塞县茶坊镇的边区工艺实习厂（亦名陕甘宁边区机器厂），任翻砂股副股长及“赵占魁运动”委员会主任。

1949年后，赵占魁历任西北兵工部工会主席、西北军政委员会劳动部副部长、西北总工会副主席、陕西省总工会副主席。曾当选为第一、二届全国人大代表。1973年8月逝世，享年76岁。

参考资料

[1] 张铁夫，穆青：《赵占魁同志》，《解放日报》（延安），1942年9月13日、14日。

[2]《农具工厂奖励模范工人赵占魁》，《解放日报》（延安），1942年9月29日。

[3]《陕甘宁边区总工会关于开展赵占魁运动的通知》，《解放日报》（延安），1942年10月12日。

延安大生产运动

抗日战争进入相持阶段后，日本侵略军对抗日根据地的疯狂“扫荡”，以及国民党顽固派对抗日根据地的军事包围和经济封锁，使得共产党领导的延安和陕甘宁边区，以及其他抗日民主根据地的财政经济发生严重的困难。为了战胜困难，坚持抗日战争，1942 年底，中共中央提出“发展经济，保障供给”的方针，号召抗日根据地军民自力更生，克服困难，普遍开展大生产运动。

大生产运动中，延安各级各类机关学校，全员参加生产劳动，开荒种地是最基本的劳动方式（摄影 吴印咸）

从渊源上讲，延安大生产运动始于生产运动，即 1938 年陕甘宁边区留守兵团开展农副业生产、部分解决生活用品的劳动经验。由于大面积开荒种地引起水土流失严重，中间放缓或停止了开荒生产，改为发展矿业、工业、商业和运输业。1941 年经济严重困难，军队、机关、学校的自给生产又受到重视，尤其是以军队为主体的垦荒生产，成绩显著。1942 年全面整风运动掀起后，参加生产劳动可以促进广大知识分子的人生改造，更加推动了大生产运动的开展。1943 年春天至 1945 年抗战胜利，大批知识分子干部逐渐撤离延安之前，是延安大生产运动的鼎盛时期。

相对于生产运动，大生产运动的特点是全员参与，任务到人，劳动改造思想，鼓励多劳多得。

这种简易的纺车，曾经被延安革命队伍视作另一种战斗武器。人人参与生产劳动，战胜国民党的经济封锁，克服物质生活上的困难

1943 年 1 月 8 日，中央直属机关和学校经济工作会议召开，李富春做《丰衣足食，为改善物质生活而斗争》的报告，提出 1943 年生产自给的目标。中央要求各机关、学校进一步开展生产运动，当年内达到丰衣足食。在“丰衣”方面，除管理局规定的被服及用品供给标准外，各机关、学校要在自给生产中解决一双草鞋，多发一条手巾，多补充一套衬衣；办不到的，至少要补充一件背心、一条短裤，同时靠个人劳动，每人自己要织一件毛衣以至一条毛裤。在“足食”方面，主要是改善伙食，每人每月除管理局发的 1.5 斤肉外，各机关、学校自己要解决 1.5 斤肉，保证每人每天 1 斤蔬菜、6 钱至 7 钱油。还规定要增加工作人员、勤杂人员必需的学习用具，建立俱乐部。生产劳动成绩超过标准的给予表扬、奖励，达不到标准的要批评。

5 月 1 日，朱德总司令在《解放日报》上发表文章，号召建设好“革命家务”，在工业生产方面，“争取一二年内首先做到党政军学主要必需品的全部自给，并照顾将来稳健地向前发展”。对此，毛泽东风趣地说：“国民党以前不是常说我们窜回老巢吗？过去我们并没有巢。在陕北这个地方，靠着桥山山脉的确可以建立一个又深又好的‘巢’。敌人不能去，里面有工农商学，有牛羊鸡犬，有好娃娃，有生产班。这里好好计划一下，要如朱总司令所讲的好好地搞一个革命家务。”他对抗大干部学员说：“我们种田、生产粮食，是农民；做桌子、造房子，是工人；办合作社是商人；读书、研究学问，是学生；懂军事、会打仗，是军人。这就叫作农工商学兵一齐联合起来。”

多种经营大生产，生产自给是目标，方式方法不限制。延安机关所属的大车厂，承接制作和修理大车业务

在边区的大生产运动中，党中央、西北局、边区政府的领导人都以身作则，参加到生产运动中去。毛泽东、朱德除了自种菜外，毛泽东还参与中央直属机关工作人员集资，在杨家岭沟口开设一家合作社，经营日常生活用品。边区政府主席林伯渠定出个人生产节约计划，张贴在边区政府机关墙报上，接受群众监督检查。1943 年 10 月，中央直属机关和中央警卫团举行纺线比赛，周恩来、任弼时、李富春等领导都争相参加，任弼时夺得纺线第一名，周恩来被评为纺线能手。高层领导人的模范行动，极大地鼓舞了边区军民的生产热情。

延安有个乐器厂，由鲁艺音乐系老师任技术指导，生产制作小提琴、大提琴、吉他、二胡等乐器，一时传为佳话

1943 年，大生产运动取得了巨大成绩，陕甘宁边区机关和部队需细粮（小米）3900 万公斤，自己生产达 1500 万公斤。边区许多部队粮食、经费全部达到自给，实现了“自己动手、丰衣足食”的目标。陕甘宁边区已建有公

营工厂82个，合作工厂200多个，公营工业职工达万人，并能炼铁、炼油、修理机械、制造某些军火。农业得到了大发展，1943年有80%的劳动力参加了互助合作组织，粮食产量为181万石，除总消费量162万石，可余19万石；棉花生产自给率达50%。这样，经过一年的努力，党中央提出“丰衣足食”的号召基本得到实现。

大生产运动中涌现出许多先进典型，陕甘宁边区留守部队的指战员们，坚决响应党中央“屯田”号召，提出“背枪上战场，荷锄到田庄”的战斗口号，分别到南泥湾、槐树庄、张村驿、大风川、小风川、豹子湾等地军垦屯田，一面开荒生产，一面保卫边区。其中尤其是八路军三五九旅在南泥湾的生产自给搞得最好，为边区大生产运动树立了一面旗帜。

位于延安老城南门外的新市场，大生产运动后，物资充足，交易频繁，一派繁华热闹场景

陕甘宁边区大生产运动，缓解了军民供需的重大矛盾，打破了国民党顽固派对边区的封锁企图。同时，“通过参加生产，提高劳动观念，增强官兵关系、上下关系，减轻农民负担，密切军民关系，军政关系，保证我们军队永远立于不败之地”。毛泽东指出：“这是中国历史上从未有过的奇迹，这是我们不可征服的物质基础。”它不仅支持了艰苦的抗战，而且积累了经济建设的经验，培养了一批干部，使他们不仅会进行革命战争，也学会发展生产，进行经济建设，实现自我发展。

参考资料

毛泽东：《经济问题与财政问题》（1942年12月），《毛泽东选集》，第827页。哈尔滨：东北书店，1948年5月初版。

1943 年

鲁艺家的秧歌队

1943年2月4日，农历腊月三十，从下午到晚上，延安城南门外广场，人山人海，空前盛况。各界军民2万多人聚会，庆祝中美、中英订立新约，废除近代以来对华不平等条约。相互拉歌，领导讲话，群众欢呼后，锣鼓队、秧歌队、宣传队等近百个文艺团体，竞相表演，气氛热烈，广场上到处洋溢着火热的革命喜悦气氛。在人声鼎沸的歌舞海洋里，鲁迅艺术文学院派出150人组成的“鲁艺宣传队”特别出众。他们阵容强大，乐器齐备，节目也特别出彩。尤其是他们组织秧歌队，“踢场子”“推小车”“跑旱船”“挑花篮”，等等，还演出新编秧歌小剧《拥军花鼓》，让人耳目为之一新。

整风运动后，鲁艺秧歌队取代了鲁艺合唱团，成为延安文艺运动的先锋

王大化手拿一面小锣，白眼圈，白鼻子，白脸蛋，头上扎着许多朝天的小辫子，腰系一根红布条，脚穿一双带彩球的鞋子，整个一副小丑扮相。李波穿一身红花袄裤，背一只小鼓，扮成陕北村姑形象，用真声本腔的民族唱法演唱。这样土的扮相和唱腔，在鲁艺都是第一次。他们且歌且舞，一唱众和，在群众中大受欢迎。

鲁艺秧歌队演出之初，沿袭了传统民间秧歌的丑角装扮，跑旱船的男演员都化装成小白脸（摄影 徐肖冰）

经过改进后的革命秧歌，演员都化装成翻身解放的农民模样，女角很俊俏，男角很英武。鲁艺秧歌队于蓝表演挑花篮，成为延安十大美女之一（摄影 徐肖冰）

秧歌剧《兄妹开荒》开创了一种新的革命艺术形式（摄影 吴印咸）

鲁迅艺术文学院秧歌舞，是延安文艺界贯彻落实毛泽东《在延安文艺座谈会上的讲话》精神的成功实践。1942 年 5 月 30 日，延安文艺座谈会刚刚结束一个星期，毛泽东亲自来到鲁艺，在学校篮球场上对全体师生做指示："你们现在学习的地方是小鲁艺，还有一个大鲁艺。只是在小鲁艺学习是不够的，还要到大鲁艺去学习。大鲁艺就是工农兵群众的生活斗争，广大的劳动人民就是大鲁艺的老师。你们应当认真地向他们学习，改造自己的思想感情，把屁股坐到工农兵这边来，才能成为真正的革命文艺工作者。"7 月，为纪念抗战五周年，贯彻文艺座谈会精神，周扬抽调部分政治上比较可靠的师生开赴茶坊镇兵工厂开展"七月宣传"活动，为工人和附近农民巡回演出。演出的节目全是和我国抗战没有多大关系，和陕北的农村生活也毫无关联的西洋音乐和外国话剧。由于生活习惯、语言、动作以及生活内容和艺术形式都是当时当地群众所不熟悉、不了解的，所以一点儿也没有得到群众的欢迎，"去时热热闹闹，归时冷冷清清。"没有群众反响和政治影响的文艺演出，使得准备走群众道路的鲁艺师生们反省，更让周扬沉思，群众为什么不欢迎我们的演出呢？我们的演出怎么才能获得工农兵群众的喜爱和领导同志的称赞呢？

这时延安文艺界纷纷筹备开展通俗文艺活动。9 月 10 日，延安文化俱乐部在文化沟口立起"街头画报""街头诗""街头小说"三座巨型墙报。《解放日报》为此发表通讯，称其为"面向群众，面向工农兵"的"延安文艺工作的新步调”。9 月 13 日，延安剧作者协会干事会在文化俱乐部召开第二次会员大会，决定在整风运动中发动会员创作出展现战斗生活、适合工农兵观众的新剧本。

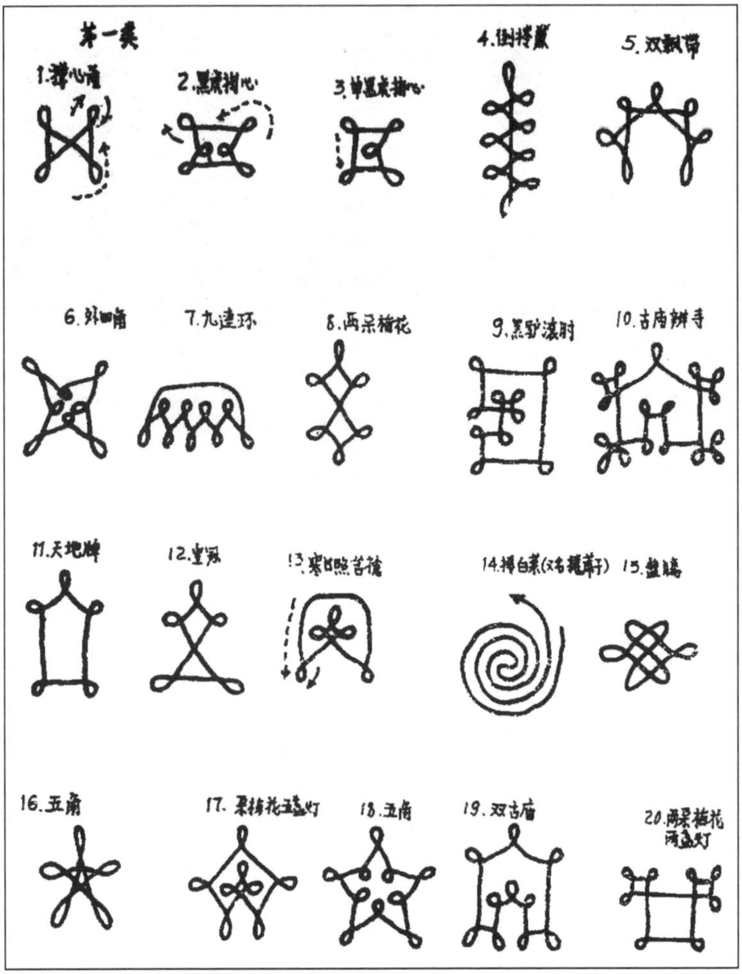

集体秧歌舞，需要舞谱，需要组织。延安革命队伍里的文艺工作者们，及时总结出完整的秧歌舞谱，指导革命秧歌运动的蓬勃健康发展

鉴于“七月宣传”的教训，周扬要求鲁艺的文艺演出，“不但要让老百姓懂得所宣传的内容，而且还要让他们爱看”。担纲演出任务的戏剧系主任张庚觉得，这真是个难题，不知道从什么地方下手。好在这时时髦的就是发动群众，于是他让全院师生想办法，找出一批课堂正规教学之外的能人。他们对民间的东西过去就比较熟悉，有的人民歌就唱得好，于是大家在一起七拼八

凑，就凑出一整套节目来，有花鼓，有小车，有旱船，有挑花篮，还有大秧歌。这样操练了一段时间，提心吊胆地先在鲁艺院内操场上预演一次，还挺红火热闹。

1943 年春节期间，各地秧歌队纷纷赶到延安，为中央机关和军队学校干部群众拜年，观众人山人海，锣鼓震天，尘土飞扬，热闹非凡

转眼间，1943 年元旦就到了，鲁艺将这支新的宣传队伍拉到桥儿沟村演了一次，让老乡们瞧瞧。没想到老乡们说，你们鲁艺“戏剧系装疯卖傻，音乐系呼爹喊妈（指西洋唱法练声），美术系不知画啥，文学系写的一满解不下”，只有这回才“一满解得下”，都能看得懂了。

这样，在 2 月 4 日下午延安南门外广场上的庆祝大会上，鲁艺宣传队着实风光了一把。回来后，周扬赶紧召集宣传队成员，总结成功经验，找出存在的问题。其中最突出的问题就是要求改变王大化的“傻丑角”扮相，认为这不符合新时代的边区农民形象。2 月 9 日，农历正月初五，鲁艺宣传队调整增加了一些节目，尤其是突击赶排出秧歌剧《兄妹开荒》，开始连续在杨家岭、文化沟、枣园等地扭秧歌拜年表演。据说，在枣园表演时，毛泽东看过后满意地说：“这还像个为工农兵服务的样子！”

有了这个最高层的肯定，各单位各部门都积极行动。到农历正月十五，全延安就有 27 支秧歌队到处走场子，锣鼓喧天，最红火的还是“鲁艺家”的秧歌队。

1943 年 3 月 25 日，《解放日报》发表社论《从春节宣传看文艺的新方向》，充分肯定了以新秧歌运动为代表的革命文艺发展方向。

参考资料

[1] 唯木:《当前的剧运方向和戏剧界的团结》,《解放日报》(延安),1942 年 5 月 19 日。

[2] 黄钢:《街头画报·诗·小说——延安文艺活跃的新步调》,《解放日报》(延安),1942 年 10 月 16 日。

[3] 李波:《往事的追忆》,见《文史资料选辑》,第 25 辑(总第 125 辑),第 81 - 82 页。北京:中国文史出版社,1991 年 8 月版。

土法上马大炼钢铁

在严密的军事封锁和经济封锁环境下，武器生产所需要的铸铁材料，只有独立自主，土法上马，开采矿石，修建高炉，冶炼生铁。1943 年 5 月，延安大砭沟炼铁厂开始创办，直属八路军总部军工局领导，赵俊任主任，沈鸿、徐驰主管工程技术，工人 100 多人。这是陕甘宁边区第一家炼铁厂。为了确保钢铁生产，部队还派出战士在周围 30 里挖掘矿石、烧制石灰，供炼铁厂使用。9 月，该厂首次炼出铁锭 100 斤，实现边区炼铁零的突破。

位于大砭沟的延安炼铁厂，自己开采铁矿石，自己修建小高炉，自己装运燃料辅料，不断探索，终于炼出可以制造枪弹的灰生铁

陕甘宁边区冶炼钢铁经历过三个阶段：

第一阶段是1941年6月，在延安十里堡筹办炼铁厂，从山西招来一些技术工人，开采铁矿石进行冶炼。由于铁矿储量小，矿层薄，含铁量低，土法冶炼所得铁锭的纯度只有10%，没有经济利用价值，成为毫无用处的铁疙瘩。这个阶段虽以失败告终，但却学会了勘探铁矿、土法找矿、起炉炼铁的基本方法，总结了铁矿开采、矿石冶炼的必要条件和程序，积累了土法炼铁的初步经验。

第二阶段是1943年9月，大砭沟炼铁厂成功炼出第一炉铁，极大地提高了边区土法炼铁的积极性。1944年6月，该厂修建边区第一座小高炉，九天出铁5000多斤，经过半年多的实验、改进和奋力苦战，逐步实现一个炉出铁600斤到1100斤的记录。这些炼铁的干部、工人，基本上都是专业军人和荣誉军人，没有炼铁经验，而且文化水平也不高。但他们勇于实践，创造了用黄泥掺木灰烤炉口的办法，使换煤的时间由半小时缩短到五分钟；还发明了用坩子泥涂补炉子裂缝，可以延长炉子使用寿命的办法。不过，这些铁都是白生铁，性质脆而硬，不能加工制造机器，只能用于制造手榴弹。

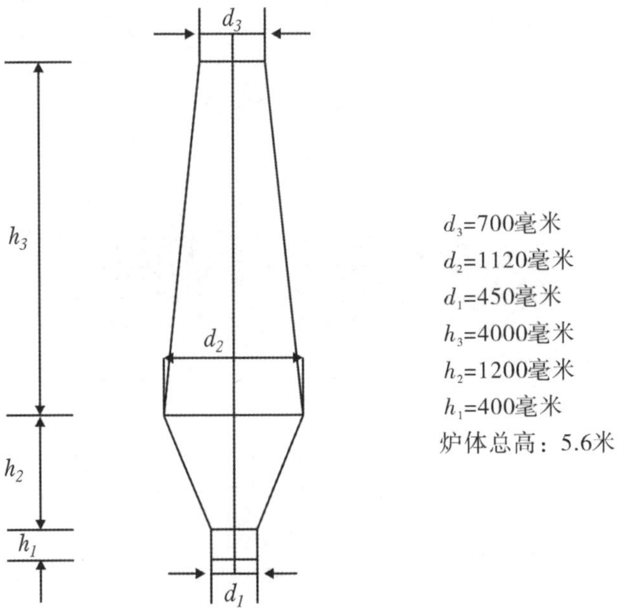

延安大砭沟炼铁厂经过多次探索改进，最后冶炼成功的小高炉图纸（示意图）

第三阶段是冶炼出灰生铁，基本达到铸造生铁标准。为了解决边区用铁需要，边区建设厅、八路军军工局、自然科学院等单位组织炼铁研究会，进行技术攻关，一方面派出地质考察团到各地调查铁矿资源，另一方面指定沈鸿、徐驰等参与炼铁设备和技术设计改造。

根据军工局要求，炼铁厂的生产规模为日产铸造生铁1吨，每年提供灰生铁200－300吨，才能满足机械制造和炮弹生产之急需的命令；考虑到炼铁所采用的蟠龙铁矿含铁品位45%的实际，以及木炭燃料燃烧快的特点，他们设计出一座高5.6米、底部直径0.4米、腰部直径4米、顶部直径0.7米，总容积为3.6立方米的小高炉。这座造型独特的小高炉，竖立在大砭沟的一个山坡上，在山坡顶上平整出一块材料场，从材料厂修建一座天桥通向炉顶，以便装料。炉身、炉腹、炉缸采用不同耐火度的耐火砖。炉体外方内圆，底部外砌青石板，内砌耐火砖；炉腹部的耐火砖层外，用钢板壳包围，喷冷却水。在炉缸的下前方，开一出铁、出渣口，其周围有四个装有冷却水套的风嘴深入炉缸。整个上部炉体外砌青砖，内砌耐火砖，总承重在一个用钢轨铆成的四柱钢结构上。炉顶设有装料台，装料口设有铸铁料钟。

陕甘宁边区农具厂也修建了一座炼铁小高炉，解决军事工业生产中的钢铁来源问题

为小高炉配套设计的设备有四个：管式热风炉，把风温提高到300～500℃；蒸气鼓风机，把一定风压和风量的热风送进高炉；深井水泵，向蒸气锅炉及高炉的冷却水系统供水；蒸气锅炉，供给全厂动力。

全套设备设计由沈鸿牵头，茶坊兵工一厂承担研制、生产和安装、调试。经过一年多的努力，第一座小高炉终于建成，不料点火生产11小时就破裂了。后来经过多次改进，把实心的炉壁改成夹层的，把坩泥制作的风嘴改成铁质的，注入冷却水，避免耐火砖过热，使炼铁炉寿命延长到186小时。热风炉最初用间接燃烧式，风温最高只有 150℃，后来改为直接燃烧式，风温可达 250℃。鼓风机开始用汽车发动机带动，风量小，效果弱。后来改用一架从敌人那里缴获的蒸汽机做动力机，才解决了鼓风机的难题。鼓风机的机械设备，是由农具二厂和茶坊兵工厂制造的。

在材料方面，同样经过多次实验，失败、改进，再实验、再失败，不断改进，最后采用的配料比是：铁矿石与白沙石和木炭之比，为 100∶6∶120。冶炼持续时间为 218 小时，大约 9 天。炼得生铁 8.06 吨，除开始时出现少量白生铁外，主要都是灰生铁，平均日产 0.89 吨，基本达到设计要求。这次实验在边区土法炼铁史上取得了突破性的成绩。

正在生产中的大砭沟炼铁小高炉，火光冲天，燃起延河边很多诗人的创作灵感

在此基础上，又经过多次试验，配料比改进为：铁矿石与白沙石和木炭之比，为 100∶8∶110，冶炼持续时间为 226 小时，大约 9.4 天，最后获得生铁 9.5 吨，平均日产 1.01 吨，都是灰生铁，达到标准铸造生铁的质量要求。

大砭沟炼铁厂的小高炉实验成功后，逐步走向正常生产，每年可以为边区提供 200 吨灰生铁。随后，陕甘宁边区又建造了甘谷峪炼铁厂、关中衣食村炼铁厂、瓦窑堡炼铁厂。

大砭沟附近有很多文化机构。造型独特的小高炉屹立在山间，伴随着轰隆隆的生产劳动声音，每当夜幕降临，炉顶还喷发出光彩夺目的气焰，成为延河岸边的一大奇观，引起诸多诗人、艺术家的创作激情。他们赋诗绘画，歌颂延安革命队伍里的科学探索精神，歌颂土法上马，自力更生，有条件要上，没有条件创造条件也要上的革命加拼命精神。

参考资料

[1] 鉴之（武衡）：《关中分区的地质及矿产》，《解放日报》（延安），1942 年 11 月 30 日。

[2] 武衡：《延安时代科技史》，第 228－239 页。北京：中国学术出版社，1988 年 6 月版。

论证确立毛泽东思想

中国共产党领导中国革命走向成熟的重要标志之一，是毛泽东思想的形成和确立。

1943 年 7 月 8 日，延安《解放日报》头版头条发表王稼祥的文章《中国共产党与中国民族解放的道路》，第一次正式公开提出“毛泽东思想”这个概念。“中国民族解放整个过程中——过去现在与未来——的正确道路就是毛泽东同志的思想，就是毛泽东同志在其著作中与实践中所指出的道路。毛泽东思想就是中国的马克思列宁主义，中国的布尔什维克主义，中国的共产主义。”

此前，张如心提出过“毛泽东主义”和“毛泽东同志的思想”等概念。张如心，广东兴宁人。1926 年 2 月赴苏联入莫斯科中山大学学习，1929 年回国，1931 年在瑞金第一次见到毛泽东，就有深刻的印象，“毛泽东对人民亲切，和蔼，诚恳，不摆架子，不耍威风，不装腔作势”“这些比起旧式的‘大人物’那‘一套’说来也许是极其平凡的，然而只有这种平凡才是真正的伟大”。在延安抗大任教期间，张如心对毛泽东的理论和实践有了更进一步的认识，开始以科学的态度认真学习和研究毛泽东的理论和策略。1941 年 3 月，张如心在《共产党人》杂志第 16 期发表《论布尔什维克的教育家》一文，首次使用“毛泽东同志的思想”，对毛泽东的理论和策略进行概括：“党教育人才，应该是忠实列宁、斯大林的思想，忠实于毛泽东同志的思想。”“毛泽东的著作是马列主义理论与中国革命实际结合典型的结晶

张如心著作《论毛泽东》封面

体。”同年4月，张如心在《解放》周刊发表文章《在毛泽东的旗帜下前进》，写道：“说到创造性马克思主义在中国问题上的发展，最主要最典型的代表，是我们党的领袖毛泽东同志。”7月，张如心调任中央研究院中国政治研究室主任后，继续深入研究并指导学员们学习毛泽东著作。12月底，张如心开始担任毛泽东的读书秘书。1942年2月8日，张如心做《怎样学习毛泽东》的报告。2月18日，张如心又在《解放日报》上第一次对“毛泽东主义”做了阐释。“毛泽东主义”概念一经提出，马上传播开来。1942年7月1日，邓拓在《晋察冀日报》上发表社论《纪念七一，全党学习掌握毛泽东主义》。但毛泽东本人并不赞同“毛泽东主义”的提法，他于1943年4月22日致信中宣部代部长凯丰，声称自己的思想还未成熟，现在还不是鼓吹的时候，“要鼓吹只宜以某些片断去鼓吹（例如整风文件中的几件）”。由于毛泽东本人的反对，“毛泽东主义”的提法没有广为流传。

1937年6月，《解放》周刊第1卷第7期刊发坦克的木刻作品《毛泽东》，这是目前所见最早的毛泽东肖像

1938年7月，《解放》周刊第45期刊发毛泽东木刻肖像，以斯诺在保安拍摄的毛泽东头像为蓝本绘制，用于文章插图

1942年2月18日、19日，《解放日报》连载张如心的文章《学习和掌握毛泽东的理论和策略》，认为思想路线、政治路线和军事路线，“这三个组成部分内在有机的统一便构成毛泽东的理论和策略的体系”，并率先提出“学习毛泽东的理论和策略” “忠实于毛泽东同志的思想”等概念，与1941年9—10月，中央政治局扩大会议上党内高层领导人对毛泽东的思想认识产生共鸣。1942年7月，朱德在《纪念党的二十一周年》一文中说：“我们党已经有了自己最英明的领袖毛泽东同志。他真正精通了马克思主义理论，并且

善于把这种理论用来指导中国革命步步走向胜利。”陈毅发表文章阐述了毛泽东对马克思主义中国化的历史贡献，认为毛泽东的正确的思想体系已经开始确立。

1943 年 3 月，延安整风运动已经取得决定性胜利，中央政治局会议推选毛泽东为中央政治局主席和中央书记处主席，关于“毛泽东思想”的理论命题，有了成熟的条件。5 月 27 日，《解放日报》发表共产国际执委会主席团提议解散共产国际的报道。针对国民党借机叫嚣“取消共产党”的舆论浪潮，7 月 6 日，刘少奇发表《清算党内的孟什维主义思想》一文，使用“毛泽东同志的思想”和“毛泽东同志的思想体系”两个概念，论述毛泽东及其思想在中国革命历史中的作用和地位。7 月 8 日，王稼祥文章正式提出“毛泽东思想”概念。7 月 13 日，博古发表文章《在毛泽东的旗帜下，为保卫中国共产党而战!》，称“中国革命的舵手——毛泽东同志，他的方向就是我们全党的方向，也是全国人民的方向，他总是在最艰难困苦之中，领导党和人民走向胜利与光明”。7 月 16 日，周恩来、林彪、邓颖超由重庆回延安，在随后的多种场合周恩来讲话表示对毛泽东心悦诚服的信赖：“我们党二十二年的历史证明：毛泽东同志的意见是贯串着整个历史时期，发展成为一条马列主义中国化，也就是中国共产主义的路线！毛泽东同志的方向，就是中国共产党的方向！毛泽东同志的路线，就是中国的布尔什维克的路线！”

1942 年延安《解放日报》刊发毛泽东木刻肖像，用于文章插图

1945 年王朝闻雕塑的毛泽东头像浮雕

1945 年 6 月，刘少奇在中共七大所做的关于修改党章的报告，对毛泽东思想做了完整的系统的阐述：“中国共产党，以马克思列宁主义的理论与中国

革命的实践之统一的思想——毛泽东思想，作为自己一切工作的指针，反对任何教条主义的或经验主义的偏向。”七大通过的党章，正式把毛泽东思想确立为党的指导思想。

参考资料

[1] 张如心：《论毛泽东》。太岳新华书店，1946 年 3 月版。

[2] 中共中央文献研究室编：《周恩来年谱（1898－1949）》（修订本），第 572－573 页。北京：中央文献出版社，1998 年 2 月版。

开荒英雄“气死牛”

李位，1920 年生，山西灵邱人，1939 年入伍。延安大生产运动中，这个二十出头的小伙子，身体结实，为人敦厚。他所在的八路军三五九旅七一八团驻守马坊，在开荒生产劳动中，硬是创造出个人和集体开荒新纪录，被称为“气死牛”。

八路军战士李位在南泥湾垦荒时期，没有留下照片，这是当时延安《解放日报》报道李位的英雄事迹时，刊发的配文素描画像

1941 年春季开荒劳动，李位个人经常保持日开荒 1.7 亩的成绩，担任班长，全班战士每人每天开荒不少于 1 亩。记者采访他的经验体会，他用山西话掷地有声地说：“要得生产好，首先自己要有好认识，其次就要气力大，才顶事；镢头最好七寸宽，三斤重，山地把儿略短，平地把儿略长；镢头直下，弯柄的好；镢头斜下，直柄的好；柄头放腿旁，镢头举到头就快，举得低就慢。要把力量用在手腕上，左右两只手能常换。”他当班长，劳动中经常帮助身边的战士挖两镢，让掉队的战友好赶上趟。晚上收工后，他督促劳累的战士们一定要用温水洗手泡脚，破了的老茧用酒消毒，以免发炎。夜宿小起，他叮嘱战士们要穿衣服出门，避免伤风感冒。他还会编筐子，会下种，在任何困难面前没有讲过怪话。当年就被推选为全营模范班长，1942 年又被推选为团里的劳动英雄。

1943 年开春，三五九旅发起大规模劳动竞赛。经过层层预赛，七一八团从每天开荒 1 亩以上纪录保持者当中，挑选出 175 名劳动能手，进行开荒决赛。李位被选上了，全班都感到光荣。他回到班里，专门挑了一把七寸口面、四斤半重的镢头，并且准备好三个镢头把子，以备断了随时换上。头天晚上，他把镢头磨了又磨，镢柄上擦层油，还到地里试了试，然后回到炕上美美地睡了一觉。

第二天，天刚蒙蒙亮，起床号吹响之前，李位就爬起来，一切准备停当。6 点未到，他就赶到比赛现场。比赛在马坊至金盆湾方向 10 里长、3 里宽的三个山头上摆开。每个选手分到一块地，用石灰划出界线，插上木标，用彩色纸条写着名字。中间的山头上设立指挥台，团长担任总指挥，下设计时员、通讯员、测量员、宣传员、救护员等，监督保障一应俱全。山头上，观战人群黑压压一片。大家群情激奋，选手摩拳擦掌。6 点整，军号吹响，一场气势磅礴，呼声震天的劳动竞赛正式开始。

刹那间，选手们挥镢生风，你追我赶，争先恐后。观战者呼声阵阵，呐喊助威。李位挥舞着硕大的镢头，刚劲有力地往前冲刺。遇到树根，他几镢头就斩断挖起，扔在一边。计时员跑前奔后，计算出李位挥动镢头的频率为每分钟 48 次……到中午时分，李位开荒面积已经达到 1. 8 亩。

他很少喝水，也不擦汗，更不休息，午饭以最快的速度扒拉下去，接着挥舞镢头，仿佛身体里有使不完的劲。

比赛不仅比开荒的数量，还有质量要求。按照李位的经验，“挖地要挖到底，不要挖半截，免得坏工具，他自己挖得快，挖得深，树根草根都挖得净净的”。他充分掌握了开荒挖地的技术要领，熟能生巧，所以也很少损坏劳动工具。

日落西山，红霞满天。选手们经过 11 个小时不间断的激烈劳动，总共开荒 306. 2 亩，平均每人 1. 75 亩，2 亩以上者 54 人，3 亩以上者 6 人。李位开荒 3. 67 亩，挖得最深，土块最均匀，荣获第一名，首创全垦区开荒最高纪录。

八路军三五九旅战士在南泥湾开荒生产，在“气死牛”精神鼓舞下，干劲倍增

比赛结果公布后，有一位老乡站在旁边，睁大眼睛惊讶地看着李位，不禁赞叹道："好家伙，一个人比两头黄牛还凶呢！两头牛一天才犁二亩多，他一天就开三亩六，这真要气死牛了。"陕北农村使用黄牛犁地，通常是两头牛并辔一起拉一架犁铧，前边有一个人牵引，后边有一个人扶把，共同进行耕作。

这话被战士们听到了，就给李位起了个绰号"气死牛"。

榜样的力量是巨大的。"气死牛"的故事在南泥湾，在陕甘宁边区很快被传颂着，后来又有了很多个"气死牛"的开荒英雄。当年年底，李位被推选为特等劳动英雄，光荣地出席了在延安召开的陕甘宁边区劳动英雄代表大会，受到毛泽东等中央领导人的接见。毛泽东风趣地说："你的功劳很大，一天开荒三亩多地，称得起劳动英雄。大家都叫你'气死牛'，我看你还是气死人，气死蒋介石。"

李位的模范事迹经新闻宣传后，其他连队战士们争相学习，不断涌现出开荒突击能手，也被称为"气死牛"的还有郝树才、赵占魁、杜林森等十几位劳动英雄。

参考资料

[1]《六位特等劳动英雄，旅部将予优厚奖励》，《解放日报》（延安），1943年4月17日。

[2]《劳动英雄模范班长李位》，《解放日报》（延安），1944年2月18日。

毛泽东视察南泥湾

1943年10月26日–30日，毛泽东与任弼时、彭德怀、林伯渠、王若飞、江青等到南泥湾视察八路军三五九旅屯垦和大生产情况。

毛泽东一行乘汽车从延安出发，进入南泥湾后边走边看，来到南泥湾管理处机关所在地阳湾村，已近中午时分。三五九旅旅长王震等指战员翘首期待着毛泽东一行的到来，想到一路颠簸，临近午时，就请主席到房子里洗洗，稍事休息就去吃饭。毛泽东风趣地说："刚刚来就开饭，可见你们粮食很多啰。"炊事班的同志们喜气洋洋，使尽平生的本事把自己生产的东西，有的烧，有的炒，有的炖，有的煎，做成各种各样的菜肴，整整摆满一大桌子。毛泽东高兴地说："这么多好吃的，我尝都尝不过来哟。"

1943年10月30日，毛泽东视察南泥湾，返回延安途中视察位于陶宝峪的八路军炮兵团。中午在团部用餐，炮兵团教导营营长宋承志用报纸将剩下的半只烧鸡包裹起来，塞进毛泽东右边的衣兜里（摄影 江青）

八路军一二〇师三五九旅自1941年3月奉命开进南泥湾，在旅长兼政委王震的率领下，披荆斩棘，开荒种地，战胜重重困难，创造出大量的物质财富，到1942年全旅生产自给达6678.6万元，占总开支的61.55%，1943年实现自给率100%，成为大生产运动中的一面先进旗帜。1942年7月，朱德陪同徐特立、谢觉哉、吴玉章、续范亭等几位老同志畅游南泥湾，并赋诗称颂。1943年10月7日至10日，朱德又陪同周恩来、刘少奇、张闻天、王稼祥、邓颖超、康克清等领导同志到南泥湾考察。毛泽东也非常关注并充分肯定南泥湾屯垦，这次拿出五天时间亲自视察南泥湾屯垦成就。

视察期间，毛泽东一行住在阳湾。在这里接见了三五九旅团级以上干部，听取关于部队布防、训练和生产情况汇报。

然后，在王震的陪同下，毛泽东等领导同志先后视察了七一八团和七一九团。在七一八团，团长陈冬光报告部队生产情况：部队刚到南泥湾，当年人均种地3亩多，今年人均种地30多亩，可以做到"耕二余一"。每个连队都养猪、养羊、养鸡、养鸭，团里还办起了纺织厂、炼铁厂、木器厂、制鞋厂、农具厂，不仅解决了吃穿问题，而且吃得好、住得好、用得好。现在已经达到两人一头猪，一人两只羊，粮食积余一年。毛泽东听了很满意，称赞道："你们的成绩很大嘛！敌人要封锁我们，我们对敌人的回答就是自己动手。用我们的双手，做到生产自给，丰衣足食。人民的军队一定要做群众的模范。我们有打仗的军队，我们有八路军、新四军，这支军队也要当两支用，一方面打仗，一方面生产。我们有了这两支军队，我们的军队有了这两套本领，再加上群众工作一项本领，那么，我们就可以克服困难，把日本帝国主义打垮。"

由于特殊的自然地理条件，南泥湾当地很多居民曾经患有柳拐病，关节病变肿大。毛泽东关切地询问战士们的生活和身体健康，有没有得柳拐病。当听到没有的回答时，毛泽东高兴而风趣地说："国民党要困死我们，饿死我们，他们越困，你们越胖，连柳拐病都消灭了！"毛泽东叮嘱干部们："战士的生产积极性越高，越要注意劳逸结合。你们当干部的，不仅要学会带兵打仗，还要学会领导搞生产。"

视察途中，毛泽东一行还随机深入到战士们新挖的窑洞、炊事班伙房、玉米地和稻田，察看战士们的生活和年成情况。在通讯连，看到一排排窑洞刷得雪白净亮，毛泽东问石灰是从哪里弄来的，王震回答说是从山里取来石头自己烧的。毛泽东又问桌子是不是自己做的，王震回答是的。顺手拿起桌子上的一个笔记本，用手摸摸，发现纸质厚而亮，毛泽东问是不是桦树皮，王震告诉主席说，战士们都叫它不花钱的油光纸！毛泽东微笑着说："你们这里什么都不花钱，靠自己的双手创造一切。"

在七一九团驻地九龙泉，毛泽东到团部参观了该团生产的各种产品展示，看到一个重约2.7斤的大土豆（山药蛋），惊讶地说："哎呀，这个山药蛋啊，长得真顽固！"毛泽东对准备粉碎国民党顽固派发动的军事进攻做了重要指示："胡宗南还在我们门口，随时准备侵犯边区。我们一面生产劳动，一面准备战斗。"在六连篮球场，战士们列队接受检阅，并把武器陈列出来。任弼时讲话，鼓励大家努力生产，加紧训练。很多战士对毛泽东等领导都不认识，等到检阅结束后，团政委曾涤宣布："刚才在这里视察的，个子最高大的那一位，就是我们伟大的领袖毛主席，毛主席啊！"大家一听，都激动得不得了，许多同志的眼泪都流了下来。

10月30日，毛泽东在返回延安途中，专程来到位于陶宝峪的八路军炮兵团视察，听取汇报，观看射击表演。午餐时，战士们拿自己喂的鸡、养的猪、种的菜，招待毛泽东一行。时任炮兵团教导营营长的宋承志，临时被分配负责视察时的保卫工作，陪同领导检阅部队。吃完午饭，还剩下半只烧鸡，宋承志念及烧鸡是稀罕物，便用报纸包了塞进毛泽东右边的衣兜里。

毛泽东视察南泥湾，极大地鼓舞了南泥湾军民的生产热情。1943年冬，三五九旅掀起更大规模的生产竞赛运动，1944年开荒种地24万亩，工农业生产都取得优异成绩，创造了部队生产自给的奇迹。

参考资料

[1] 王恩茂：《王恩茂日记——抗日战争》，下卷，第395页。北京：中央文献出版社，1995年9月版。

[2] 屈钧：《毛主席视察南泥湾》，《南泥湾的故事》，第272－282页。西安：陕西人民出版社，1978年12月版。

[3] 伍衡阳：《毛主席视察七一九团》，见《南泥湾续集》，第156－160页。长沙：湖南人民出版社，2006年9月版。

[4] 宋承志：《毛主席视察南泥湾炮兵团》，见郑鲁南主编《军中老照片——老照片背后的故事》，第5－6页。北京：解放军文艺出版社，2010年1月版。

边区第一届劳模代表大会

1943年11月26日—12月16日，陕甘宁边区第一届劳动英雄暨模范生产工作者代表大会，与第三届边区生产展览会，在延安南门外隆重举行。

1943年11月，陕甘宁边区第一届劳动英雄暨模范生产工作者代表大会在延安召开，规模空前，规格空前

这个在当时就被称颂为“在中国历史上第一次出现的劳动英雄及模范生产工作者代表大会”“在三万人空前欢欣热烈的气氛中同时揭幕。参与大会者，除200余位劳动英雄及模范生产工作者之外，有各机关、部队、学校、团体和民众，从附近30里以外的乡村，闻讯赶来的农民，亦在千人以上”。大会于下午2时开始，但12点半宝塔山下的会场上，“即林立着红缨枪，全体到会人员，均着崭新冬装，精神饱满，步伐整齐，进入会场。国旗及红色、蓝色、白色的大旗在耀眼的阳光下随风飘荡”。主席台前排放置着吴满有、申长林、黄立德、李位、冯云鹏、张振财、刘玉厚、赵占魁、郭凤英、张芝兰、贺保元等劳动英雄的大幅肖像画。下午1时许，劳动英雄们佩戴大红花，在喧天的锣鼓声中来到边区政府门前广场，观看延安大学宣传队组织的文艺演

出。《向劳动英雄看齐》《赶骡马大会》《兄妹开荒》等现实题材的新秧歌剧，有的是为这些劳动英雄们专门创作的，将会前暖场的气氛烘托得非常热烈。演出节目告一段落，劳动英雄代表们跟随在毛泽东、朱德、高岗、贺龙、林伯渠、李鼎铭的巨幅画像队伍后，踏着乐曲声和鼓声，正式进入会场，掌声如潮，欢声雷动，大家都沉浸在无比欢乐的气氛里。

会场上，林伯渠、朱德、贺龙、高岗等领导发言后，国民党前辈续范亭激动地说：“向劳动英雄代表致敬，比向老师行礼、向家长行礼都要快乐，他们才真正是人民的代表。”他追述自己抗战初期在南京中山陵前忧国自杀的沉痛事件，欣慰地说：“自从有了共产党，有了毛主席，中国就有办法了，中国就不会亡了。”他还说自己 50 岁了，第一次看见劳动者成为英雄这样的事情。

会场下，一位来自杜甫川的农民兴高采烈地称颂这些受表彰的劳动英雄们是庄稼汉中的“状元”，是“咱种地人的光荣”。

解放日報

兩大盛會隆重舉行閉幕典禮

勞動英雄光榮受獎

廿天參觀展覽會者逾五萬人

延安《解放日报》以空前的篇幅报道这次大会。这是 1943 年 12 月 19 日报道劳模表彰大会闭幕情况的版面

从事农业生产劳动的人，素来是没有社会地位的，陕北方言称其为“下苦的”，下地做苦活的。为了更有效地推动边区农业生产发展，必须改变人们对农业生产劳动的鄙弃思想，消除千百年来根深蒂固的旧观念。边区政府对大生产运动中埋头苦干，劳动成绩优秀者，授予“劳动英雄”的荣誉称号，给予很高的政治待遇，形成劳动光荣的新社会新观念。

1938 年 12 月，边区政府建设厅曾举办过劳动英雄评选活动，奖励 19 位当选的劳动英雄。1939 年 4 月，边区政府颁布《陕甘宁边区人民生产奖励条例》《陕甘宁边区督导民众生产运动奖励条例》和《机关、部队、学校人员生产运动奖励条例》，“刺激了一部分群众的生产情绪，但未进行组织生产运动”。大规模的、群众运动式的争创劳动模范，表彰劳动英雄，是从 1942 年大生产运动开始的。“1942 年生产发展，劳动英雄不断涌现，工厂中发现了赵占魁，农村中发现了吴满有，军队中发现了李位，机关中发现了黄立德，合作社中发现了刘建章。政府把他们当作了典型，在群众里宣传推广，组织群众生产运动，收到很大效果。”而延安县柳林区二乡吴家枣园村的农民劳动英雄吴满有，是这场影响深远的边区劳动英雄运动的领跑者。

在这次全边区劳动英雄代表大会上，毛泽东做报告《组织起来》。为期 20 天的会议期间，代表们交流劳动生产经验，热烈讨论毛泽东关于组织起来的号召，制定了组织起来搞互助合作的计划，并提出 1944 年进一步丰衣足食的生产任务和具体计划。大会表彰奖励了劳动模范个人和集体，通过了《陕甘宁边区第一届劳动英雄代表大会宣言》，号召全边区农民、工人、战士、机关干部、学校学生积极响应毛主席号召，进一步发展生产，充实物质力量，准备消灭日寇和对付反动派的袭击，争取对敌斗争的最后胜利。

在劳模大会召开的同时，还举办生产展览会，展出了全边区工农兵用自己的双手创造出来的劳动成果 6596 件，表现生产过程的生动照片及图表 1987 张，吸引了广大干部群众观看，也激发了劳动生产的极大热情。

参考资料

[1]《中国劳动人民空前荣典，两大盛会昨隆重开幕》，《解放日报》（延安），1943 年 11 月 27 日。

[2] 刘景范：《更加推广劳动英雄和模范工作者的运动——在边区劳动英雄和模范工作者代表大会的总结报告》（1945 年 1 月），见《抗日战争时期陕甘宁边区财政经济史料摘编》（第二编　农业），第 756 – 757 页。西安：陕西人民出版社，1981 年版。

1944年

中西医合作治瘟疫

1944年元旦刚过，抗战胜利的跫音越来越近，但延安春天的脚步却有些蹒跚沉重。因为开春以来，延安郊区和农村出现了传染病疫情。

疫情最初出现在延安东南方向的川口、柳林、金盆等地，后逐渐蔓延至河庄、丰富等地，并且病势极为猖獗。从1月到5月病死者达500人，其中约有半数为最近半月中得病死亡的，河庄区三乡新窑沟村，4月25日一天病死8人。疫情很快传到延安市区，5月初延安市死亡108人，月底“因疫病而死亡者242人，牲畜的死亡也很多，猪、马、牛、羊死去将近700头”。5个月时间里，疫情导致延安县和延安市死亡人数总计685人，一时间人心为之惶恐。

在需求与供给矛盾之间，延安革命队伍大量采集中草药，制作成药剂。这是制药厂工人们翻晒中草药原材料

经卫生部门统计显示，各地传染病疫情大致相同，发病之初多为心痛头昏，上吐下泻，短则两三小时，长则两三天就死去。死亡者大多是妇女、儿童。从延安各大医院抽调下乡参与疫情防治的西医诊断认为，病的来源主要是饮水不净，在发病区域内，很多水井旁边的水坑，猪即躺卧其中，水内杂

菌很多，加之群众日常喝水并不煮开，因之更易得病。其次因群众不常洗衣，虱子繁生，得斑疹伤寒者亦众。这个浮泛的常态卫生情况判断，没有对此次疫情做出具体的确切诊断。其救治和解决问题的办法，也就相应的是一般性的卫生防疫措施。

危难面前，中医发挥了补台作用。参与边区政府紧急疫情防治会议和防疫委员会工作的李鼎铭、毕光斗等几位著名老中医，从中医病理诊治立场出发，对疫情做出独立判断，因地、因时制宜，开出特制药方，简便而有效，作为各医疗队下乡医疗急救方法。“据医大医疗队统计，在川口区三乡未经过治疗的病人死亡率占98%（60人中仅1人未死），而经过医疗者却只死去20%，其原因尚多由于群众迷信巫神拒绝复诊，或病势稍轻时即参加劳动，复发后难以医治而来。”

延安制药厂的工人们用中草药为原料，制作中成药，补充西药不足，逐渐形成西医中药的发展道路

实际上，在医药短缺的陕北农村，维系群众生命安全的主要医疗保障是中医。当凶猛的传染病疫情发生后，中共中央卫生主管部门和陕甘宁边区政府迅速动员组织机关单位所有医疗机构参与紧急救治工作，但是，受医药条件限制，必须大量采用当地出产的中药制剂，相应地接受中医诊断理念，在群众性卫生防疫工作中实行中西医团结合作，共同对付疾病疫情，维护军民干群生命健康。

战争年代，受长期处于农村环境的制约，共产党领导的中国革命队伍，在医学观念上崇尚西医，相信西医；在医疗实践中又不得不接受中医中药，

李鼎铭参政前，是陕北一代中医名家，为毛泽东医治肩周炎这样一个偶然的机会，有力地推动了中西医合作事业的进展

并在一定程度上依赖中医中药，从而形成一种“西医为体，中医为用”的医疗体系。在陕甘宁边区局部执政环境下，共产党人面临着一个更大、更复杂的问题，是如何解决边区群众反映最强烈的“财旺人不旺”，即保障全边区150万人口的生命健康。庞大的人口医疗需求，有限的现代西医条件，执政者不得不打破条条框框，协调组织所有医疗资源，倡导中西医团结合作。1944年10月，毛泽东在陕甘宁边区文教大会上说：“陕甘宁边区现在婴儿死亡率高至60%，成人死亡率高至30‰，去年死牛7800头，死驴4000头，死羊21万只，死骡2300只，人民相当普遍地相信巫神。在这种情形下仅仅依靠少数机关部队的西医是不可能的。为机关部队服务是很重要，西医比中医是更科学，但西医如在这种情形下，不关心人民，不为边区人民训练更多的西医，不联合和帮助改造边区的一千个中医和旧式的兽医，就是实际上帮助巫神，帮助边区人畜的死亡。所以新形式与旧形式的统一战线是完全必要的，排斥、鄙弃也是错误的，我们的任务是联合一切可用的旧形式、旧人，而帮助、感化与改造他们。”

其间，毛泽东受肩周炎之困，经李鼎铭中医诊疗后痊愈，交谈中更坚定了中西医团结合作的观念。

中西医合作，是延安革命队伍长期医疗实践经验的总结概括。李鼎铭的贡献在于，他以陕甘宁边区政府副主席的尊崇身份，提高了中医学和中医师的地位，促进了中西医合作政策的提出、推行和实践。

参考资料

[1]《延安各区疫病流行，边府紧急动员防疫》，《解放日报》（延安），1944年5月12日。

[2]《边区防疫委员会集会，总结医疗队下乡工作》，《解放日报》（延安），1944年6月3日。

[3]《毛主席在边区文教大会讲演，文教统一战线方针》，《解放日报》（延安），1944年11月1日。

中外记者西北参观团

1944 年 6 月至 7 月，中外记者西北参观团访问延安，这是抗战时期中外记者对共产党领导的边区根据地仅有的一次大规模的集中采访活动。这些记者们的采访报道，从各自的观察视角比较客观地报道了共产党、抗日武装及根据地的真实情况，也从不同侧面向世界宣传了共产党的政策，为共产党赢得了更多的朋友和国际同情。

此次集中采访活动，缘起于世界反法西斯战争形势的新变化——在欧洲战场节节胜利，而中国战场国民党领导的军队在豫湘桂大溃败，共产党领导的抗日武装在敌后战场不断取得胜利。美、英等国为了最后战胜德、意、日侵略者，尽早结束战争，希望充分了解并利用中国的军力与物力。由于国民党政府对陕甘宁边区长期实行严密的军事、经济封锁，外界尤其是西方国家对共产党领导的抗日根据地的真实情况知之甚少，所以他们不断敦促蒋介石同意他们派出记者前往边区，了解真实情况。1943 年 11 月 6 日，美国记者福尔曼率先向国民党国际宣传处提出申请赴延安采访。1944 年 2 月，在重庆的美、英等国的 10 名记者联名写信给蒋介石，要求到延安和黄河以东地区参观访问，考察陕甘宁边区及敌后根据地实施各种政策的情况。迫于多方压力，1944 年 2 月 22 日，国民党中央宣传部部长梁寒操在新闻会议上宣布，蒋介石同意美、英等国记者赴延安采访。受此鼓舞，部分中国记者也趁机提出申请，最后组成中外记者西北参观团，赴陕甘宁边区参观访问。

中外记者西北参观团由 21 人组成，其中外国记者 6 人，分别是冈瑟·斯坦因（美联社、英国《曼彻斯特卫报》、美国《基督教科学箴言报》记者）、伊斯雷尔·爱泼斯坦（《纽约时报》、美国《时代》杂志记者）、哈里森·福尔曼（合众社、伦敦《泰晤士报》、纽约《先驱论坛报》记者）、莫里斯·武道（路透社、多兰多《明星》周刊记者）、科马克·夏南汉神甫（美国天主教《信号》杂志、《中国通讯》杂志记者）、普多岑科（塔斯社记者）；中国记者 9 人，分别是《中央日报》记者张文伯，中央社记者徐兆镛、杨勇（杨嘉勇），《扫荡报》记者谢爽秋，《大公报》记者孔昭恺，《时事新报》记者赵炳烺，《国民公报》编辑周本渊，《新民报》主撰赵超构，《商务日报》总编金东平；以及国民党宣传主管部门派出的官员和随从人员6人，分别为中外记者团领队、国民党外事局副局长谢宝樵，副领队、国民党新闻检查局副局长邓友德，国民党中宣部外宣处处长魏景（魏素蒙），其助手陶启湘，新闻业务处张湖生，党务处杨西昆。中国记者中包括假借记者名义，实际上属于国民党特工人员。

中共中央对这次参观团的接待工作十分重视。中央政治局会议决定由周恩来负责总体安排，中央军委秘书长杨尚昆直接领导陕甘宁边区政府交际处具体负责接待工作。接待工作的目标是“宣传出去，争取过来”。周恩来亲自召集延安党、政、军、民、学等参加接待工作的单位负责同志和干部，召开动员会，确定集体采访路线和具体细节问题。

5月17日，中外记者西北参观团离开重庆，经西安，到山西第二战区采访阎锡山，直到5月31日才从山西平渡关渡过黄河进入陕甘宁边区。6月6日，记者团到达八路军三五九旅驻地南泥湾，王震旅长接受采访。第二天，八路军总参谋长叶剑英从延安赶来，接见全体记者，并代表中共中央和中央军委表示欢迎与慰问。6月9日，中外记者西北参观团在叶剑英、王震陪同下到达延安，受到中共中央、八路军总部和陕甘宁边区政府的欢迎。参观团被安排在延安南门外新市场南边交际处30多孔新开的窑洞里，虽然条件简陋，但非常整洁、卫生，也很温馨。

毛泽东与中外记者西北参观团合影（摄影 徐肖冰）

6月10日，是中外记者团到达延安的第二天。一早，当记者们在早餐桌上发现了牛奶、面包、鸡蛋、酥油时，都觉得难以置信。经解释，他们才明白这是边区大生产运动的成就，对出发前国民党关于“延安生活艰苦，去不得”的宣传有了受骗之感。

6月12日，毛泽东在杨家岭中央大礼堂会客厅会见了记者参观团。毛泽东风趣幽默地侃侃而谈，重点谈了国共关系和中国的民主与统一问题。他说解决中国问题的根本出路在于实行民主制度，要让人民享有民主，不仅需要言论、出版、集会与结社的政治自由，而且在军事、经济、文化方面也要实行民主。爱泼斯坦在当时的笔记中写道：“我个人感觉，在延安，毛是可以接近的，并且是很简朴的。他会在遍地黄土的大街上散步，跟老百姓交谈，他不带警卫。当和包括我们在内一群人拍照时，他不站在中间，也没有人引他站在中间，他站在任何地方，有时在边上，有时站在别人身后。”毛泽东在延安给他留下的另一深刻印象是他的从容不迫和安然自得。

在延安期间，记者团参观了工厂、机关、学校、部队、保育院等地方。延安街道干净整齐，人民安居乐业、意气风发，边区政府作风民主，共产党领导人生活朴素，这些都与国统区截然不同，引起了外国记者们的极大兴趣。在延安保育院，孩子们的活泼可爱、独立自主的行为更让这些记者觉得中国的未来和希望就在这里。随行的路透社记者武道在报道中写道：“这里是一块神奇的土地，这里有一群普通而又伟大的人，他们又在潜移默化中培养出一代新人。这样的环境成长起来的新人，是任何力量都不能征服的。”

国民党官员见无法控制记者的采访活动，采访期限还远未到就匆匆决定返回重庆。7月12日，国民党官员命令记者团中的中国记者离开延安。外国记者除夏南汉神甫外，都拒绝回重庆，决定留在边区继续采访。

深入晋西北采访的外国记者爱泼斯坦（左）、武道（中）和福尔曼（右）

斯坦因对毛泽东进行过好几次单独采访，总共长达30个小时。有一次在采访的时候，毛泽东看到斯坦因写字用的小桌子不稳，就走到园子里捡来一块平底的小石头，垫在桌子脚下。斯坦因特别记录了这个细节，他采访过许多国家的政要，但像毛泽东这样礼遇他，是生平仅有一次。后来在他的著作中他对毛泽东的崇敬溢于笔端，毛泽东的个人魅力把斯坦因征服了。见多识广的福尔曼是美国著名作家和新闻记者，1944年9月中旬，他甚至亲自上战场观摩了八路军发起的汾阳战斗。在冲天的炮火中，他强烈地感受到共产党坚定不移的抗日决心。外国记者在边区期间，不仅参观了边区的政府机构，了解人民生活，还目睹了边区人民行使选举权。在最落后、最原始的环境下，人民却享有真正的民主权利，这使他们内心受到强烈的震撼，而边区从共产党到普通百姓乐观、向上的精神面貌，更让他们感觉到一个新时代即将来临。

外国记者在延安和抗日根据地的采访直到1944年10月才结束。经过几个月的访问，他们发现边区的确是一个与国统区完全不同的新天地，纷纷根据亲身经历，撰写了不少描述根据地生活和斗争的生动报道，其中代表作有福尔曼《来自红色中国的报道》、斯坦因《红色中国的挑战》，以及爱泼斯坦《中国未完成的革命》。在他们笔下，一个新生的中国比较全面系统地呈现在世界读者面前。

参考资料

[1] 中共陕西省委党史研究室编：《中外记者团和美军观察组》，西安：陕西人民出版社，1995年版。

[2] 金城：《延安交际处回忆录》，第198－218页，北京：中国青年出版社，1986年10月版。

美军观察组到延安

1944 年 7 月 22 日，美军中缅印战区派赴延安观察组首批 9 名成员乘飞机进驻延安。8 月 7 日第二批成员飞抵延安。他们以美国军方观察员身份，带着挑剔的眼光来到这个共产党主政的地方。他们为自己起了一个别称叫“迪克西使团”（Dixie Mission），“迪克西”是美国内战时期叛乱的南方诸州的代称，借以表达他们对延安作为国民政府统治下一个特别行政区的惊奇。

美军观察组成员与中方工作人员一起，在延安美军观察组驻地合影。1945 年 3 月，美军中尉亨利·惠特塞在太行山地区遭日军伏击牺牲，后以他的名字命名驻地会堂

派遣这样一个军事观察组进驻延安，美国是从自己的军事战略出发，打算让自己的军队在中国登陆，分割已侵入华北与华南的日军，并制止日本从亚洲大陆掠夺粮食和原料去不断补充其军事实力。因此，美军观察组肩负着两项任务，其一是和共产党人开展合作，使得准备在中国东海岸登陆作战的美国军队，取得可靠的军事情报并建立伤员搜救机制；其二是共产党军队能够拖住日本在华的部分兵力，减轻在太平洋岛屿同美军作战的日军兵力补充来源。

对于美军观察组的到来，共产党中央极为重视。毛泽东在审阅《解放日报》社论清样时，特地在标题“欢迎美军观察组”上增加“的战友们”几个字，并对文章进行重新改写。社论称美军观察组来到延安，“是中国抗战以来最令人兴奋的一件大事”，罗斯福总统是“英明的领导者”，美军将士是中国人民“最亲密的战友”。社论火辣辣的措辞和热喷喷的语气，是比较罕见的，显示中共对开展与美军合作的热切希望。随后，中共中央发出由周恩来起草的《关于外交工作的指示》，指出“这次外国记者、美军人员来边区及敌后抗日根据地访问和考察，便是对新民主主义中国有初步认识后的实际接触的开始。因此，我们不应把他们的访问和考察当成普通行为，应当把这看作是我们在国际间统一战线的开展，是我们外交工作的开始”。

1944—1945年间，美军观察组先后派出三批军官到华北抗日根据地考察。图为约翰·高林上尉（右二）和路易斯·琼斯中尉（左二）于1944年9月4日从延安出发渡过黄河到晋察冀边区考察

观察组成员初到延安，被安排住在延安交际处招待所。不久后，陕甘宁边区和晋绥联防军司令部让出一批石窑洞，美军观察组搬迁到位于延安城里北关街凤凰山下的一个院子里。他们升起星条旗，架起天线杆，开动发动机，迅速投入通信联络和气象探测活动。中共方面不失时机地安排座谈会、交流会、报告会，介绍共产党领导的抗日根据地发展情况。美军观察组提出希望在各抗日根据地设立观察站，延安拒绝了这个请求，告诉他们安全问题无法保证，“你们要到前方了解敌后战场的实际情况，我们可以给予积极的协助”。这样，观察组成员分赴晋绥、晋察冀根据地考察，希望以此获得关于共产党及其所领导的八路军、游击队的真实情况。

美军观察组组长包瑞德（左一）被驻华美军总部授予荣誉军团勋章，褒奖他率领的美军观察组在延安的出色工作

平时大部分时间，这些来自美国的大兵们住在延安的窑洞里，享受着战争间隙的和平娱乐时光。美军观察组成员生活津贴每人每天 7 美元，即每月约 200 美元。“每天早晨，中国的勤务兵就会把每个窑洞门口的大陶瓮里装满热水。观察员们再将水舀进他们的脸盆里。”“尽管除了早上的咖啡时间外，共产党负责他们所有的起居饮食……包瑞德提出要对这些服务付费，但周恩来说共产党人把为使团提供食宿当成他们的义务。”饮酒、打猎、跳舞、看电影，是消磨业余时间的主要方式。唯一遗憾的是，观察组成员大多是身强体壮的光棍汉。有一次，瓦·格雷斯在舞会上对一位中国姑娘眉目传情，延安方面非常严肃地对待之。也是周恩来告诉包瑞德，他们反对这种调情行为，除非两个人是真心相爱。包瑞德马上警告格雷斯，如果再发生这种事情，他就得离开使团。没有证据显示这样的事情再发生过，但抱怨却是存在的。一位不愿透露姓名的观察组成员说，与重庆相比，延安简直是地狱，因为在延安没有妓女可带回他的住所。

延安《解放日报》上刊登文章以示庆贺，配发包瑞德木刻肖像

好在这些美军观察组成员不愿意坐在办公室里听取延安方面的书面汇报，而是更热衷于走出延安，深入陕甘宁边区和华北抗日前线进行实地考察。他们在写给其上司的报告中，表达了他们的真实观感："在我到过的所有共产党根据地，即使最漫不经心的人也会立即注意到，那里有一种生机勃勃的气氛和力量，一种与敌人交手的愿望。这在国民党的中国是难以见到的。……毫无疑问，目前他们是中国最现实、组织最严密、意志最坚决的组织。""我们所目睹的华北共产党得到民众支持的证据是这样广泛和明显，已经不能再认为这仅仅是为了欺骗外国来访者的一场表演。在中国近代史上，头一次有一个统治着广大地区的完全由中国人治理的政府得到民众积极支持，而且民众的参与正在不断扩大。"

美军马歇尔将军（中）到访延安，毛泽东等中共领导到机场迎接（摄影 吴印咸）

为此，他们早在抗日战争胜利之前，就判断这场战争一定是以中国胜利而告终；抗战胜利以后，中国共产党肯定会战胜国民党取得国家政权。他们建议美国政府及早调整外交政策，以应对这个历史发展新趋势。"如果承认存在国民党崩溃——主要由于它自己的不妥协态度——的可能性，我们必须考虑中国什么力量会起而代之。现在看来，最强大的力量肯定是共产党，而且在不要很长时间之后，它就会统一全中国。"

挑剔的眼光、合作的态度、公正的结论，是来到延安的美军观察组的基本特征。经得起挑剔，真诚合作，才能赢得公正，是共产党人对待美军观察组的基本态度。

抗日战争胜利后，美国总统特使赫尔利（中）来到延安，斡旋国共两党关系，毛泽东（左）到机场迎接，并同车返回美军观察组驻地

1946 年 4 月 20 日，美军驻延安观察组结束工作，主要成员转归北平军调部领导，1947 年 3 月 11 日全部撤离延安。

参考资料

[1]［美］约翰·高林著，孙振皋译：《延安精神——战时中美友好篇章》，第 6、7 页。北京：华艺出版社，1992 年 9 月版。

[2]《欢迎美军观察组的战友们!》，《解放日报》（延安）社论，1944 年 8 月 15 日。

[3]［美］卡萝尔·卡特著：《延安使命：1944 — 1947 美军观察组延安 963 天》，第 53 — 62 页，第 290 页。北京：世界知识出版社，2004 年 8 月版。

“为人民服务”的由来

1944 年 9 月 5 日，中共中央机关和中央警备团抽调部分人员组成的烧炭队，正在安塞山区的石峡峪突击挖炭窑，准备烧炭。秋日晴朗，大家干得热火朝天。据张思德当时的同班战友狄福才晚年回忆：“窑越挖越深了，但里面一直不能直起腰来。张思德钻在里面，猫着腰，累得满头大汗。留在外面清土的小白一再要求他出来休息一会，他都不答应，直到里面能容纳下两个人，张思德才同意小白下去。快到中午时分，炭窑将要挖成的时候，突然，窑顶上‘啪啪’掉下几片碎土。张思德发现情况不好，大喊一声‘快出去，有危险！’没等小白领悟过来，他一把将小白推到窑口。就在这时，只听‘轰隆’一声，由于山坡土质松散，两米多厚的窑顶塌了下来。小白的生命得救了，而张思德却被埋在了里面。”

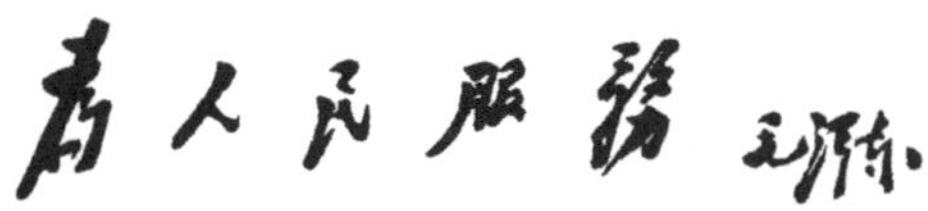

为人民服务，是中国共产党人的宗旨和信仰，源自毛泽东为警卫战士张思德所作的悼词

张思德，四川仪陇人，1916 年生，1933 年参加红军，经历过长征，负过伤，1937 年加入共产党。1943 年 3 月，中央警备团组建 25 人的直属警卫队，具体负责毛泽东的警卫工作，又称“毛主席卫队”。张思德是从原中央警备团所属手枪连选调进入“毛主席卫队”的。1944 年 8 月，中央办公厅为迎接中共七大召开，为会议代表和从各地来延安参加整风运动的领导干部以及中央领导准备防寒烤火用炭，决定组成烧炭队，到安塞山区伐木烧炭。中央警备团直属警卫队抽调张思德、白苍、王玉森等三人参加烧炭队，孰料张思德却因此牺牲了。

考虑到张思德是“毛主席卫队”成员，时任警卫队队长的古远兴就直接把张思德牺牲的情况向毛泽东汇报了。毛泽东很动情地从座位上站起来，沉默良久道：

“前方打仗死人是没有办法的，后方生产劳动死人是不应该的!”

然后，他点燃一支烟，深深地吸着，透过窑洞的窗棂，面向安塞方向，问这事有没有向上级报告。回答还没有，他有些不悦地要求，必须向上级汇报，召开追悼会。

当初，中央办公厅打算将张思德就地掩埋，炭窑塌陷后没有把他挖出来。毛泽东得知后，非常生气，他双手背在身后，对古远兴说：“要很快挖出来。要放哨看好，山中狼多，不要被狼吃了。要是被狼吃了，你队长就当不成了!”

大生产运动中，中央直属机关干部参加伐木烧炭，在烧炭师傅的指导下，先要选择树种，砍伐树木

已经砍下的树木，先锯成条木，然后整齐地装进挖好的炭窑里

这样，完全是按照毛泽东的要求：给张思德身上洗干净，换上新衣服；搞口好棺材；要开追悼会。毛泽东亲自参加追悼会并讲话。

当时，直接领导“毛主席警卫队”的中央警备团团长吴烈、中央社会部副部长李克农得到指示后，立即都一一照办了。

木炭烧好后，组织机关干部参加集体背运劳动，驮到延安，以备冬季取暖之用

中央警卫团战士张思德（左一）参加烧炭队，到安塞山里工作

1944 年 9 月 8 日下午 3 时许，在延安枣园西门外场地上，中直机关和中央警备团共 1000 多人参加张思德追悼会。会场土台上搭起了棚布，台前张挂着“追悼张思德同志大会”的横幅，周围放满了花圈和战士们从山上采集的野花。一面鲜红的党旗下，是张思德的遗像，旁边有毛泽东题写的挽联“向为人民利益而牺牲的张思德同志致敬”。追悼会由吴烈主持，中央警备团政治处主任张廷祯致悼词，毛泽东发表讲话，从民族解放、革命事业的高度对张思德的牺牲给予最高的肯定，“张思德同志是为人民利益而死的，他的死是比

泰山还要重的”。同时，他强调：“我们都是来自五湖四海，为了一个共同的革命目标，走到一起来了……中国人民正在受难，我们有责任解救他们，我们要努力奋斗。要奋斗就会有牺牲，死人的事是经常发生的。但是我们想到人民的利益，想到大多数人民的痛苦，我们为人民而死，就是死得其所。不过，我们应当尽量减少那些不必要的牺牲。我们的干部要关心每一个战士，一切革命队伍里的人都要互相关心，互相爱护，互相帮助。”“万一遇到牺牲，要郑重对待每个革命同志的生命，善始慎终。”“今后我们的队伍里，不管死了谁，不管是炊事员，是战士，只要他是做过一些有益的工作的，我们都要给他送葬，开追悼会。这要成为一个制度。这个方法也要介绍到老百姓那里去。村上的人死了，开个追悼会。用这样的方法，寄托我们的哀思，使整个人民团结起来。”

张思德（左）和战友们一起在装窑。不幸的是，炭窑塌陷，张思德被掩埋，献出了年轻的生命

这是战争环境下，延安革命队伍里以人为本的中国革命生死观。

毛泽东讲话没有稿子，事后李克农让参加会议的罗青长和许立群整理这个讲话，刊登在中央警备团的《战卫报》上。9 月 21 日延安《解放日报》以《警备团追悼战士张思德同志，毛主席亲致哀悼》为题，报道追悼会情况，并转载经毛泽东审阅过的讲话内容。随后，这篇题为《为人民服务》的讲演稿，被各根据地的报纸先后转载，广为传诵。

参考资料

［1］毛泽东：《为人民服务》（1944 年 9 月），《毛泽东选集》，第 3 卷，第 1005 页。北京：人民出版社，1991 年 6 月第 2 版。

［2］曾加顺：《“为人民服务”光照千秋——追忆毛主席得知张思德牺牲后》，《炎黄春秋》（京），1995 年第 3 期。

陕甘宁边区文教大会

1944 年 10 月 11 日至 16 日，陕甘宁边区文教大会在边区参议会大礼堂召开。参加会议的有绥德、延属、三边、关中、陇东 5 个分区，以及部队、延安的机关学校和少数民族等 8 个代表团，共 450 余位代表，加上来宾和旁听者，共计近千人出席开幕式。绝大多数正式代表，都是从人民群众中成长起来的工农兵文教工作者，也有著名的医生、学者、诗人、作家、艺术家，热心边区文化建设的士绅、商人，蒙古族、回族等少数民族代表，宗教团体代表和在延安的国际友人。

参加边区文教大会的代表们走出会场

朱德、吴玉章、徐特立、李鼎铭等中央和边区领导出席开幕式。时任边区政府民政厅厅长刘景范主持开幕式，教育厅厅长柳湜致开幕词，朱德、徐特立等讲话。会议期间，边区政府秘书长李维汉做关于边区教育历史的总结报告，柳湜做教育工作总结报告，刘景范做发展边区医药卫生事业的报告，延安大学校长周扬做开展边区群众性文艺运动的报告，西北局宣传部部长李卓然做关于发展群众性读报办报工作的报告。会议采取大会和分组讨论相结合的方式，介绍典型经验，检查总结整风运动和大生产运动以来的成绩和经验，与会代表按专题就学校教育、社会教育、文化艺术、宗教事务、医药卫生进行深入讨论。

大会表彰并奖励了一批先进单位和模范个人，授予17个单位集体特等奖，14个个人特等奖，41个个人甲等奖，65个个人乙等奖，11个学习模范奖，38个集体普通奖，还有25个个人受到褒奖；另有部队4个单位被授予集体特等奖，5个个人获特等奖，10个个人获甲等奖。

1944年10月召开的陕甘宁边区文教大会，主要是总结整风运动和大生产运动以来的文化教育工作经验，表彰先进，明确未来工作方向

10月30日，毛泽东出席大会，发表题为《文化工作中的统一战线》的重要讲话，阐明文教工作在整个革命事业中的地位和作用，提出文教工作统一战线的方针，强调文教工作者为人民服务、走群众路线的发展方向。"我们的一切工作都是为了打倒日本帝国主义。日本帝国主义和希特勒一样，快要灭亡了。但是还须我们继续努力，才能最后地消灭它。我们的工作首先是战争，其次是生产，其次是文化。没有文化的军队是愚蠢的军队，而愚蠢的军队是不能战胜敌人的。"关于革命文化工作，毛泽东强调指出："我们的文化是人民的文化，文化工作者必须有为人民服务的高度的热忱，必须联系群众，而不要脱离群众。要联系群众，就要按照群众的需要和自愿。一切为群众的工作都要从群众的需要出发，而不是从任何良好的个人愿望出发。"毛泽东还指出：在教育工作方面，不但要有集中的正规的小学、中学，而且要有分散

的不正规的村学、读报组和识字组。不但要有新式学校，而且要利用旧的村塾加以改造。学校教育要和生产劳动相结合。

陕甘宁边区文教大会材料汇编成册为《文教工作的新方向》

11 月 16 日，大会通过了《关于开展群众卫生医药的决议》《关于培养知识分子与普及群众教育的决议》《关于发展群众艺术的决议》《关于发展群众读报办报与通讯工作的决议》《关于开展工厂文教工作的决议》《关于机关学校文教工作中的几个问题的决议》《关于加强荣誉军人教育及娱乐活动的决议》，会议做出号召所有文化工作者向模范革命出版工作者邹韬奋学习的决定。最后，李维汉做《开展大规模的群众文教运动》的总结报告，边区政府主席林伯渠致闭幕词。

这次会议提出关于教育必须与生产劳动相结合、中西医团结合作的观点，对后来的中国教育体制改革，对中西医结合建立覆盖全社会的基本医疗保障体系，都产生了重大而深远的影响。

参考资料

[1]《毛泽东在边区文教大会演讲，文教统一战线方针》，《解放日报》（延安），1944 年 11 月 1 日。

[2]《文教工作的新方向》（陕甘宁边区文教大会特辑），太岳新华书店发行，1945 年 6 月油印件。

搁浅的毛泽东访美计划

中国在世界格局中的体量和潜能，西方记者对延安的热情报道，以及国民党政府的政权腐败与民生凋敝，使得美国政府在太平洋战争爆发后，格外关注中共在中国局势发展变动中的作用。站在自己的全球利益立场上，美国援助中国抗日，希望出现一个和平统一、民主稳定的中国，借以稳定东亚局面，遏制苏联势力的扩张。

歌詠晚會

VOCAL CONCERT

——前奏——

（1）中華民國國歌

（2）美利堅合衆國國歌

第一部份

（1）歡迎馬歇爾將軍歌

（2）民歌

（3）集體歌詠

（4）花鼓

——休息——

第二部份

（1）大提琴獨奏

（ ）黄河大合唱

——完——

Prelude

(I)The National Anthem of the Chinese Republic

(II) The National Anthem of U. S. A.

Part I.

(I) Song for Welcoming General Marshall, (Peasant Waist-drum Dance.)

Composer, Chin Sze-kuang.

(II) Folk Songs.

1. Praise on Son-in-law.(Folk Song of Hopei.)

(III) Group Singings. Conductor, Yen Chun.

1. March of Democracy. Writer, Tao Hsing-chih. Composer, Nieh Erh.

2. Hail ! Labor-exchange. (Chorus, Folk song of Lung-tung)

3. Troops and People in Production, Led by Wang Yun-chih.

(IV) Waist-drum Song.

Part II

(I) Cello Solo.

(II) The Yellow River Chorus.

Finis

延安举办专场歌咏晚会，欢迎赫尔利将军来访。这是晚会节目单

1944 年 11 月 7 日，时年 61 岁的高个子赫尔利将军，以美国总统特使的身份，应朱德的邀请、戴维斯的催促，从重庆飞抵延安。中共主要领导人全部到机场迎接。检阅仪仗队之后，毛泽东陪同赫尔利乘一辆敞篷车，驶向美军观察组驻地途中，一头骡子窜上了马路，当司机用棍子驱赶时，赫尔利喊道："再打，打另一边!"然后，他主动告诉毛泽东，自己年轻时做过牛仔。毛泽东回应，自己童年放过羊。

作为特使，赫尔利太过自信，以为凭借美援就可以搞定蒋介石领导的国民政府，责成其政治改组，民主改革；共产党是股新鲜的力量，可以吸收以促进国民政府焕发生机。殊不知国共两党的恩仇渊源，绝非美国民主、共和两党关系之可比拟。

共产党试图借助美军观察组的到来，建立起与美国政府沟通信息的畅通渠道。1944 年 7 月 26 日，美军观察组刚进延安不到一周时间，毛泽东在欢迎宴会上，与坐在身边的观察组成员、美国驻华大使馆二等秘书谢伟思的交谈中，提出美国是否有可能在延安建立一个领事馆的问题，并说他提出这一问题，是因为考虑到在抗日战争结束后美军观察组会立即撤离延安，而那时正是国民党发动进攻和打内战的最危险的时机。兄弟之争，不可调和，寄希望于外宾主持公道。事实证明，共产党也没有完全领会美国的真正意图，甚至筹谋绕过赫尔利，直接访美以获得援助。

1944 年 12 月，海军中尉赫伯特·希契携带中共致美国海军司令部的信函离延安赴华盛顿，毛泽东为之送行。信中重要内容就是希望促成中共领导人毛泽东直接访美。自左至右为朱德、斯特尔、毛泽东、希契

1944年12月初的一个子夜，毛泽东、周恩来、朱德和马海德秘密会见美军观察组中的海军中尉赫伯特·希契，要求他亲自到华盛顿，送交海军上将欧内斯特·J. 金一封信。希契找借口从观察组请假，搭乘飞机到重庆，几经周折得见中国战区司令魏德迈将军。12月23日，他抵达华盛顿，通过海军部长，于12月29日会见国务院的约翰·卡特·文特森，转呈毛泽东的信。希契告诉文特森，他在延安的经历使他确信无疑，中国的农民是全心全意支持共产党的，共产党也是诚心诚意急于和重庆合作的，只要加强他们在中国的实力，而且与俄共相比，中共和美国更为齐心。他还补充说，共产党着力宣传的“民主”并没有给他留下太深的印象，但他们受欢迎的程度和他们相对进步的管理方式是不会有错的。

元旦过后，1945年1月6日，希契受到联席参谋长的接见，并被正式邀请列席参谋长联席会议。希契在发言中说：“无论我们花多少钱来帮助蒋介石的政权，最终中国共产党都会取得全中国的。”因此，他建议“我们最好能重新审视一下我们的对华政策”。

几天后，等待希契的却是这样的回答：我们不知道还会不会让你返回中国。

延安没有等到希契的回音，叶剑英向美军观察组直接表示：如果罗斯福总统愿意在白宫把我们当作中国的一个重要党派来接见，毛泽东和周恩来愿意尽快单独或同去华盛顿。

可惜的是，这个信息也只走到了重庆。因为美国对华长期政策目标是，“使中国成为远东一个主要稳定因素，作为该地区和平和安全的基本条件……我们不偏袒任何政治派别，但我们继续支持中国现政府。不过，我们寻求在它的现有格局内实现所需要的统一和有效率的政府”。有关中国的大量新闻报道和观察报告，使得美国高层非常清楚，中国国民政府已经是扶不起的阿斗，但转而支持共产党势必加强苏联的社会主义东方联盟，那是万万不可以的。

参考资料

[1]［美］约瑟夫·W. 埃谢里克编著，罗清，赵仲强译：《在中国失掉的机会——美国前驻华外交官约翰·S. 谢伟思第二次世界大战时期的报告》。北京：国际文化出版公司，1989年4月版。

[2]［美］卡萝尔·卡特：《延安使命：1944—1947美军观察组延安963天》，第165－166页。北京：世界知识出版社，2004年8月版。

1945 年

中共第七次全国代表大会

1945 年 4 月 23 日至 6 月 11 日，中国共产党第七次全国代表大会（以下简称七大）在延安杨家岭中央大礼堂召开。出席会议的代表共有 755 人，其中正式代表 547 人，候补代表 208 人，代表全国 121 万名党员。代表分为中直(包括军直系统)、西北、晋绥、晋察冀、晋冀鲁豫、山东、华中和大后方 8 个代表团。代表中年龄最大的近 70 岁，最小的 20 岁左右。

4 月 21 日，中共中央召开七大预备会议。毛泽东在会上讲话，指出七大的方针是：团结一致，争取胜利。会上通过了七大议程。

杨家岭中央大礼堂，是专门为七大修建的。1945 年 4 月 23 日，中共七大代表步入会场

4 月 23 日，杨家岭中央大礼堂主席台上，悬挂着毛泽东和朱德的巨幅画像，鲜艳的党旗挂在两边。在主席台的正上方，是手写体的巨大会标，横跨主席台的是一条弧形巨幅标语：在毛泽东的旗帜下胜利前进！主席台两侧墙

边插着24面红旗，象征着中国共产党24年奋斗的历程。会场后面的墙上，书写着“同心同德”四个大字。两侧墙上张贴着“坚持真理”“修正错误”等大幅标语。

当毛泽东、朱德、刘少奇、周恩来、任弼时等人出现在主席台上的时候，全体代表起立，热烈鼓掌。在庄严的《国际歌》音乐声中，大会秘书长任弼时宣布中国共产党第七次全国代表大会开幕，毛泽东致《两个中国之命运》的开幕词。他说：“在中国人民面前摆着两条道路，光明的路和黑暗的路；有两种中国之命运，光明的中国之命运和黑暗的中国之命运。我们的任务不是别的，就是放手发动群众，壮大人民力量，团结全国一切可以团结的力量，在我们党领导之下，为着打败日本侵略者，建设一个光明的新中国，建设一个独立的、自由的、民主的、统一的、富强的新中国而奋斗。我们应当用全力去争取光明的前途和光明的命运。”

1945年4月23日至6月11日，中国共产党第七次全国代表大会在延安杨家岭中央大礼堂召开。这是七大开幕式会场

在七大正式会议上，毛泽东做《论联合政府》的政治报告，提出“废止国民党一党专政，建立民主的联合政府”；朱德做《论解放区战场》的军事报告；刘少奇做《关于修改党的章程》的报告。新党章明确规定，中国共产党以马克思列宁主义的理论与中国革命实践之统一的思想——毛泽东思想，作为自己一切工作的指针，反对任何教条主义或经验主义的偏向。在大会讨论过程中，周恩来做《论统一战线问题》的重要发言；华北、华中、西北等几

个有代表性地区的代表做工作报告。

大会通过了《关于政治报告的决议案》《关于军事报告的决议案》及《关于死难烈士追悼大会的决议》。大会选举产生了新的中央委员会。在选举中坚持三个原则：第一，对过去犯过错误的同志，只要承认错误，决心改正错误，还可以入选；第二，要把各个地方、各个方面的党的先进代表人物都组织进中央委员会；第三，要把有不同方面知识和才能的同志选出来。大会选举出以毛泽东为首的第七届中央委员会，其中，中央委员会委员44人，中央候补委员33人。在随后召开的七届一中全会上，选举出13名中央政治局成员，选举毛泽东、朱德、刘少奇、周恩来、任弼时为中央书记处书记，毛泽东为中央委员会主席、中央政治局主席、中央书记处主席。

1945年6月11日，大会举行隆重的闭幕式。毛泽东致闭幕词，说道："我们开了一个很好的大会，我们开了一个胜利的大会，一个团结的大会。"他号召与会代表和全体党员："下定决心，不怕牺牲，排除万难，去争取胜利！"毛泽东的这篇闭幕词，会后经整理修改后，以《愚公移山》为题，收入《毛泽东选集》，成为毛泽东思想的经典之作。

参加会议的代表们，聆听报告，认真记录，参与小组发言讨论，心里充满着对抗战胜利的期待，对建设一个民主繁荣的联合政府的憧憬

中国共产党第七次全国代表大会，是新民主主义革命时期最重要的一次会议，使全党在马克思列宁主义、毛泽东思想的旗帜下，实现了思想上、政治上和组织上的高度团结和统一，在总结中国民主革命20多年曲折发展的历

史经验基础上，制定了正确的纲领和策略，为争取抗日战争的胜利和新民主主义革命在全国的胜利提供了可靠的保证。

参考资料

[1]《中国共产党举行第七次全国代表大会》，《解放日报》（延安），1945 年 5 月 1 日。

[2] 中央文献研究室编：《毛泽东在七大的报告和讲话集》（1945 年 4 月至 6 月），北京：中央文献出版社，1995 年 4 月版。

国民参政会六大员到访

1945 年 6 月 2 日，褚辅成、黄炎培、冷遹、王云五、傅斯年、左舜生、章伯钧七位国民参政员联名致电毛泽东、周恩来，提出访问延安，并希望继续商谈，以使抗战胜利早日到来。

此时，中共中央正在举行第七次全国代表大会，对此来电未能及时回复。直到 6 月 18 日，毛泽东、周恩来才复电在重庆的中共负责人王若飞，让其转告七位参政员，欢迎彼等到延安一叙，还说“估计蒋得此消息后，不一定要他们来，如仍许其来，即使无具体内容，只来参观，亦应欢迎之，并争取你陪他们同来”。

1945 年 7 月，国民参政会六位参政员，自重庆飞抵延安访问，在机场受到毛泽东、博古等中共领导的欢迎

电文由国民参政会秘书长邵力子亲手交给黄炎培，黄看罢极度兴奋，立即与左舜生、傅斯年、章伯钧等人商定了三条合纵连横的计划。当黄炎培兴冲冲地准备把电文递交蒋介石批复时，却遭到了国民党方面与中共谈判代表王世杰的当头冷水。在黄炎培的一再坚持下，七位参政员于 6 月 27 日下午鼓

起勇气拜谒蒋介石，当面陈述了自己的想法和建议。蒋介石不动声色地认真听毕，环视众位，突然满面带笑地说道："余无成见，国家的事，只需于国家有益，都可以商谈的。"停顿片刻，又说："中间人，公道话，原来最难讨得双方的喜欢。"当黄炎培等领命告辞后，蒋介石和颜悦色地拱手道："辛苦，辛苦！"蒋介石背着手在室内来回踱步，面无表情哼了一声，对侍从室二处主任陈布雷说道："就让他们几个折腾去吧！"言毕，嘴角露出一丝略带嘲讽的冷笑。

7月1日，褚辅成、黄炎培、左舜生、章伯钧、傅斯年、冷遹一行六人，乘专机到达延安（王云五因病发高烧未能成行），毛泽东、朱德、周恩来、博古等中共领导人亲自到机场迎接。

中共领导人与来访的民主人士在延安机场合影留念

7月2日下午，毛泽东、朱德、刘少奇、周恩来在延安杨家岭会见六位参政员。晚上，毛泽东专门设宴款待。餐桌上，毛泽东谈笑风生。在六位参政员中，左舜生与傅斯年心境最为复杂。

左舜生，湖南长沙人，与毛泽东同庚。1941年中国民主政团同盟成立时，他出任秘书长，积极倡导反共。7月3日上午，在与毛泽东单独交谈时说："我认为，一个国家的政党可以有多个，军队却不能个个政党都有。否则，就要发生内乱，国家就不太平。"毛泽东听罢没有作声。左舜生见对方没有接话，以为被自己击中要害，继续鼓噪道："我们青年党就主张走议会道路，不办武装，成为国家真正的参政党，对国民政府没有任何威胁。"话音刚落，毛泽东忍不住问道："你的意思是要我们也向你们青年党学习？"左舜生答："谈不上学习，我觉得我们青年党的这种做法是对的。""怎么对呢？"毛泽东颇不以为然地问道。左说:“和平议政,对政府没有威胁,也有利于各党派的团结嘛!”毛泽东听出左舜生的弦外之音,冷静地说道:“我也主张一个国家只有一支军队,但要看军队掌握在谁的手里,为谁服务。要知道,一个没有武装的政党是没有力量的,被蒋介石视为土匪乱党的人,若没有一点儿自己的武力,根本无法生存,更不用说有发言权和改造社会了。老庚呀(湖南人叫同年出生者的俗称),你这个青年党的‘军事爷’,怎么连这个道理也不懂呀!”

毛泽东在延安宴请到访的国民参政员

中共领导人的服饰很朴素,眼光见识却很深远,给到访者留下深刻印象(摄影 吴印咸)

毛泽东（右）与到访的国民参政员黄炎培（左）在交流中谈到中国历史周期率的问题，被史学家称为“窑洞对”（摄影 吴印咸）

左舜生的为人处世与不识时务，不但令毛泽东反感，即使同来的傅斯年对其亦颇为轻视。因了北大的一段因缘，毛泽东单独拿出一个晚上与傅斯年进行交谈，其中最著名的一个细节是，毛泽东没有忘记北大时代令他百感交集的情结。当毛泽东谈及傅斯年曾在五四运动中大出风头，并为反封建与新文化运动做出过贡献时，傅斯年风趣地回应道："我们不过是陈胜、吴广，你们才是项羽、刘邦。"与左舜生的糊涂形成鲜明对比。毛泽东听罢如此得体又使双方皆不失面子的话，心中大为舒畅。

访问团在延安共逗留四天。在六位参政员与中共领导人的相互会见中，黄炎培谈了对国际、国内局势的看法，还谈了所谓一人、一家、一地方，乃至一国，“其兴也勃焉，其亡也忽焉”的“兴亡周期率”问题，颇得毛泽东的好感。毛泽东回答，中共可以找到一个好方法来摆脱这个周期率，那就是民主。“只有让人民来监督政府，政府才不敢松懈。只有人人起来负责，才不会人亡政息。”

毛泽东还对来访者说：双方的门没有关，但门外有一块绊脚的大石挡住了，这块大石就是国民党不顾人民极力反对，强行要开的所谓国民大会等。重庆来的策士们与中共高层人物经过多次会谈，最后总算形成了一个《中共代表与褚辅成、黄炎培等参政员延安会谈记录》文件，可视为几天来会谈的总成果。

7 月 5 日早餐后，访问团成员匆匆赶往机场，毛泽东、朱德、周恩来等中共领导人亲自到机场送行。最后握别时，毛泽东特地叮嘱六位参政员到重庆后务必向蒋委员长致谢，并称“有诸位来延安，使我们听到许多平时不易听到的话，增加了不少了解。并祝蒋委员长健康”。同时，毛泽东还托傅斯年转达自己对胡适老师的问候。

黄炎培的《延安归来》，比较详细地记述了访问延安的所见、所闻、所感

六位参政员风尘仆仆回到重庆，除向国民参政会和蒋委员长递交了《会谈记录》外，各人根据自己的所见所闻，撰写了报章文字或发表了谈话。此次访问团召集人黄炎培为此专门写成《延安归来》一书出版发行，内中对延安的人和事极具赞赏，文中说：“在延安的几天里，随处可以见到，这是事事有组织，人人有训练的缘故。我们应该知道中共政治作风已变了。不是变向别的，而是变向平凡。”最后的结论是，自己的延安之行如坐春风中。

参考资料

［1］黄炎培：《延安归来》，重庆：国讯书店，1945 年 10 月版。

［2］中共中央文献研究室编：《毛泽东年谱（1893－1949）》，中卷，第 609－610 页，北京：人民出版社、中央文献出版社，1993 年 12 月版。

国共两党重庆谈判

1945 年 8 月 28 日，毛泽东、周恩来、王若飞及其随行人员，在蒋介石代表张治中和美国驻华大使赫尔利的陪同下，乘飞机离开延安，下午 3 点抵达重庆，开始了为期 43 天的国共谈判。

国共谈判双方代表比例先为 4∶2，后是 3∶2，国民党方面原定四人：张群、张治中、王世杰、邵力子。谈判不久，王世杰赴伦敦参加五国外长会议，没有参加正式会谈。共产党方面代表为：周恩来、王若飞。

谈判阵势基本上表现为：阵前搏斗，阵中调度，坐镇指挥。张治中、王若飞代表双方担任阵前搏斗；张群、周恩来代表双方出任阵中调度；蒋介石、毛泽东则是双方坐镇主帅。谈判的结果是双方签署了《政府与中共代表会谈纪要》（又称《双十协定》），在关于和平建国方针、政治民主化、国民大会、党派合法性、军队国家化等 12 个问题上，罗列双方意见，没有从根本上解决双方矛盾斗争态势。

1945 年 8 月 28 日，毛泽东应邀去重庆谈判，走下飞机，受到重庆各界的热烈欢迎，人们期待着和平安宁的国家建设时期能够到来

实际上，谈判伊始，双方态度立场就决定了最后结果。8 月 28 日下午，毛泽东刚下飞机，在机场发表书面谈话："本人此次来渝，系应国民政府主席蒋介石先生之邀请，商讨团结建国大计。现在抗日战争已经胜利结束，中国即将进入和平建设时期，当前时机极为重要。目前最迫切者，为保证国内和平，实施民主政治，巩固国内团结。国内政治上军事上所存在的各项迫切问题，应在和平、民主、团结的基础上加以合理解决，以期实现全国之统一，建立独立、自由与富强的新中国。希望中国一切抗日政党及爱国志士团结起来，为实现上述任务而共同奋斗。本人对于蒋介石先生之邀请，表示谢意。"抗战结束，民心思安，满目疮痍，亟待建设。问题是用什么标准来协调各方，在什么原则下团结统一。毛泽东的这个机场讲话，言简意赅，绵里藏针，实际上表明共产党参加此次谈判的总体策略原则，是要在"民主"的前提下，磋商"团结"与"统一"的问题。此前，毛泽东在党内会议上谈到国共两党谈判问题时说："我们从来是主张要谈的，七大的文件上也规定了要谈，至于谈拢的希望是一丝一毫也没有。"为什么现在还要谈，因为这是一种政治斗争手段。

重庆谈判期间，毛泽东（右）与蒋介石（左）并立一起，国共两党领导人合影

8月28日，蒋介石为谈判制定总体原则，“以诚挚待之”“政治与军事应整个解决，但对政治之要求予以极度之宽容，而对军事则严格之统一，不稍迁就”。一句话，所有政治上的名词实际上都可以谈，可以辩，可以论，甚至可以试，涉及军事、军队、武装力量，没有谈判的余地。遗憾的是，蒋介石、毛泽东都非常看重这个枪杆子，相信枪杆子里面出政权，武力是政治的基础。最后，只有兵戎相见，战场上分出胜与负。

所以，在谈判过程中，国共双方军队始终没有停息过矛盾和斗争。9月20日，毛泽东收到延安方面通过西安隐蔽战线获得的蒋介石密令：“目前与奸党谈判，乃系窥测其要求与目的，以拖延时间，缓和国际视线，俾国军抓紧时机，迅速收复沦陷区中心城市。待国军控制所有战略据点、交通线，将寇军完全受降后，再以有利之优越军事形势与奸党作具体谈判。如彼不能在军令政令统一原则下屈服，即以土匪清剿之。”10月初，晋冀鲁豫军区主力部队及地方武装，在山西上党地区（今长治市境内）对国民党第二战区司令长官阎锡山所部进行反攻，歼灭国民党军队3.5万余人。任何一次重大战役带来军事力量上的增益减损，都会直接间接影响到谈判桌上的措辞分寸。

重庆谈判在国共两党之间进行，背后却是以美苏为代表的国际力量为背景。美国驻华大使赫尔利个子高大，西装革履，以为在自己的主持下，国共两个党派可以按照民主政治规则握手言欢，其实不然。前排左起为帕特里克·杰伊·赫尔利、蒋介石、毛泽东；后排左一为蒋经国

在重庆期间，毛泽东广泛接触第三方民主人士和新闻记者，巧妙机智地回应了各方关切，妥善化解了各种误解和指责。

胡厥文、李烛尘等民主建国会人士宴请毛泽东时关切地询问，国民党强调军令、政令统一，而中共要求承认所辖军队和政权，他们对此感到迷惑不解。毛泽东回答：没有共产党和共产党所领导的军队，各民主党派和产业界人士要想争取和平民主的发言权也是很困难的。

1945 年 10 月 11 日，毛泽东回到延安，走下飞机，面带笑容，神采奕奕

毛泽东在回答路透社记者甘贝尔书面提问的 12 个问题中，关于“军队国家化、废止私人拥有军队”时说：“我完全赞成军队国家化与废止私人拥有军队，这两件事的共同前提就是国家民主化。”通常所说的“共产党军队”，按其实际乃是中国人民在战争中自愿组织起来而仅仅服务于保卫祖国的军队，这是一种新型的军队，与过去中国一切属于私人的旧式军队完全不同。它的民主性质为中国之真正国家化提供了可贵的经验，足为中国其他军队改进的参考。

重庆期间，毛泽东与南社名宿柳亚子交往中，屡有诗词应酬。1945 年 10 月 7 日，毛泽东手书《沁园春·雪》一词，留赠柳亚子先生。11 月 4 日重庆《新民报》刊出传抄件，《新华日报》发表柳亚子先生唱和词作，其他报纸竞相转载，成为重庆文坛政界一时畅谈之焦点。

1945 年 10 月 11 日，毛泽东在张治中陪同下，由重庆飞回延安。宝塔山下，延水河畔，延安城里万人空巷，涌向机场，人们欢呼自己的领袖回到延安，回到身旁。

参考资料

[1]《毛泽东同志谈话》,《新华日报》(渝), 1945年8月29日。

[2] 毛泽东:《在中国共产党第七次全国代表大会上的结论》(1945年5月31日),《毛泽东在七大的报告和讲话集》, 第221-222页, 北京: 中央文献出版社, 1995年4月版。

1946 年

送毛岸英上“劳动大学”

1946年1月7日，毛岸英随苏联医生阿洛夫和米尔尼柯从苏联回到延安，毛泽东亲自到机场迎接。阔别18年后，毛泽东见到已经长大成人的长子毛岸英，喜上眉梢。但是，爱之弥深，教之愈严。

春节过后，春耕在即。3月的一个下午，毛泽东在王家坪住处院子里的石凳旁，和毛岸英谈心：你在苏联长大，国内的生活你不熟悉。中国80%是农民，他们是中国革命的主力军。因此，我们要了解中国革命，必须了解农村、了解农民，要向农民学习。

毛泽东（左）对长子毛岸英（右）爱之深，责之严，亲自安排他到吴家枣园，拜农民劳动英雄吴满有为师，学习农业生产知识

毛岸英同意父亲的意见，承认自己对中国的情况不熟悉，愿意虚心学习，

接受工人、农民的教育。毛泽东为毛岸英下乡学习约法三章：一要放下架子，二不要谈恋爱，三不搞特殊化。

4月8日，清明节刚过，当时担任毛泽东警卫员的贺清华和驾驶员周西林等同志一起，送毛岸英到吴家枣园。毛岸英坚持步行，自己背着一斗口粮，行李架在马背上。事先中央办公厅已通知吴满有，吴满有安排自己的两个儿子吴仲富、吴仲贵去迎接。他们在高家砭半途相遇，然后一起来到吴家枣园，吴满有站在门口高兴地把毛岸英迎到家里。

天朗气清，惠风和畅。村子里的老乡们闻声都跑来看热闹，平时帮吴家长期揽活的长工杨培柱好奇地询问："这高个子当兵的来做甚呢?"

吴满有机智地回答："他是教导旅派来的，叫我给教种庄稼的。"此前，八路军三五九旅曾邀请吴满有为其指导过种地问题。村里人知道这当兵的是八路军派来学习种地的，也就不拘束了。

为了确保毛岸英在吴家枣园的安全，吴满有给全家人专门立下规定：来人名叫谢永福，姓谢，名永福；永福出门上山劳动，由仲富、仲贵陪同，不要让他一个人去；永福每天做活由我安排上午两小时，下午两小时；遇到危险活，只准他看，不准他干；晚上睡觉听到狗咬、有响动，仲富、仲贵兄弟二人起来观察，人人应警觉起来；响雷下雨不准他出门。

毛岸英学农期间，吃住都在吴满有家里。这个依山而建的小院落和几孔窑洞，就是毛岸英和吴家人的住处

谢永福这个名字，是毛泽东向吴满有交代的。1930 年生母杨开慧被杀害后，毛岸英、毛岸青兄弟被党组织辗转从长沙带到上海，进入大同幼稚园时，毛岸英用的名字就是杨永福。到苏联后，毛岸英的俄语名字读音谢廖沙。前者取其名，后者取其姓，为的是让毛岸英能够像一个普通百姓的孩子那样安心学习农业生产知识。

为了确保毛岸英在吴家枣园的安全，吴满有请示乡、区、县领导同意，安排布置环绕吴家枣园周边的高家砭、梢园梁、楸树塌、鸡蛋峁等村庄，凡是来的陌生人，不论白天夜晚，都要立即向治保主任或除奸主任汇报查清，绝不漏过一个坏人。

吴满有两个儿子，老大吴仲富，一直在吴家枣园务农；老二吴仲贵，读过书。毛岸英吃住都在吴满有家，晚上和吴仲贵同睡一炕。吴满有自 39 岁丧妻后，没有再娶，毛岸英来到后，他自己每天晚上就在窑洞口支起门板当床用，名义上说为他俩挡风，其实是为了毛岸英的安全，确保万无一失。

毛泽东把学习务农称为“到农村上劳动大学”，其子毛岸英从苏联回国后，在延安生活 14 个月，其中有大约半年时间就是在吴家枣园这片山地里度过的

毛岸英到吴家枣园第二天，就和吴家父子和伙计们上山开荒了。开荒是力气活，也有劳动技巧。毛岸英从来没有拿过锄头，现在学着挥动锄头，只会使蛮劲硬干，不一会就大汗淋漓，半天不到手掌就磨出血泡。吴满有手把

手地教他，双手握锄柄要位置适中，松紧适度，左右两手轮换，均匀踏步，并用顺势倒锄砸碎大土块，让土壤平整。午饭由吴家婆姨们送到山上，简单地吃过后，继续开荒。为了照顾毛岸英，吴满有安排他下午烧荒，就是把准备开荒的地块划成片，然后顺风点火，让野草荆棘都被烧掉，便于开垦，也便于灰烬肥田。烧荒时，由于风力变大，火势凶猛，把毛岸英脱下放在旁边的衣服烧掉了。吴家兄弟脱下自己的衣服给毛岸英穿上，毛岸英成了吴家枣园一个地道的农家后生了。

他们白天下地劳动，晚上毛岸英教吴家兄弟和伙计们识字学文化，后来村子里其他后生也参加学习。长年在吴满有家揽活的杨培柱、高和富，以及村民张生亮，都没有进过学堂的门，他们是在毛岸英的帮助下，初识文字。据高和富晚年回忆，当时他们并不知道谢永福就是毛泽东的长子，只知道这个大个子青年人待人热情，挺和气，有文化，每天晚上都在油灯下教大家认字。白天劳动间歇，偶尔也会在田地里用棍棒棒写字，让大家去认。

吴满有看到毛岸英跑到厨房里跟婆姨们学着压饸饹、擀面皮、包饺子等家务活，劝阻道："这是婆姨们的事，咱们男人就不要学了。"毛岸英回答说："老师，这你就不对了。边区实行男女平等，不论干什么男女要一样，要互相学习，取长补短，绝对不能小看妇女。"大家哈哈大笑，吴满有也只能点头称是。

从春经夏到秋，毛岸英在吴家枣园学会了开荒、播种、施肥、锄草、收割、碾场、扬场等农活。他肯吃苦，卖力气，不偷懒；善于学习，爱思考，不懂就问。他不仅和吴满有一家老小成了至交，而且与揽活的后生们也不分彼此，经常比赛劳动，有时还在一起摔跤玩耍。时间一长，村子里无论谁家来信了，找他帮着读；写信，也找他帮着写。老乡们方言太重，有的话他实在听不懂，就让吴仲贵给他翻译，然后毛岸英用书面语写成书信。信写好后，毛岸英当面念给老乡听一遍，得到满面微笑和称许后，才把信纸折叠好装进信封里。

由于军事形势变化，吴满有请示有关方面同意，毛岸英结束了在吴家枣园这所农村大学里的学习课程。1946 年 9 月 25 日，秋收过后，吴满有亲自送毛岸英回到延安。平时毛岸英在吴满有安排下大约一个月回延安一次，向父亲汇报自己务农的情况。这次，毛泽东接过岸英递上的金色小米，看着儿子黑里透红的脸庞，拍了拍儿子壮实的肩膀，高兴地说："好啊，一个白胖子变成了黑胖子！"毛泽东又摸了摸毛岸英的双手，一层厚厚的老茧，满意地说："这就是你在劳动大学的毕业证书！"

自 1946 年 4 月至 9 月，大约半年时间，毛岸英在延安县柳林区二乡吴家枣园生活、劳动、学习。也就是说，毛岸英在延安停留的14个月，近一半时间是在吴满有家度过的。

这一年，吴满有家生产粮食60多石，交公粮50石、羊40只、牛4头，成为延安县乃至整个陕甘宁边区的“状元”户。吴满有对到访的公家人说：这里有毛主席人家娃娃的功劳呢！

参考资料

[1] 王光荣：《战火中走来毛岸英》，见《延安文史》第9辑（《延安岁月》上册）第135－136页。延安：中国人民政治协商会议延安市政协文史与学习委员会，2007年1月编印。

[2] 参见《毛岸英上劳动大学》，第18－19页。中共延安市宝塔区委党史研究室，2008年12月编印。

悼念“四八空难”烈士

1946年4月8日，参加国共和谈的中共代表王若飞、秦邦宪（博古）等人，搭乘一架美军运输机，从重庆起飞，经停西安加油后，继续飞往延安。因气候恶劣，飞机迷失方向，于下午2时左右在晋西北兴县东南80里的黑茶山遇雾撞山，机上17人全部遇难。

他们是中共第七届中央委员王若飞、秦邦宪，新四军军长叶挺，中共中央职工委员会书记邓发，贵州老教育家黄齐生，叶挺夫人李秀文，女儿叶扬眉、儿子叶阿九，延安鲁艺教员黄晓庄，十八集团军参谋李少华，随行魏万吉、赵登俊、高琼13人，美国驾驶员兰奇（C. E. Lange）、副驾驶瓦伊斯（Dallas Wise），机械员迈欧（M. S. Maier）、马尔丁（E. R. Martin）4人。王若飞、叶挺时年50岁，邓发时年40岁，秦邦宪年仅39岁。

1946年4月8日，一架美军C－47型运输机从重庆飞往延安途中迷失方向，坠毁在山西兴县黑茶山，搭乘飞机的13位乘客和4名机组人员全部遇难

噩耗传来，延安震惊，全国震动。正在召开的陕甘宁边区第三届参议会为此宣布休会一天，通令全边区降半旗三天，停止娱乐活动一个月以致哀思。全国各解放区党、政、军、民，各民主党派、群众团体，以及国民党内的友好人士，纷纷向中共中央发来唁电表示哀悼。

4 月 11 日，新华社发布了中共中央以极大悲痛宣布王若飞、秦邦宪、叶挺、邓发等同志遇难的消息。4 月 13 日，中共中央组成以毛泽东为首的 26 人治丧委员会。4 月 15 日，中共中央召开干部大会，对“四八烈士”进行悼念，林伯渠沉痛报告此次空难情况和集会悼念的意义，朱德总司令以低沉的语调讲话，称颂王若飞、秦邦宪、叶挺、邓发四位同志“为推翻封建，建立民主中国，经历了无数的斗争。在这些斗争中，死了几十万、几百万、上千万的人，他们是从这些死的人中产生出来的群众信任的领袖，但如今在为人民的利益奔走中遇难了！黄齐生老先生为中国民主事业奋斗了几十年殉难了！他们的牺牲是中国革命一大损失”。刘少奇号召大家把悲痛化为力量，担起烈士们遗留下来的事业。4 月 18 日，烈士及美籍机组人员遗体，由晋绥边区兴县空运到延安。当夜，在延安的中共中央委员及各单位党的负责人轮流坚持守灵。

1946 年 4 月 19 日上午，延安各界为“四八烈士”举办隆重悼念仪式，将他们安葬在延安机场西北角

4 月 19 日，延安各界群众三万余人，在东关飞机场举行隆重的追悼大会，祭奠烈士英灵，公葬烈士遗骸。在延安的中央领导毛泽东、刘少奇、朱德、任弼时等都参加了追悼会。追悼大会由刘少奇、朱德、任弼时、杨尚昆主持。

会场两边悬挂着中共中央的挽联：天下正多艰，赖斗争前线，坚持民主，驱除反动，不屈不挠，惊听凶音哀砥柱；党中留永痛，念人民事业，惟将悲苦，化成力量，一心一德，誓争胜利慰英灵。

中共中央书记处五位书记分别为烈士题词。毛泽东的题词是："为人民而死，虽死犹荣。"刘少奇题词："把给予我们伟大死者的悲痛，变为积极的力量来巩固和平，争取民主。"周恩来题词："黑茶山顶，延安河边，人民英雄，永垂不朽。"朱德题词："为全国人民和平、民主、团结而牺牲。"任弼时题词："你们的功绩永垂不朽。"

上午10时，祭祀悼念活动开始。主祭人为朱德、刘少奇，陪祭人为林伯渠、贺龙等。与会者全体脱帽肃立，礼炮连发24响，山鸣谷应。静默致哀后，哀乐声在肃穆的气氛中奏起，挽歌队唱着沉痛的挽歌。群众行列里，10班民间吹鼓手，用唢呐和铜号吹奏着沉痛的哀乐。林伯渠向悼念者报告了空难烈士生平事迹后，朱德、张云逸以及工人运动代表朱宝庭、劳动英雄吴满有分别致辞，遗属代表张越霞发言。

12时许，哀乐再起，裹覆着红色毡呢的灵柩缓缓移出灵堂。朱德、刘少奇亲随执绋。到场送灵的群众排队跟随灵后，整齐肃静，形成长达五六里的队伍。13时30分，灵柩徐徐落入墓穴，中央领导同志及边区政府主席林伯渠、副主席李鼎铭轮流为每一位烈士奠土，葬仪极尽哀荣。坟头上，竖起了墓碑、木栏，周围栽植了松柏，为"四八烈士"建起了陵园。

4月19日，重庆《新华日报》发表周恩来《四八烈士永垂不朽》的悼文，称烈士们是"人民的英雄，群众的领袖，青年的导师和坚强不屈的革命战士"。并表示："我们要向你们学习。我们要继续你们遗留下来的为人民教育服务、为革命工作努力、为培养革命后代而自我牺牲、为努力中美合作而奋不顾身的精神，并把它们永远坚持下去。"4月20日，延安《解放日报》发表毛泽东《向四八被难烈士致哀》、刘少奇《痛悼我们伟大的死者》、朱德《完成死难者所遗留下的事业》等悼念文章。毛泽东指出："你们的死是一个号召，它将加深中国人民对于中国共产党的认识，它将加强中国人民坚持和平、民主、团结事业的决心！""你们的死是一个号召，它号召全党党员和全国人民团结起来，为和平、民主、团结的新中国而奋斗到底！"

共产党领导的各抗日根据地先后举行追悼会，发表纪念文章，深切悼念"四八烈士"对人民革命事业的无限忠诚和历史功绩！

参考资料

[1]《王若飞同志等遇难经过》，《解放日报》（延安），1946年4月13日。

[2] 陕西省革命烈士事迹编纂委员会编：《四八烈士》，西安：陕西人民出版社，1983年版。

一切反动派都是纸老虎

1946 年 8 月 6 日，毛泽东在延安杨家岭接受了美国记者安娜·路易斯·斯特朗的采访。宾主双方坐在半山坡窑洞前的一个小石桌旁，谈到第二次世界大战后世界格局和中国战局时，毛泽东提出“一切反动派都是纸老虎”的著名论断。

安娜·路易斯·斯特朗在延安采访毛泽东时，毛泽东发表关于“一切反动派都是纸老虎”的著名论断

斯特朗 1885 年生于美国一个牧师家庭，1908 年获芝加哥大学博士学位，曾以国际新闻记者身份常驻苏联，为美国和苏联的报刊撰稿。1925 年，她来到中国，报道省港大罢工情况。1946 年 6 月，时年 61 岁的斯特朗再次来到中国，进入陕北解放区，来到中共中央所在地延安。

当时，正值蒋介石对共产党领导的解放区发动大规模进攻，解放区人民经受着严重的考验。毛泽东冷静而坚定地领导解放区军民进行边区保卫战。但是，国民党在军队数量、军事装备、后备资源及外来援助等方面，都明显超过共产党。据统计，国民党军队的总兵力约 430 万人，其中正规军 248 个旅，约 200 万人，而且拥有装备精良的陆、海、空军。共产党军队总兵力约 127 万人，其中正规军只有 61 万人，不仅没有海军和空军，而且陆军装备也很差。国民党政府统治着约占全国 76% 的面积、3.39 亿人口的地区，控制着几乎所有的大城市和绝大部分铁路交通线，拥有全国大部分近代工业和人力、物力资源；而解放区的土地面积只占全国的 24%，人口约 1.36 亿，基本上依靠传统的农业经济。此外，国民党得到美国的经济和军事援助，中国共产党在国际上没有得到任何公开的支持。因此，对处于劣势的中国共产党及其领导的人民军队能否打败国民党的进攻，许多人存在怀疑和顾虑。

大敌当前，毛泽东镇定自若，成竹在胸。斯特朗印象中的毛泽东，身材魁梧，举止像美国中西部的农民，行动缓慢而从容。他那略带扁平的圆脸上，有一种平静而含蓄的表情；微笑起来变得生动而幽默。在乱蓬蓬的浓黑头发的下面，高大的前额和敏锐的眼睛表明他的思想的活跃，富有洞察力，没有什么能逃过他的注意。

他们的谈话很快聚焦于日渐严重的战争形势。斯特朗问毛泽东："你觉得中国的问题，在不久的将来，有政治解决、和平解决的希望没有?"

毛泽东答："这要看美国政府的态度。如果美国人民拖住了帮助蒋介石打内战的美国反动派的手的话，和平是有希望的。"

延安杨家岭，毛泽东接受斯特朗采访旧址

"如果美国说明此后不再给蒋介石以什么帮助了呢?"斯特朗从另一个角度提出问题。

毛泽东回答说："在现时还没有什么征象表示美国有这样的愿望。"

"共产党能支持多久?"斯特朗问。

毛泽东坚定地说："就我们自己的愿望说，我们连一天也不愿意打。但是如果形势迫使我们不得不打的话，我们是能够一直打到底的。"

"如果美国人民问到共产党为什么作战，我该怎样回答呢?"

毛泽东说："因为蒋介石要屠杀中国人民，人民要生存就必须自卫。这是美国人民所能够理解的。”

斯特朗突然提出一个难以解答的问题：“如果美国使用原子炸弹呢?”

毛泽东略一思索，以坚定的口气回答说：“原子弹是美国反动派用来吓人的一只纸老虎。看样子可怕，实际上并不可怕。当然，原子弹是一种大规模屠杀的武器，但是决定战争胜败的是人民，而不是一两件新式武器。”接着，他对这个问题做了进一步的分析，指出：“一切反动派都是纸老虎。看起来，反动派的样子是可怕的，但是实际上并没有什么了不起的力量。从长远的观点看问题，真正强大的力量不是属于反动派，而是属于人民。”“蒋介石和他的支持者美国反动派也都是纸老虎。提起美国帝国主义，人们似乎觉得它是强大得不得了的，中国的反动派正在拿美国的‘强大’来吓唬中国人民。但是美国反动派也将要同一切历史上的反动派一样，被证明为并没有什么力量。在美国，另有一类人是真正有力量的，这就是美国人民。”

斯特朗在延安采访，与周恩来合影

谈话中，翻译把“纸老虎”（paper-tiger）翻成“稻草人”（scare-crow）。毛主席认真地纠正说：“这不是我的意思了，这样译不够好。纸老虎并不是吓唬乌鸦的死东西，它是用来吓唬孩子的，看起来像可怕的老虎，但实际上是纸板做的，一受潮就会发软，一阵大雨就会把它冲掉。”斯特朗了解到两种译法的差异之后，认为毛泽东的比喻既鲜明，又充满诗意。

毛泽东在同斯特朗的谈话中，还拿俄国沙皇、德国希特勒、日本帝国主义做例子，说明一切反动的东西，都会被人民的革命洪流所冲垮。然而，毛泽东还做了另一种假说：如果蒋介石拥护人民的利益，他就是一只铁老虎。人民的觉悟是根本问题。

毛泽东的谈话内容丰富生动，富于哲理，通俗易懂，使来访者忘记了时间。这次采访从下午一直持续到午夜时分，当汽车驶出杨家岭沟口时，斯特朗回头远望，发现毛泽东还稳稳地站在那里。

斯特朗后来回忆说，毛泽东一针见血的语句、渊博的知识、敏锐的分析和诗人的想象力，使这次采访成为她一生中听到的最有启发性的谈话。毛泽东还把美国援助蒋介石武器形象地称之为“输血”。他说，美国输给蒋介石的武器，蒋介石又输给了中国共产党领导的军队。斯特朗断言，在国际会议上，如果让毛泽东代表中国讲话，他就会施展讥讽的才智，使辩论更为生动。

斯特朗此次到访延安，深深地爱上了这片土地和这群生机勃勃的人们，一住就是八个月。当战争来临，她甚至提出跟随共产党革命队伍一起转战陕北，虽然没有如愿，却吸引了她晚年投奔共产党领导的新中国。

毛泽东同斯特朗谈话中提出的“一切反动派都是纸老虎”的著名论断，武装了中国人民的思想，加强了战胜强大敌人的信心。中国人民及其军队虽然装备落后，但是，仅用三年多的时间，就打败了蒋介石用美式武器装备起来的 800 万人的军队。

参考资料

[1]《毛泽东年谱（1893－1949）》，下卷，第 118 页，北京：人民出版社，中央文献出版社，1993 年 12 月版。

[2] 安娜·路易斯·斯特朗：《回忆和毛泽东谈话》（1960），《人民日报》（京），1977 年 9 月 12 日。

边区军民武装自卫反内战

抗日战争胜利的喜悦还挂在眉梢，国民党军队就加紧了对陕甘宁边区的围攻。

1946 年 6 月 30 日，中共中央西北局发出指示《紧急动员，准备战斗，保卫边区》。为了积极响应政府号召，边区劳动英雄吴满有带头送子参军。10 月，吴满有毅然决定，送年满 18 岁的儿子吴仲贵参加解放军。吴仲贵当时新婚不久，欣然接受父亲的意见，从学校里收拾好行李就回来准备参军。吴满有弟弟吴满银是乡自卫军排长，听到消息后争着要报名，可是他是吴家管家的，又是全家生产的领导人，经吴满有劝说才告罢。

延安群众集会，人山人海，群情振奋，抗议国民党军队对陕甘宁边区的围攻

吴仲贵一人报名，带动全乡八名青壮年参军。起程那天，沿着大路各村都摆下酒桌，像过节一般，各村男女老少早已候在村口。待八名好汉来到，便一拥而上，瓜子、花生、纸烟、炸油糕，往好汉们所有袋里乱塞，好汉们

连说声谢谢也来不及。庙河的温怀祥老汉亲自给八名好汉看酒，口里不断念着祝词："喝完这杯高升酒，祝各位身体健康，多杀几个敌人！"十年前，吴满有支持三弟吴满旺参加八路军，到前线抗日打鬼子。十年后，又一场战争在即，炮声隆隆中吴满有送子参军，此情此景，让人感动，也让人振奋。

留在村子里的人们，齐心协力，备战迎敌。"现在吴满有村全村男女老幼已动员起来，青壮年练习埋地雷射击等技术，并抽调一部人去南线修防御工事。"从一个穷光蛋变成新富农，他说："这都是毛主席给我们的好处。胡宗南来了，全边区的老百姓都是兵，都会拿起武器来自卫，一定要把这些王八蛋赶出去！"

10 月 29 日，边区政府委员会举行第二次会议，要求动员一切力量，粉碎国民党军队对边区的进攻，并将其作为当前最紧迫的战斗任务。边区政府主席林伯渠号召全边区开展群众性的参军运动，广大青年应该随时源源不断地到军队中去；积极参加民兵、自卫军的训练，有效地配合正规军保卫边区、保卫家乡。

陕甘宁边区政府发动群众，全民皆兵，抵抗国民党军队的进攻

11 月 11 日，中共中央召开保卫边区、保卫延安干部党员大会。朱德在会上号召全边区 60 万青壮年男女紧急动员起来，参加自卫战争。刘少奇、彭德怀、杨尚昆要求边区青壮年做到"抢我一粒粮，还我一滴血"。《解放日报》发表社论《紧急动员起来，保卫边区》，呼吁边区人民要拼性命、洒热血，保

卫边区，保卫延安，保卫丰衣足食的生活，保卫党中央！号召全边区人民和游击队、民兵、机关工作人员立即行动起来，参加军队，打击一切妄图侵犯的国民党军队。11 月 13 日，中共中央西北局书记习仲勋强调：要把所有的人力物力组织起来，一切服从自卫战争，一切为着自卫战争的胜利。11 月 14 日，陕甘宁边区总动员委员会成立，刘景范担任主任，贾拓夫、方仲如为副主任，同时发布改组各县领导机构以适应战争需要的命令。11 月 15 日，《解放日报》发表蔡畅、白茜的文章《解放区妇女当前的任务》，指出边区妇女今天的任务就是动员起来，集中一切力量，参加、支持自卫战争，粉碎蒋介石的进攻，保卫民主自由。

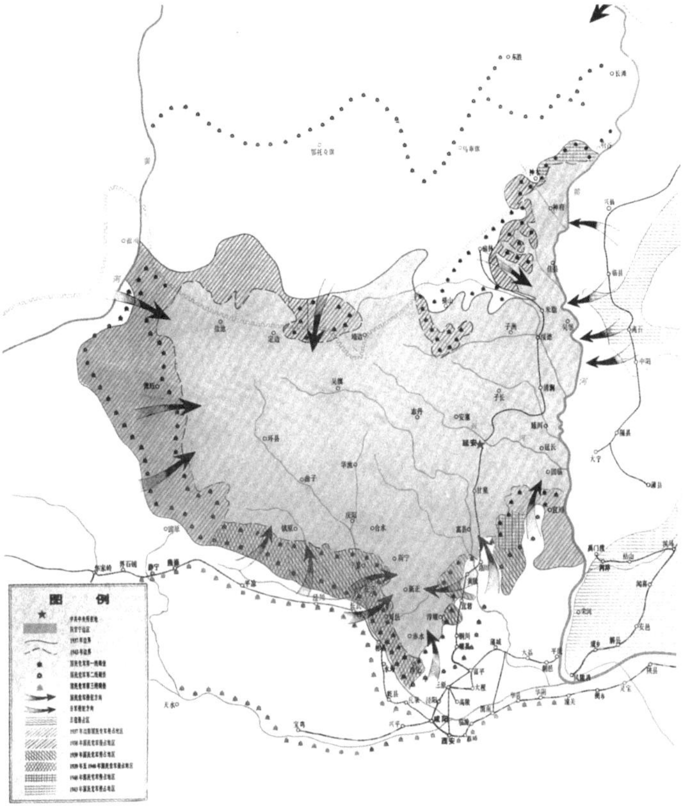

国民党军队包围封锁陕甘宁边区示意图

经过广泛动员，边区男女青壮年参军、参战，支援战争的热潮不断高涨，从工厂到农村，纷纷组织民兵自卫队，练投弹，学埋雷，农民抢收抢打，开展送公粮早入仓的竞赛。工人为赶制武器，自动延长工作时间，机关干部自动降低生活标准，节衣缩食，支援战争。边区到处呈现出母送子、妻送夫，干部、劳模、参议员带头，兄弟争相参军，复员军人自动归队的感人场面。南区合作社经理刘建章领着侄儿报名参军，安塞县县长贺兴旺、志丹县县长赵玉文，以及受到边区政府奖励的石秀山、王瑞臣、高善祥、樊志杰、田启元、李立生，劳动模范刘玉厚、杨步浩，等等，都积极带头参军。姚店区三乡模范工人高家福、陈如业率领10名工人一起报名参军。安塞进化区四乡平桥村75岁的叶老婆婆送孙子去参军。绥德义合区7天内报名参军者达百人，延长完全小学数日内就有12名学生参军，合水县边境区20天就有250多人参军，盐池县10月中旬自动参军者达87人。边区群众更是自发地买酒买肉，赠钱赠物，争相欢送参军乡亲。吴家枣园乡5天内就捐献边币270万元。永胜区女共产党员贺兰英、刘玉英、王桂花等相约拿出结婚时的手帕慰劳参军战士。妇女们普遍日夜赶制军鞋，支援边区保卫战。

自边区政府发布参军动员令到1947年2月，共有19.106万名青壮年参加野战军或地方兵团，其中16.053万名地方兵团战士转入野战军，1万多名青壮年参加地方游击队。边区人民还积极参战，支援前线，仅1947年3月至1948年初，动员随军担架6633副，临时担架1.55万副，运输弹药、食品的牲口5440头，缝制军鞋58.4万双。陕甘宁边区人民群众的无私奉献，有力地支援了共产党领导的人民解放战争。

参考资料

[1] 张潮：《吴满有乡八好汉参军记》，《人民日报》（华北版），1947年3月22日。

[2]《劳动英雄要作杀敌英雄，吴满有准备参加游击队》，《人民日报》（华北版），1946年11月22日。

1947 年

中共中央转战陕北

1947 年 3 月，国民党军集中 25 万人的兵力，由南、西、北三面进攻陕甘宁解放区。其中，“西北王”胡宗南集结 15 个旅约 14 万人，由洛川、宜川一线直取延安。胡宗南部队动用飞机和重炮对延安城狂轰滥炸，宁静了十年的延安被硝烟笼罩，延安城里的机关学校和老百姓几乎都已经撤离。此刻，毛泽东仍稳坐在窑洞里，他有言在先，要最后一个撤离延安，而且还要“看看胡宗南的兵是个什么样子”。

3 月 18 日晚，在国民党军队进攻延安的枪炮声已经清晰可闻之际，毛泽东、周恩来率领中共中央机关依依不舍地告别了居住十年的延安，开始了转战陕北的伟大历程。

1947 年 3 月，毛泽东在转战陕北途中

临行前，毛泽东对前来送行的西北野战兵团的领导干部们说：“我军打仗，不在一城一地的得失，而在于消灭敌人的有生力量。存人失地，人地皆存；存地失人，人地皆失。”并表示，“我们要以一个延安换取全中国”。3 月 19 日上午，西北野战兵团主动放弃延安。当天下午，国民党军胡宗南部进入延安，“占领”了一座空城。

西北野战军撤离延安后，在中央军委和毛泽东、周恩来、彭德怀、习仲勋等亲自指挥下，按照中央军委和毛泽东确定的“蘑菇战术”，依靠陕北有利的地理环境和优越的群众条件，与比自己多达十倍的几十万国民党军队在陕北高原周旋。不断地调动敌人，使其始终无法准确获知中共中央和人民解放军的位置，而不得不往返奔波，疲于奔命，造成补给等方面的严重困难，士气低落。而人民解放军则选择有利时机和地形，寻机歼敌，于3月25日、4月14日及4月底5月初，连续进行了青化砭、羊马河、蟠龙三次歼灭战，共歼灭胡宗南部1.4万余人，有效地策应了其他战场的人民解放军，奠定了粉碎国民党军对陕北重点进攻的基础。

3月25日，毛泽东与朱德、刘少奇，周恩来、任弼时等在子长县王家坪会合。当天，毛泽东从任弼时那里听到山西文水县年仅15岁的女共产党员刘胡兰英勇就义的事迹，深受感动，挥笔题词“生的伟大，死的光荣”。

毛泽东（右）与江青（左）在转战陕北途中小憩

3月29日，中央在清涧县枣林沟召开会议，讨论中央机关行动问题。会议决定：毛泽东、周恩来、任弼时留在陕北，主持中共中央和人民解放军总部的工作。刘少奇、朱德、董必武等组成中央工作委员会，前往河北平山，担负中央委托的工作。随后，4月11日，又决定由叶剑英、杨尚昆等率领中央机关大部分工作人员到山西临县，组成中央后方工作委员会，统筹后方工作。枣林沟会议后，留在陕北的中央机关、解放军总部工作人员以及警卫部队共800人组成4个大队，统归直属司令部（代号“九支队”）指挥，任弼时任司令，化名史林，陆定一任政委，化名郑位。为了保密和安全起见，毛泽东化名“李德胜”，周恩来化名“胡必成”，表示解放战争必胜，中国革命必成。中共中央和毛泽东主席决定留在陕北指挥全国解放战争的行动，极大地鼓舞了全国各解放区军民的斗争意志和胜利信心。

4 月 12 日至 6 月 8 日，中共中央在陕北安塞县王家湾停留 56 天，一个新的全国战略部署在这里酝酿形成。在此期间，毛泽东接连致电前方各战场高级将领，部署各路大军的作战行动，要求各解放区在内线大量歼灭敌人的有生力量，粉碎国民党军对陕北和山东的重点进攻，并准备转入战略反攻，将战场引向国民党统治区，从根本上动摇国民党蒋介石的反动统治。遵照党中央的部署，5 月中旬，华东野战军在山东战场的孟良崮地区一举歼灭国民党军五大主力之一的整编 74 师 3 万余人。5 月下旬至 6 月中旬，西北野战兵团由安塞地区挥师西进，发起陇东战役，痛击西北二马。6 月 30 日夜，刘邓大军 12 万余人，突破黄河天险，发起鲁西南战役，揭开了人民解放军战略反攻的序幕。

这些重大战略举措，增强了陕甘宁解放区和全国各解放区军民的战斗意志，提高了人们必胜的信念。中共中央转战陕北，吸引国民党大量兵力于西北，采取巧妙的周旋蘑菇战术，在运动中既歼灭了敌人，又减轻了全国其他战场的压力，使之争取到时间，寻找战机，继续大量歼灭国民党军有生力量。同时实行新式整军，胜利粉碎了敌人对陕甘宁解放区的重点进攻，给各解放区提供了经验，有力地推动了各解放区由战略防御转入战略反攻，为全国提前解放奠定了基础。

转战陕北途中，毛泽东指挥了陕北战场和全国战场的武装斗争

“那个时候，知道‘毛主席还在陕北’，无论怎样的千难万险、流血牺牲全不在话下。”时任西北野战军教导旅旅长的罗元发说。

毛泽东说：“我们在延安住了十来年，现在一有战争就走，无颜面对陕北乡亲。我留下，蒋介石就不敢把胡宗南的部队投入别的战场。拖住他的‘西北王'，其他战场就可以减轻不少压力。"

转战陕北一年间，毛泽东和中共中央行程千余公里，路经十几个县数百个村镇，居住过38个地方，多次和敌人擦肩而过，都能化险为夷。沙家店战役打了三天两夜，毛泽东三天两夜没出屋。为了提神，他吸掉五包烟，喝掉几十杯茶，平时不爱喝酒的他还主动向卫士要酒喝。在靖边县小河村，毛泽东和江青住在村民家里，他们与老乡们相处融洽，还认卜学忠家的小姑娘卜兰兰为干女儿，很多时候老乡们并不清楚他们的真实身份。

1948年3月23日，毛泽东在吴堡川口东渡黄河，离开陕北前往华北，直接指挥全国的解放战争。一年多后，解放战争取得胜利，毛泽东在天安门城楼宣告中华人民共和国成立。

参考资料

［1］杨尚昆著：《杨尚昆回忆录》，第232－246页，北京：中央文献出版社，2007年7月第2版。

［2］刘益涛著：《十年纪事：1937—1947年毛泽东在延安》，北京：中共党史出版社，2007年4月版，第424－428页。

蒋介石到访延安

1947 年 3 月 19 日，国民党将领胡宗南率部占据延安，即刻电报表功。蒋介石随即回电手谕："延安如期收复，为党为国雪二十一年之耻辱，得以略慰矣。吾弟苦心努力，赤忱忠勇，天自有以报之也。时阅捷报，无任欣慰！各官兵之有功及死伤者应速详报！至于延安秩序，应速图恢复，特别注重其原有残余及来归民众与俘虏之组训慰藉，能使之对共匪压迫欺骗之禽兽行为，尽情暴露与彻底觉悟。十日后，中外记者必来延参观，届时使之有所表现，总使共匪往日在延安之虚伪宣传完全暴露也，最好对其所有制度、地方组织，暂维其旧，而使就地民众能自动革除，故于民众之救护与领导，必须尽其全力，俾其领略中央实为其解放之救星也。"这种一厢情愿与政治作秀，既漠视了民众，又欺骗了新闻舆论。

延安是有象征意义的，胡宗南占领延安后，第一时间战报表功，蒋介石行色匆匆地来到延安视察一番

按照国民党占据延安后"三分军事，七分政治"的工作原则，1947 年 4

月4日至8日，有39家新闻机构的55位记者，搭乘3架军用运输飞机，声势浩大地抵达延安，进行集体采访。胡宗南为了安抚民心，发放给每个成人老百姓2万元现钞，再安排自己人假冒被俘共产党军队旅长，接受中外记者团采访。也有个别共产党干部投靠国民党，但是老乡们的意见是公允的。

面对意识形态完全敌对的记者采访，留在延安的老百姓坦陈：对于八路军的军纪都相当赞扬，因为他们自给自足，不打骂老百姓，不拿老百姓的东西；但对过激的“政治斗争”和“空洞会议”比较反感。延安老百姓对共产党记忆特别深刻的是，“看病和娃娃们读书都不要钱”。温饱之后，“看病”不要钱，是生命健康的保障；“娃娃读书”不要钱，关系着子孙后代的前途命运。

陕北农民们的生活观念是很实际的，也是很朴实的。他们受益不忘，知恩图报。胡宗南军队初进延安，青壮年都躲避起来，只留下老弱病残。他们抓起来几个老太婆，问她们共军到哪里去了，粮食藏在什么地方，她们死也不肯说。打急了，她们就说：“你打死我，我也不知道，要我干卖良心的事，我死也不干！”所以，国民党一些高级将领戏称：“延安有什么名贵特产?”

“鬼晓得它有什么特产？反正我们到这里什么也没见到，连粮食和蔬菜都得从西安运来。”

“依我看，这里只盛产共产党，连几岁的娃娃都被赤化了。”

国民党军占领延安后，给延安居民发放救济金，希望收买人心，但收效甚微

胡宗南占据延安，所面临的对手不仅仅是共产党所拥有的近3万人的西北野战军，而且是整个陕北的政治与经济生态。共产党敢于放胡宗南进来，等于是让一头猛兽进入一张结得很扎实严密的巨网。据国民党方面资料显示，

胡宗南进攻陕甘宁边区后，“力战月余，然深沟迂曲，地形特异，利用甚难，空军亦不易发挥作用。匪则力图避战，有利则设伏围攻，不利则乘暗夜逃窜，化整为零。一月以来，我每不易得其主力所在．更无决战之机。匪更就地取粮，或掘藏粟，我则全待后方补给，车运艰难，虽有延咸、输（榆）延、清绥诸公路，时遭阻截，以至前方士兵，既须裹粮而战，部队须易地取粮”。黄土高原，沟壑纵横，隔山跑断马腿，胡宗南不仅没有地利，而且更重要的是没有人和，部队必须在行进中自己携带粮草，否则只有仰赖后方补给。路途遥远，本来艰难，加之经常受到阻挠围截，兵马越多，反而负担越重，抱怨越深，贻误战机在所难免。

国民党军给每位领过救济金的延安居民胸前贴上一块白布条。做好事再贴标签，好事就会变味啦

为了尽快恢复生活秩序，安抚民心，胡宗南一方面先给老百姓发钞票，接着宣布减免一年赋税；另一方面积极活动谋求将延安市改名为“宗南县”。身为第一战区司令长官、西安绥靖公署主任，被下峰称为“西北王”的胡宗南，此次占据延安厥功至伟，难免踌躇满志。他让自己的新夫人叶霞娣（叶霞翟）在西安鼓动陕西省政府主席熊斌，酝酿将延安改名为“宗南县”，不料具体经办部门省民政厅方面将定夺大权推诿给中央政府内政部。他们夫妻又托毛人凤、唐纵出面，活动到南京有关方面，终究未能如愿。延安老乡们接受了他的钱，但没有多少感谢，倒是默默地看着这一场历史的丑剧。

1947 年 8 月 7 日，蒋介石乘飞机到达延安，途中面谕随行人员：“全国剿匪军事，完全如计划奏功者，仅有此役。”表明抗战时期国共合作，已成往事，现在国民党军队对陕甘宁边区的进攻，就是抗战之前对红军围剿的继续。

蒋介石从延安机场转乘吉普车，过延水桥，下榻清凉花园。他透过车窗，不停张望，“一路向延安城嘉陵山频频点首，笑容满面，喜形于色”。他顾不得休息，礼节性地接见部分高级将领后，“即外出访问民众、问市情，进专员公署县政府巡视，与参议会议长议员谈话”。傍晚，驱车登上嘉陵山顶，俯瞰延安，与战斗英雄合影，以示褒奖。连夜，又召开军政要员会议，部署榆林战役。次日，向营以上干部发表训话，接着慰问伤病员。还忙里偷闲地游览杨家岭、万佛洞。“下午二时在市民万余人欢送中飞回西安，临行指示文化宣传不够，须大事造林，救济民众医药，恢复延水桥”。蒋介石到延安，匆匆来，匆匆去，他无缘与陕北老乡称兄道弟，平等相待，最多也不过是物质上的直接给予，难免带有明显的恩惠施舍的味道。在随后的战争年代，陕北老乡没有感谢他，也没有支持他。

宝塔山，延河水，没有留下蒋介石这位国民党领袖的任何记忆踪迹。

参考资料

[1] 于凭远、罗冷梅编纂：《民国胡上将宗南年谱》，台北：台湾商务印书馆股份有限公司，1987 年 8 月第 2 版，第 190 页。

[2] 徐宗懋：《1947 年春：中外记者团延安之行》，见刘瑞琳主编《温故》，第 14 辑，第 100 - 101 页，桂林：广西师范大学出版社，2009 年 1 月版。

解放军收复延安

1947 年秋季，国民党军队在全面进攻失败的情况下，被迫收缩战线，实行重点进攻，把目标锁定在山东和陕甘宁两个解放区。在中共中央和毛泽东的直接指挥下，西北野战军先后发动了榆林战役、沙家店战役、延清战役、黄龙战役等，重创了国民党军队，初步扭转了西北战场的局面。

八路军战士帮助农民群众推碾子劳动，用实际行动证明自己是人民群众的子弟兵（摄影 梁明双）

1948 年初，西北野战军制定并发动春季攻势，转入外线作战。宜川战役经过 10 天的浴血奋战，消灭国民党军队近 3 万人，根本改变了西北战场的形势，打开了西北野战军南下的门户。西北野战军在撤出延安后的 9 个月内，共消灭国民党军队 10 万余人，迫使胡宗南军队只能在一些重点城市固守，基本上丧失了继续进攻的能力。利用这个有利形势，西北野战军又发起新攻势，相继解放五座县城，使占据延安的敌人陷入被包围的孤立境地。4 月 16 日，西北野战军发起西府战役，围攻宝鸡，胡宗南不得不调动主力前往增援，驻守延安的国民党整编十七师完全陷入解放军的包围之中。为了避免被全歼的命运，该师放弃延安，仓皇逃跑。

群众利益无小事，八路军战士中的能工巧匠为边区群众修房屋（摄影 沙飞）

1948年4月22日，中共延属地委、延属分区专署、延属分区司令部向所属各县县委、县政府和武装科发出紧急通知："延安敌人于本月二十一日晨全部南逃，我游击队正在尾追敌人，分区机关于今日动身搬回延安办公。"并要求各县注意以下各点：在延安秩序尚未安定时，各县同志一概不准来延安，应在原地努力工作；各县交通要道立即布置警戒，严密盘查，由延安逃出人员发现有疑迹者，应派妥人押送分区司令部；各县工作情况应随时报告。

4月23日，中共中央西北局发出《庆祝延安光复的公告》，要求边区各级党政机关带领人民群众大力进行生产和恢复各项工作，重建家园，继续努力支援前线。

4月24日，毛泽东在河北阜平县南庄，为中共中央起草致西北人民解放军全体将领电，庆祝收复延安的伟大胜利。"去年三月十九日国民党匪军占领延安的时候，我们就断言，这种占领将标志着国民党匪军的失败和中国人民的胜利。一年多以来的一切事变，充分地证明了这一断言。"电报希望陕甘宁解放区全体军民，"继续努力，为消灭全部匪军，解放整个西北而奋斗"。

行军途中，共产党军队专门安排战士手拉标语，提醒“同志，不要踏麦苗”

新华社从陕北向全国发布电讯，人民解放军光复民主圣地延安，引起南京国民党党部和国民政府的莫大震惊。

共产党军队战士露营村头，在老乡门上写的标语是“老乡不在家，开门就犯法”

据当时在南京采访的美联社报道，这个信息将没有料想到的气氛注入了正在召开的国民大会，代表们读到了国民党军撤出延安的消息，吓了一跳。许多人对国民党军的失败都私下表示失望。并且报道：“共产党所光复的地方比过去他们在陕西的根据地还要大。”合众社电讯称，延安的失守对国民党军来说是士气上的大失败。

1948 年 4 月，中国人民解放军收复延安

延安市民群众庆贺解放军收复延安，欢迎共产党重回自己身边

这样，在中共中央撤出延安一年一个月零三天后，共产党军队终于收复了延安这一中国革命的圣地。1948 年 5 月 4 日，延安举行盛大集会，近万名各界群众参加，欢庆延安光复。

参考资料

[1]《延安市志》，西安：陕西人民出版社，1994 年版，第 22 页。

[2]《毛泽东年谱（1893 - 1949）》，下卷，第 304 页。北京：人民出版社，中央文献出版社，1993 年 12 月版。

后记：延安的千年风水

近20年来，我多次到延安，一方面目睹着延安城市化的发展变迁，另一方面探寻着共产党人在延安缔造新中国的历史往事。从某种意义上说，现代化延安发展方向与延安历史叙事方式之间，存在着一种彼此关联、互为因果的逻辑关系。

当高耸入云的高楼大厦，与豪华气派的进口汽车，把延安古城弹丸之地摆布得拥挤不堪；本来可以步行上下班的路程，被红绿灯划分为单行道穿梭绕行的行路难；残存在高密度、现代化、城市化繁华热闹里的革命历史遗址，如何叙述那个物质生活贫困环境下的革命历程？重金打造的一座革命历史纪念馆，精心设计制作的展览内容，让人领略革命历史高大上的过程中，也给人一种单调灌输、高亢乏味、居高临下的气息，似将观众拒之一旁。实际上，展览者所选择的立场，不等于展览物的立场。因为后者曾经鲜活的历史面貌，被前者简单僵化地处理成一张面孔、一个腔调、一个身影。从馆内到馆外，建筑设计理念是一致的。且看数万平方米的巨型广场，全部采用机器精工切割打磨的花岗岩石块拼接而成，受地理气候环境所限，冬天结冰，光滑如镜面，冷风吹过，行人何以自持？夏天高温，地气不通畅，行人只有冒暑。遭遇小到中雨，地面积水，无以下渗，行人撑伞穿皮鞋，很难保证鞋子不湿透。还有巨大的领袖塑像，器宇轩昂，目视前方，这是塑造者一厢情愿的想象，绝非抗日战争时期经常在延河边散步的那位领袖身影。

1939年5月的一个上午，毛泽东走出杨家岭住处，邂逅几位住在杨家岭后沟的下地干活的农民。毛泽东主动上前招呼。他们就站在路边，亲切地拉起家常。虽然话语不能完全听懂，但他们用手比画着，没有距离感，没有陌生感，没有敬畏感，心相近，人相亲，有如自家兄弟。

另有一张毛泽东与几位小八路的照片，毛泽东低头弯腰，询问革命队伍里的娃娃兵：你叫什么名字，字是怎么写的？今天又认了几个字，考考看喔！倒是那几个娃娃兵，挺着小腰板，腆着将军肚，嘎模嘎样，稚气中夹杂着一种不可遏制的革命理想与自信。

这些历史图片里的人物形象及其精神面貌，是直观的、真切的，也是生动的、鲜活的。无须掩饰，无须粉饰，历史自在人心，公道自在人心，观众读者自有判断能力。相反，如果高高在上，不可一世，是断然不可以立足陕北、取信于民、赢得天下归心的。

建设现代化城市，与建设现代历史，是两个不同方向的现代化作为。虽然彼此领域不同，形态各异，但是起点只有一个，那就是我们这些人及其思想文化观念。如何对待城市自然地理，如何对待过去革命历史，如何对待当下自我心灵，决定着我们城市的品质、生活的质量、历史的言说。

如果说判断文化程度的标准，是生活的精度、生命的深度、思想的高度，那么，我们感知历史的体温，创造城市生活细节里的温暖感、亲切感、认同感，则是我们义不容辞的责任和使命。

正是出于这样的动机和信念，我在接受陕西人民美术出版社书稿雅约后，将这部书稿越写越投入，越写越认真，也越写越动情。我为抗日战争时期延安社会人生的丰富性、复杂性和生动性所感动，更为中国共产党人的天下情怀、创造智慧、勇敢探索精神所折服。所以，原先计划每篇只有百十字的篇章格局，被我完全打破了，变成每篇千余字的篇幅。唯其如此，感觉才得以表达我对这些历史图片的理解感慨。

我在查阅大量历史文献的过程中，发现延安时期诸多社会生活领域，对于延续至今的社会生活都影响犹存。这是无可回避、必须直面认知的一份社会历史遗产。

社会生活大于历史概念，历史图片所蕴含的生活历史信息远远超出了语言文字所表达的思想意识形态。

我希望通过自己的努力，发掘一个最接近真实的延安历史真貌，讲述一系列生机勃勃的延安生活故事，分享一段开创中国社会历史新时代的传奇往事。

感谢雷波先生和严国卿君为该书选题策划与编辑印刷所付出的智慧，感谢白雪女士在该书后期制作中所付出的努力。感谢延安当时当事人所留下的这些历史图片，让我们时隔七八十年后，还能够对那段光辉灿烂的历史进行知识考古学式的发掘探索。受知识水平和条件所限，对延安历史图片解读中或许存在误读、误判、误解之处，敬请历史知情者批评指正。我的电子信箱是：2892148640@ qq. com。

朱鸿召

2014 年 3 月 19 日　春雨沪上

2015 年 3 月 22 日　校订

2015 年 6 月 20 日　端午再校